CB141300

COLEÇÃO QUESTÕES DE LEGISLAÇÃO INSTITUCIONAL

Legislação do

MINISTÉRIO PÚBLICO DA UNIÃO, DOS ESTADOS E DO DISTRITO FEDERAL

Questões comentadas

abdr ASSOCIAÇÃO BRASILEIRA DE DIREITOS REPROGRÁFICOS
Respeite o direito autoral

Coordenação
Leonardo Garcia

COLEÇÃO QUESTÕES DE LEGISLAÇÃO INSTITUCIONAL

Legislação do MINISTÉRIO PÚBLICO DA UNIÃO, DOS ESTADOS E DO DISTRITO FEDERAL

Questões comentadas

Fábio Goldfinger

2020

EDITORA JusPODIVM
www.editorajuspodivm.com.br

EDITORA
JusPODIVM
www.editorajuspodivm.com.br

Rua Território Rio Branco, 87 – Pituba – CEP: 41830-530 – Salvador – Bahia
Tel: (71) 3045.9051
• Contato: https://www.editorajuspodivm.com.br/sac

Copyright: Edições *Jus*PODIVM

Conselho Editorial: Eduardo Viana Portela Neves, Dirley da Cunha Jr., Leonardo de Medeiros Garcia, Fredie Didier Jr., José Henrique Mouta, José Marcelo Vigliar, Marcos Ehrhardt Júnior, Nestor Távora, Robério Nunes Filho, Roberval Rocha Ferreira Filho, Rodolfo Pamplona Filho, Rodrigo Reis Mazzei e Rogério Sanches Cunha.

Diagramação: Ana Paula Lopes Corrêa *(aninha_lopescorrea@hotmail.com)*

Capa: Ana Caquetti

L514 Legislação do Ministério Público da União, dos Estados e do Distrito Federal / Fábio Goldfinger – Salvador: Editora JusPodivm, 2020.
336 p. (Coleção questões de legislação institucional / coordenador Leonardo Garcia)

ISBN 978-85-442-3013-8.

1. Ministério público. 2. Legislação. 3. Métodos de ensino. I. Goldfinger, Fábio. II. Garcia, Leonardo. III. Título.

CDD 341.413

Todos os direitos desta edição reservados à Edições *Jus*PODIVM.

É terminantemente proibida a reprodução total ou parcial desta obra, por qualquer meio ou processo, sem a expressa autorização do autor e da Edições *Jus*PODIVM. A violação dos direitos autorais caracteriza crime descrito na legislação em vigor, sem prejuízo das sanções civis cabíveis.

APRESENTAÇÃO DA COLEÇÃO

A ***Coleção Questões de Legislação Institucional*** nasceu da necessidade de demonstrar como as legislações (federal e dos estados) que organizam e instituem as principais carreiras jurídicas são cobradas nos concursos públicos.

Pela primeira vez, foram selecionadas praticamente a totalidade de questões de concursos sobre a atuação e organização das principais carreiras, demonstrando quais estados (e como) a legislação institucional foi abordada.

Através das questões, o candidato perceberá quais os pontos de cada lei são mais cobrados, propiciando uma preparação mais direcionada e objetiva. Normalmente as leis institucionais são extensas e o estudo delas torna-se exaustivo e demorado. Estudar com o foco certo, através das questões já cobradas, é uma das maneiras mais eficazes de se preparar para os certames atualmente (utilização da Metodologia Questão Vem Primeiro).

Espero contribuir, mais uma vez, com este material diferenciado em sua preparação.

Conte sempre comigo!

Leonardo Garcia
@professorleonardogarcia

SOBRE COORDENAÇÃO, ORGANIZAÇÃO E AUTORIA

COORDENADOR

Leonardo Garcia

Procurador do Estado do Espírito Santo. Mestre em Direitos Difusos e Coletivos pela PUC/SP. Ex-Procurador Federal com exercício no Gabinete do Advogado-Geral da União (AGU) com atuação específica perante o STF. Especialista em "Derecho del Consumo y Economía" pela Universidad de Castilla la Mancha/Espanha. Assessor do Relator da Comissão Especial de Atualização do CDC no Senado Federal. Professor de diversos cursos jurídicos e de pós-graduação. Autor e coordenador de diversos livros jurídicos. www.leonardogarcia.com.br Instagram: @professorleonardogarcia

AUTOR

Fábio Goldfinger

Promotor de Justiça do Ministério Público Estadual/MS. Assessor Especial do Procurador-Geral de Justiça de MS. Pós-graduado no Curso de Investigação Criminal, Constituição e direito de defesa da rede LFG. Professor da Escola de Direito do Ministério Público de MS (EDAMP) e da Unigran-Capital (Campo Grande/MS). Mestrando em Direito Processual Penal pela PUC/SP. Autor de obras pela Editora Juspodivm.

SUMÁRIO

1

QUESTÕES SOBRE O MINISTÉRIO PÚBLICO NA CONSTITUIÇÃO FEDERAL

CONCURSO PARA MEMBROS DO MP

01. (MPSC/2016/PROMOTOR DE JUSTIÇA) Dentre os princípios institucionais do Ministério Público encontram-se os da unidade e o da indivisibilidade. Esses princípios afastam, conforme posicionamento mais recente do Supremo Tribunal Federal, a incidência do denominado princípio do promotor natural.

► ***Anotações/Comentários***

São princípios institucionais do Ministério Público, segundo previsão do art. 127, § 1º, da CF/88 a unidade, a indivisibilidade e a independência funcional. **O princípio do promotor natural** não possui previsão constitucional expressa e consiste na existência de um órgão do Ministério Público previamente estabelecido através de lei para que oficie em casos afetos à Instituição. O STF reconheceu explicitamente o **princípio do promotor natural**, não permitindo as designações casuísticas efetuadas pela chefia da instituição, a figura do acusador de exceção, sustentando que o princípio consagra uma garantia de ordem jurídica, destinada tanto a proteger o membro do Ministério Público, na medida em que lhe assegura o exercício pleno e independente do seu ofício, quanto a tutelar a própria coletividade, a quem se reconhece o direito de ver atuando, em quaisquer causas, apenas o promotor cuja intervenção se justifique a partir de critérios abstratos e predeterminados, estabelecidos em lei. O fundamento do princípio encontra-se nas cláusulas da independência funcional e da inamovibilidade dos membros da instituição (Min. Sepúlveda Pertence, Marco Aurélio e Carlos Velloso)." (HC 67.759, rel. min. **Celso de Mello**, julgamento em 6-8-1992, Plenário, *DJ* de 1º-7-1993.) **No mesmo sentido:** HC 103.038, rel. min. **Joaquim Barbosa**, julgamento em 11-10-2011, Segunda Turma, *DJE* de 27-10-2011.

RESPOSTA: Errada.

02. (MPSC/2016/PROMOTOR DE JUSTIÇA) O princípio da independência funcional permite que cada membro do Ministério Público tenha inteira autonomia em sua atuação, ressalvado o dever de, no plano administrativo, acatar as decisões e atos normativos dos órgãos da Administração Superior do Ministério Público.

► ***Anotações/Comentários***

A independência funcional, prevista no art. 127, §1º, da CF/88, estabelece que cada membro e cada órgão do Ministério Público gozam de liberdade para o exercício de suas funções em face de outros membros, ou ainda em face de órgãos da mesma Instituição, bem como não poderão ser responsabilizados por atos praticados estritamente nos exercícios de suas funções. Será plena o exercício da atividade-fim. Contudo, é possível a existência do princípio da hierarquia nas atividades-meios do Ministério Público. A independência funcional não alcança os aspectos administrativos, pois é dever dos membros do Ministério Público acatar todas as decisões dos órgãos superiores.

RESPOSTA: Correta.

03. (MPSC/2013 / Promotor de Justiça) As funções do Ministério Público só podem ser exercidas por integrantes da carreira, que deverão residir na comarca da respectiva lotação, salvo autorizado pelo Conselho Superior do Ministério Público.

► ***Anotações/Comentários***

Segundo o art. 129, § 2º, da CF/88, todas as funções do Ministério Público só podem ser exercidas por integrantes da carreira, que deverão residir na comarca da respectiva lotação, salvo autorização do chefe da instituição (não do Conselho Superior do Ministério Público).

RESPOSTA: Errada.

04. (MPTO/2012/ Promotor de Justiça) A respeito da constituição do MP, de suas funções e das atribuições de seus membros, assinale a opção correta.

a) Constitui função típica do MP defender judicialmente os direitos e interesses das populações indígenas, exceto os referentes às terras indígenas por elas tradicionalmente habitadas.

b) O cargo de chefe do MP estadual e o de chefe do MP junto ao tribunal de contas do estado poderão ser acumulados pelo procurador-geral de justiça.

c) O MP pode, nos processos administrativos de sua competência, expedir notificações e requisitar informações e documentos indispensáveis para instruí-los, na forma da lei complementar respectiva.

d) O MP Eleitoral integra o rol dos órgãos do MP, definido pela CF.

e) Os membros do MP Militar que atuam na justiça militar de primeira instância integram a estrutura do MP estadual.

► ***Anotações/Comentários***

O art. 125, § 3º, da CF/88, prevê que: "A lei estadual poderá criar, mediante proposta do Tribunal de Justiça, a Justiça Militar estadual, constituída, em primeiro grau, pelos juízes de direito e pelos Conselhos de Justiça e, em segundo grau, pelo próprio Tribunal de Justiça, ou por Tribunal de Justiça Militar nos Estados em que o efetivo militar seja superior a vinte mil integrantes.". Portanto, junto aos juízes de direito da Justiça Militar Estadual autuaram membros do Ministério Público que integram a estrutura do MP Estadual. É função institucional do Ministério Público defender judicialmente os direitos e interesses das populações indígenas, independente se referente às terras indígenas por elas tradicionalmente habitadas. O Ministério Público Estadual possui uma estrutura orgânica diferente do Ministério Público de Contas e, por isso, não possuem a mesma Chefia (art. 129, V, da CF/88). É função do Ministério Público expedir notificações nos procedimentos administrativos de sua competência, requisitando informações e documentos para instruí-los, na forma da lei complementar respectiva (art. 129, VI, da CF/88). O Ministério Público Eleitoral não integra o rol dos órgãos do MP previstos na CF/88 (art. 128 da CF/88).

RESPOSTA: E).

05. (MPT/2012/PROCURADOR DO TRABALHO) A respeito do Ministério Público na Constituição da República, leia e analise os itens a seguir:

I - O Ministério Público abrange o Ministério Público da União, composto pelo Ministério Público Federal, Ministério Público do Trabalho, Ministério Público Militar, Ministério Público Eleitoral e Ministério Público do Distrito Federal e Territórios; e os Ministérios Públicos dos Estados.

II - São instrumentos de atuação do Ministério Público expressamente previstos na Constituição da República: a ação penal pública; a ação civil pública; o inquérito civil público; a ação de inconstitucionalidade; a expedição de notificações nos procedimentos administrativos de sua competência para requisição de informações e documentos, na forma da lei complementar respectiva; a requisição de diligências e instauração de inquérito policial, indicando os fundamentos jurídicos de suas manifestações processuais.

III - Os membros do Ministério Público gozam da garantia da inamovibilidade, salvo por motivo de interesse público, mediante decisão do órgão colegiado competente do Ministério Público, pelo voto da maioria absoluta de seus integrantes, assegurada ampla defesa.

IV - Os membros do Ministério Público deverão residir na comarca da respectiva lotação, salvo autorização do órgão colegiado competente do Ministério Público, pelo voto da maioria absoluta dos seus integrantes, assegurada ampla defesa.

Marque a alternativa **CORRETA**:

a) somente as assertivas I e II estão corretas;

b) somente as assertivas I e III estão corretas;

c) somente as assertivas II e III estão corretas;

d) somente as assertivas II e IV estão corretas;

▸ *Anotações/Comentários*

O MPU abrange: a) o Ministério Público Federal; b) o Ministério Público do Trabalho; c) o Ministério Público Militar; e d) o Ministério Público do Distrito Federal e Territórios (art. 128, I da CF/88. Entre as garantias constitucionais dos membros do MP está a inamovibilidade, salvo por motivo de interesse público, mediante decisão do órgão colegiado competente do Ministério Público, pelo voto da maioria absoluta de seus membros, assegurada ampla defesa, prevista no art. 128, § 5º, "b", da CF/88. Os instrumentos de atuação do MP previstos no art. 129 da CF/88 são: promover, privativamente, a ação penal pública, na forma da lei (inciso I); promover o inquérito civil e a ação civil pública, para a proteção do patrimônio público e social, do meio ambiente e de outros interesses difusos e coletivos (inciso III); promover a ação de inconstitucionalidade ou representação para fins de intervenção da União e dos Estados, nos casos previstos nesta Constituição (inciso IV); expedir notificações nos procedimentos administrativos de sua competência, requisitando informações e documentos para instruí-los, na forma da lei complementar respectiva (inciso VI) – **atenção!** MP não instaura inquérito policial; requisitar diligências investigatórias e a instauração de inquérito policial, indicados os fundamentos jurídicos de suas manifestações processuais (inciso VIII). O art. 128, § 2º, da CF/88, estabelece que as funções do Ministério Público só podem ser exercidas por integrantes da carreira, que deverão residir na comarca da respectiva lotação, salvo autorização do chefe da instituição (não do colegiado competente).

RESPOSTA: C).

06. (MPRO/2010 / Promotor de Justiça) A respeito do MP, assinale a opção correta.

a) A independência funcional e a vitaliciedade figuram entre os princípios institucionais do MP.

b) A CF admite, em caráter excepcional, a nomeação de promotor ad hoc.

c) As funções institucionais do MP dispostas na CF constituem rol exemplificativo, o que faculta aos estados e aos municípios, por intermédio de legislação própria, o estabelecimento de outras atribuições compatíveis com a finalidade constitucional da instituição.

d) Os membros do MP não se vinculam aos processos em que atuam, podendo ser substituídos uns pelos outros na forma prevista na lei.

e) Ao membro do MP é vedado o exercício de qualquer outra função pública, salvo uma de magistério, exceto quando estiver em disponibilidade.

▶ *Anotações/Comentários*

São princípios institucionais do Ministério Público a unidade, a indivisibilidade e a independência funcional, de acordo com o dispõe ao art. 127, §1º, da CF/88. A vitaliciedade é garantia dos membros do Ministério Público. O art. 129, § 2º, da CF/88 estabelece que: "As funções do Ministério Público só podem ser exercidas por integrantes da carreira (não admite nomeação *ad hoc*), que deverão residir na comarca da respectiva lotação, salvo autorização do chefe da instituição.". O Ministério Público é facultado exercer outras funções que lhe forem conferidas, desde que compatíveis com sua finalidade, sendo-lhe vedada a representação judicial e a consultoria jurídica de entidades públicas (art. 129, IX da CF/88). Porém, apenas as Lei Nacional de Organização do Ministério Público e a Lei Orgânica Ministério Público da União, poderão prever outras funções ao Ministério Público e ainda as respectivas Leis Complementares Estaduais de cada Ministério Público, não podendo, assim, Lei Municipal, prever funções ao Ministério Público. É vedado ao membro do Ministério público exercer, ainda (não exceto) que em disponibilidade, qualquer outra função pública, salvo uma de magistério (art. 128, § 5º, II, d), da CF/88). Em razão do princípio da **indivisibilidade,** os membros do Ministério Público agiram em nome da Instituição e não por eles mesmos, por isso é possível que um membro substitua o outro, dentro da mesma função, sem que com isso haja qualquer disparidade.

RESPOSTA: D).

07. (MPMT/2008/PROMOTOR DE JUSTIÇA) Relativamente à estrutura institucional do Ministério Público, é certo dizer que:

a) na competência reconhecida ao Ministério Público, pelo artigo 127, § 2º, da Constituição Federal, para propor ao Poder Legislativo a criação e extinção de cargos e serviços auxiliares, não compreende a de propor a fixação dos respectivos vencimentos, bem como a sua revisão.

b) o reconhecimento da autonomia financeira em favor do Ministério Público permite que a Instituição formule seu orçamento, indicando-o, apenas, ao Poder Executivo, para fins de execução.

c) há ofensa aos princípios da unidade e da indivisibilidade quando dois Promotores de Justiça, na fase pré-processual, dão classificação diversa ao delito, cabendo ao Procurador-Geral de Justiça solver tal conflito.

d) o princípio do Promotor Natural consagra dupla garantia. Assegura tanto a ordem jurídica, na medida em que reconhece o direito de ver atuando, em quaisquer causas, apenas o Promotor cuja intervenção se justifique a partir de critérios abstratos e predeterminados, estabelecidos em lei, quanto o membro do Ministério Público, na medida em que lhe assegura o exercício pleno e independente do seu oficio.

e) as prerrogativas de foro dos membros do Ministério Público também se estendem aos inativos porque, finalisticamente, retratam garantias dirigidas à instituição como forma de viabilizar, em plenitude, a independência funcional do *Parquet*.

► *Anotações/Comentários*

O princípio do promotor natural consiste na existência de um órgão do Ministério Público previamente estabelecido através de lei para que oficie em casos afetos à Instituição, fundado na garantia constitucional de que ninguém será processado nem julgado senão pela autoridade competente (art. 5º, inc. LIII). Ainda tal princípio assegura a proibição de se retirar o órgão do Ministério Público que seja o titular dos exercícios de suas funções. Segundo estabelece o art. 127, § 2º, da CF/88: "Ao Ministério Público é assegurada autonomia funcional e administrativa, podendo, observado o disposto no art. 169, propor ao Poder Legislativo a criação e extinção de seus cargos e serviços auxiliares, provendo-os por concurso público de provas ou de provas e títulos, a política remuneratória e os planos de carreira; a lei disporá sobre sua organização e funcionamento.". O Ministério Público pode elaborar sua proposta orçamentária, porém dentro dos limites estabelecidos na lei de diretrizes orçamentárias. É o possível que hajam posicionamentos conflitantes na atuação de seus membros, pois não há impedimento, em razão do princípio da independência funcional, que um membro do Ministério Público assuma um **posicionamento contrário** ao adotado pelo seu antecessor na mesma relação processual. Segundo o STF, uma vez encerrado o exercício funcional, a competência especial pela prerrogativa da função também **cessará**. (RE 295.217, rel. min. Néri da Silveira, julgamento em 8-4-2002, Segunda Turma, *DJ* de 26-4-2002.) Vide: RE 546.609 e RE 549.560, rel. min. Ricardo Lewandowski, julgamento em 22-3-2012, Plenário, *DJE* de 30-5-2014.

RESPOSTA: D).

CONCURSO PARA SERVIDORES

08. (MPU/2018/ Analista do Ministério Público - Especialidade Direito) No que se refere ao procurador-geral da República, aos demais procuradores-gerais e às garantias dos membros do Ministério Público da União, julgue o item seguinte.

Somente depois de aprovado pelo Senado Federal, o procurador-geral da República deverá ser nomeado pelo presidente da República.

► ***Anotações/Comentários***

Art. 127, § 1º, da CF/88: "O Ministério Público da União tem por chefe o Procurador-Geral da República, nomeado pelo Presidente da República dentre integrantes da carreira, maiores de trinta e cinco anos, após a aprovação de seu nome pela maioria absoluta dos membros do Senado Federal, para mandato de dois anos, permitida a recondução.".

REPOSTA: Correta.

09. (MPU/2018/ Técnico do Ministério Público) Acerca do Ministério Público, de seus princípios institucionais e de sua autonomia, julgue o item seguinte.

Instituição permanente e essencial à justiça, o Ministério Público tem como incumbência a defesa do regime democrático.

► ***Anotações/Comentários***

A CF/88 traz o Ministério Público inserto no Capítulo IV, referente às funções essenciais da Justiça, na Seção I "Do Ministério Público". O art.

127, caput, da CF/88 estabelece que o "Ministério Público é instituição permanente, essencial à função jurisdicional do Estado, incumbindo-lhe a defesa da ordem jurídica, do regime democrático e dos interesses sociais e individuais indisponíveis.". A incumbência da defesa do regime democrático é uma das incumbências constitucionais do Ministério Público.

RESPOSTA: correta.

10. (MPU/2018/ Técnico do Ministério Público – Área Administrativa) Acerca do Ministério Público, de seus princípios institucionais e de sua autonomia, julgue o item seguinte.

A autonomia financeira do Ministério Público garante que o órgão elabore a sua proposta orçamentária, dentro dos limites da lei de diretrizes orçamentárias, e a encaminhe ao Poder Legislativo para fins de consolidação.

► ***Anotações/Comentários***

O Ministério Público possui autonomia financeira. Por essa razão, deve elaborará sua proposta orçamentária dentro dos limites estabelecidos na lei de diretrizes orçamentárias, segundo dispõe o art. 127, §3º, da CF/88.

RESPOSTA: Errada.

11. (MPU/2018/ Técnico do Ministério Público – Área Administrativa) Acerca do Ministério Público, de seus princípios institucionais e de sua autonomia, julgue o item seguinte.

O princípio da independência funcional refere-se à autonomia de convicção: os membros do Ministério Público não se submetem a nenhum poder hierárquico no exercício de suas funções institucionais.

► ***Anotações/Comentários***

Pelo princípio da **independência funcional**, cada membro e cada órgão do Ministério Público gozam de **liberdade** para o exercício de suas funções em face de outros membros, ou ainda em face de órgãos da mesma Instituição, bem como não poderão ser **responsabilizados** por atos praticados estritamente nos exercícios de suas funções.

RESPOSTA: Errada.

12. (MPU/2018/ Técnico do Ministério Público – Área Administrativa) Acerca do Ministério Público, de seus princípios institucionais e de sua autonomia, julgue o item seguinte.

Ao propor ao Poder Legislativo a criação ou extinção de cargos e serviços auxiliares, o Ministério Público exerce a sua autonomia financeira.

► ***Anotações/Comentários***

Através da autonomia administrativa o Ministério Público poderá propor ao Poder Legislativo a criação e extinção de seus **cargos** e **serviços auxiliares**, provendo-os por concurso público de provas ou de provas e títulos, a política remuneratória e os planos de carreira. Já para a garantia da autonomia financeira, o Ministério Público deverá elaborar sua **proposta orçamentária** dentro dos limites estabelecidos na lei de diretrizes orçamentárias.

RESPOSTA: Errada.

13. (MPU/2018/ Técnico do Ministério Público – Área Administrativa) Acerca do Ministério Público, de seus princípios institucionais e de sua autonomia, julgue o item seguinte.

O Ministério Público que atua no Tribunal de Contas da União integra o MPU, e seu chefe é o procurador-geral da República.

► ***Anotações/Comentários***

O Ministério Público que atua perante o Tribunal de Contas da União, não integra o MPU, pois este não está no rol descrito no art. 128, inc. I da CF/88. O MPU tem como chefe o Procurador-Geral da República. O procurador-geral junto ao Tribunal de Contas da União, nomeado pelo Presidente da República, chefiará o MP de Contas (art. 80 da Lei nº 8.443/92).

RESPOSTA: Errada.

14. (MPGO/2018/ Auxiliar de Administração) Marque a assertiva incorreta:

Conforme o art. 129 da Constituição Federal, são funções institucionais do Ministério Público:

a) promover, privativamente, a ação penal pública, na forma da lei

b) zelar pelo efetivo respeito dos Poderes Públicos e dos serviços de relevância pública aos direitos assegurados na Constituição, promovendo as medidas necessárias a sua garantia

c) promover o inquérito civil e a ação civil pública, para a proteção do patrimônio público e social, do meio ambiente e de outros interesses difusos e coletivos

d) defender judicialmente os direitos e interesses das populações indígenas

e) conduzir, com exclusividade, todas as investigações relacionadas a atos de improbidade administrativa e crimes de corrupção

► ***Anotações/Comentários***

As funções institucionais do Ministério Público estão descritas no art. 129 da CF/88. Não prevê o referido dispositivo constitucional a função descrita na alternativa e) da questão.

RESPOSTA: E).

15. (MPGO/2016/ Secretário Auxiliar) NÃO constitui função institucional do Ministério Público:

a) promover, privativamente, a ação penal pública.

b) defender judicialmente os direitos e interesses das populações indígenas.

c) orientar e defender, em todos os graus, os necessitados, na forma do Artigo 5º, LXXIV da Constituição Federal.

d) expedir notificações nos procedimentos administrativos de sua competência, requisitando informações e documentos para instrui-los, na forma da lei complementar respectiva.

e) exercer o controle externo da atividade policial.

► ***Anotações/Comentários***

As funções institucionais do Ministério Público estão previstas no art. 129 da CF/88. A função descrita na alternativa c) não está prevista no referido dispositivo. Tal função é prevista constitucionalmente para a Defensoria Público, consoante dispõe o art. 134, caput, da CF/88.

RESPOSTA: C).

16. (MPRJ/2016/ Técnico do Ministério Público – Área Administrativa) Ernesto, estudante de direito, decidiu inteirar-se a respeito da sistemática legal afeta à organização do Ministério Público, mais especificamente em relação à natureza jurídica e ao fundamento de validade das leis existentes. É correto afirmar que a organização do Ministério Público Estadual é disciplinada:

a) exclusivamente na Constituição da República Federativa do Brasil;

b) na Constituição da República Federativa do Brasil e em lei complementar estadual;

c) na Constituição da República Federativa do Brasil, em lei ordinária federal e em lei complementar estadual;

d) na Constituição da República Federativa do Brasil, em lei complementar federal e em lei complementar estadual;

e) na Constituição da República Federativa do Brasil, em lei ordinária federal e em lei ordinária estadual.

► ***Anotações/Comentários***

A organização do Ministério Público está disciplinada na CF/88, como se observa dos arts. 127 e seguintes da CF/88, bem como na Lei n. 8.625/93, denominada de Lei Orgânica Nacional do Ministério Público (LONMP). Ainda o art. 2º da LONMP prevê que: "Lei complementar, denominada Lei Orgânica do Ministério Público, cuja iniciativa é facultada aos Procuradores-Gerais de Justiça dos Estados, estabelecerá, no âmbito de cada uma dessas unidades federativas, normas específicas de organização, atribuições e estatuto do respectivo Ministério Público.".

RESPOSTA: C).

17. (MPGO/2015/ Secretário Auxiliar) Assinale a alternativa que não contém função institucional do Ministério Público:

a) Exercer o controle externo da atividade policial.

b) Zelar pelo efetivo respeito dos Poderes Públicos e dos serviços de relevância pública aos direitos assegurados na Constituição da República, promovendo as medidas necessárias à sua garantia.

c) Promover, privativamente, a ação penal pública, na forma da lei.

d) Promover a defesa dos necessitados, em todos os graus, judicial e extrajudicial, de forma integral e gratuita.

e) Defender judicialmente os direitos e interesses das populações indígenas.

► ***Anotações/Comentários***

As funções institucionais do Ministério Público estão previstas no art. 129 da CF/88. A função estabelecida na alternativa d) não possui previsão no referido dispositivo constitucional. Tal função está afeta à Defensoria Público, conforme previsão do art. 134, caput, da CF/88.

RESPOSTA: D).

18. (MPGO/2015/ Secretário Auxiliar) Aos membros do Ministério Público aplicam-se as seguintes vedações, exceto:

a) Receber honorários e custas processuais.

b) Exercer o magistério.

c) Exercer atividade político-partidária.

d) Exercer a advocacia.

e) Receber, a qualquer título ou pretexto, auxílios ou contribuições de pessoas físicas, entidades públicas ou privadas, ressalvadas as exceções previstas em lei.

► ***Anotações/Comentários***

As vedações impostas aos membros do Ministério Público estão previstas no art. 129, §5º, II da CF/88. É vedado aos membros do Ministério Público a) receber, a qualquer título e sob qualquer pretexto, honorários, percentagens ou custas processuais; b) exercer a advocacia; c) participar de sociedade comercial, na forma da lei; d) exercer atividade político-partidária; e) receber, a qualquer título ou pretexto, auxílios ou contribuições de pessoas físicas, entidades públicas ou privadas, ressalvadas as exceções previstas em lei. Ainda não permite ao membro do Ministério Público exercer, ainda que em disponibilidade, qualquer outra função pública, **salvo uma de magistério.**

RESPOSTA: B).

19. (MPRS/2015/Assessor de Docência) Assinale a alternativa que apresenta uma afirmação INCORRETA.

a) Os membros do Ministério Público adquirem a vitaliciedade após dois anos de exercício do cargo.

b) Os recursos correspondentes às dotações orçamentárias, compreendidos os créditos suplementares e especiais, destinados ao Ministério Público, ser-lhe-ão entregues até o dia 20 de cada mês.

c) Os membros do Ministério Público têm foro por prerrogativa de função para todos os crimes que venham praticar.

d) O ato do Presidente da República que atentar contra o livre exercício do Ministério Público pode caracterizar crime de responsabilidade.

e) As leis de organização do Ministério Público, que tratem de carreira e de garantias de seus membros, não podem ser elaboradas pelo Presidente da República e não estão sujeitas à sua solicitação de delegação ao Congresso Nacional.

► ***Anotações/Comentários***

O ato do Presidente da República que atentar contra o livre exercício do Ministério Público considera-se crimes de responsabilidade (art. 85, II, da CF/88). É assegurada a vitaliciedade ao membro do Ministério Público, após dois anos de exercício, não podendo perder o cargo senão por sentença judicial transitada em julgado (art. 128, § 5º, I, "a", da CF/88). O art. 4º, § 1º, da LONMP, estabelece que: "Os recursos correspondentes às suas dotações orçamentárias próprias e globais, compreendidos os créditos suplementares e especiais, ser-lhe-ão entregues até o dia vinte de cada mês, sem vinculação a qualquer tipo de despesa.". É prerrogativa do membro do Ministério Público ser processado e julgado originariamente pelo Tribunal de Justiça de seu Estado, nos crimes comuns e de responsabilidade, ressalvada exceção de ordem constitucional (art. 40, IV, da LONMP). Conforme estabelece o art. 2°, da LONMP prevê que: "Lei complementar, denominada Lei Orgânica do Ministério Público, cuja iniciativa é facultada aos Procuradores-Gerais de Justiça dos Estados, estabelecerá, no âmbito de cada uma dessas unidades federativas, normas específicas de organização, atribuições e estatuto do respectivo Ministério Público.".

RESPOSTA: C).

20. (MPRS/2014 / Assessor – Direito) Assinale a alternativa que apresenta uma afirmação que esteja totalmente correta.

a) Conforme o art. 128 da Constituição Federal, o Ministério Público abrange: o Ministério Público da União, que compreende o Ministério Público Federal, o Ministério Público do Trabalho, o Ministério Público Militar, o Ministério Público do Distrito Federal e Territórios, o Ministério Público de Contas da União, e os Ministérios Públicos Estaduais e os Ministérios Públicos de Contas dos Tribunais de Contas Estaduais.

b) Segundo a Constituição Federal, são princípios institucionais do Ministério Público a indivisibilidade, a unidade e a vitaliciedade de seus membros, ao passo que as garantias funcionais são a independência funcional, a inamovibilidade e a irredutibilidade de subsídio.

c) Considerando que o Ministério Público é instituição permanente, essencial à função jurisdicional do Estado, incumbindo-lhe a defesa da ordem jurídica, do regime democrático e dos interesses sociais e individuais indisponíveis, cabe-lhe, além das funções institucionais previstas no art. 129 da Constituição Federal, excepcionalmente e quando o interesse público o exigir, a representação judicial e, eventualmente, a consultoria de entidades públicas.

d) Constitui prerrogativa dos membros do Ministério Público não ser indiciado em inquérito policial; em decorrência disso, quando no curso da investigação houver indícios da prática de infração penal por parte de membro do Ministério Público, a autoridade policial, civil ou militar remeterá, imediatamente, sob pena de responsabilidade, os respectivos autos ao Procurador-Geral de Justiça, a quem competirá dar prosseguimento à apuração.

e) O membro vitalício do Ministério Público somente perderá o cargo por sentença judicial transitada em julgado, proferida em ação própria, ou mediante decisão fundamentada, após procedimento em que se garantirá ao membro ampla defesa e o contraditório, do Conselho Nacional do Ministério Público.

► *Anotações/Comentários*

É prerrogativa no membro do Ministério Público não ser indiciado em inquérito policial (art. 41, II, da LONMP). Segundo o art. 41, parágrafo único da LONMP: "Quando no curso de investigação, houver indício da prática de infração penal por parte de membro do Ministério Público, a autoridade policial, civil ou militar remeterá, imediatamente, sob pena de responsabilidade, os respectivos autos ao Procurador-Geral de Justiça, a quem competirá dar prosseguimento à apuração.". Segundo o art. 128 da CF/88, o MP abrange o Ministério Público da União, composto pelo Ministério Público Federal, pelo Ministério Público do Trabalho, pelo Ministério Público Militar e pelo Ministério Público do Distrito Federal e Territórios e pelo Ministério Público dos Estados. São princípios institucionais do Ministério Público a unidade, a indivisibilidade e a independência funcional, conforme dispõe o art. 127, § 1º, da CF/88, enquanto são garantias dos membros do Ministério Público a vitaliciedade, após dois anos de exercício, não podendo perder o cargo senão por sentença judicial transitada em julgado; a inamovibilidade, salvo por motivo de interesse público, mediante decisão do órgão colegiado competente do Ministério Público, pelo voto da maioria absoluta de seus membros, assegurada ampla defesa; e a irredutibilidade de subsídio, todos previstos no art. 128, § 5º, inciso I, da CF/88. O Ministério Público é instituição permanente, essencial à função jurisdicional do Estado, incumbindo-lhe a defesa da ordem jurídica, do regime democrático e dos interesses sociais e individuais indisponíveis, podendo exercer outras funções que lhe forem conferidas, desde que compatíveis com sua finalidade, sendo-lhe vedada a representação judicial e a consultoria jurídica de entidades públicas. A ação civil para a decretação da perda do cargo será proposta pelo Procurador-Geral de Justiça perante o

Tribunal de Justiça local, após autorização do Colégio de Procuradores, na forma da Lei Orgânica, nos termos do art. 38, § 2º, da LONMP.

RESPOSTA: D).

21. (MPBA/2014 / Sistemas de Informação) Analise as assertivas e assinale a alternativa que aponta as corretas. São princípios institucionais do Ministério Público:

I. Unidade.

II. Indivisibilidade.

III. Independência funcional.

IV. Vinculação aos Poderes Judiciário e Executivo.

a) Apenas I, II e III.

b) Apenas I, II e IV.

c) Apenas I e II.

d) Apenas II e IV.

e) I, II, III e IV.

► ***Anotações/Comentários***

São princípios institucionais do Ministério Público a unidade, a indivisibilidade e a independência funcional, conforme dispõe o art. 127, § 1º, da CF/88.

RESPOSTA: A).

22. (MPRS/2013 / Agente Administrativo) Considere o enunciado abaixo e as quatro propostas para completá-lo. São funções institucionais do Ministério Público

I. promover, privativamente, a ação penal pública, na forma da lei.

II. promover o inquérito civil e a ação civil pública para proteção do meio ambiente e de outros interesses difusos e coletivos.

III. defender judicialmente os direitos e interesses das populações indígenas.

IV. requisitar diligências investigatórias e a instauração de inquérito policial, indicados os fundamentos jurídicos de suas manifestações processuais.

Quais estão corretas?

a) Apenas I e II.

b) Apenas II e III.

c) Apenas I, III e IV.

d) Apenas II, III e IV.

e) I, II, III e IV.

► ***Anotações/Comentários***

São funções do Ministério Público, consoante estabelece o art. 129 da CF/88, promover, privativamente, a ação penal pública, na forma da lei (inciso I), promover o inquérito civil e a ação civil pública, para a proteção do patrimônio público e social, do meio ambiente e de outros interesses difusos e coletivos (inciso III), defender judicialmente os direitos e interesses das populações indígenas (inciso V) e requisitar diligências investigatórias e a instauração de inquérito policial, indicados os fundamentos jurídicos de suas manifestações processuais (inciso VIII).

RESPOSTA: E).

23. (MPU/2013 / Analista – Direito) Relativamente à competência constitucional do MPU, julgue os itens a seguir.

Os instrumentos de atuação do MPU na defesa da ordem jurídica incluem o ajuizamento, pelo procurador-geral da República, de ADC de lei ou ato normativo federal e de ADPF decorrente da CF

► ***Anotações/Comentários:***

RESPOSTA: Correta. Segundo o art. 103, VI, o Procurador-Geral da República poderá propor a ação declaratória de constitucionalidade e a ação de arguição de descumprimento de preceito fundamental decorrente da CF/88 (art. 2º, I, da Lei n. 9.882/99).

24. (CNMP/2015/Analista – Direito) O Ministério Público da União compreende:

I. o Ministério Público Federal e de Contas.

II. o Ministério Público do Trabalho.

III. o Ministério Público Militar.

IV. o Ministério Público do Distrito Federal e Territórios.

Está correto o que se afirma APENAS em

a) II, III e IV.

b) I, II e IV.

c) I, III e IV.

d) I, II e III.

e) II e IV.

► ***Anotações/Comentários***

Segundo o art. 128, I, da CF/88, abrange o Ministério Público da União: a) o Ministério Público Federal; b) o Ministério Público do Trabalho; c) o Ministério Público Militar; e) o Ministério Público do Distrito Federal e Territórios.

RESPOSTA: A).

25. (MPU/2013 / Analista – Direito) Relativamente à competência constitucional do MPU, julgue os itens a seguir.

O MPT não possui legitimidade para atuar no âmbito do STF.

► ***Anotações/Comentários***

Segundo já decidiu o STF: "O Ministério Público do Trabalho não dispõe de legitimidade para atuar, em sede processual, perante o Supremo Tribunal Federal, eis que a representação institucional do Ministério Público da União, nas causas instauradas na Suprema Corte, inclui-se na esfera de atribuições do Procurador-Geral da República, que é, por definição constitucional (CF, art. 128, § 1º), o Chefe do Ministério Público da União, em cujo âmbito se acha estruturado o Ministério Público do Trabalho. Precedentes." (Rcl 5873 AgR, Relator(a): Min. CELSO DE MELLO, Tribunal Pleno, julgado em 09/12/2009, DJe-027 DIVULG 11-02-2010 PUBLIC 12-02-2010 EMENT VOL-02389-01 PP-00027 LEXSTF v. 32, n. 374, 2010, p. 194-199).

RESPOSTA: Correto.

26. (MPU/2013 / Analista – Direito) Relativamente à competência constitucional do MPU, julgue os itens a seguir.

Se, em sede de investigação criminal ou instrução processual penal conduzida pelo MPU, fizer-se necessária a quebra do sigilo de comunicação telefônica e fiscal de indivíduo investigado ou processado, o parquet deverá requerê-la ao órgão judicial competente, já que não tem competência para determiná-la unilateralmente.

► ***Anotações/Comentários***

RESPOSTA: Correto. Para fins de investigação criminal ou instrução processual, caso o Ministério Público entenda necessária a quebra de sigilo bancário, segundo prevê o art. 5º, inc. XII, da CF/88: "é inviolável o sigilo da correspondência e das comunicações telegráficas, de dados e das comunicações telefônicas, salvo, no último caso, por ordem judicial, nas hipóteses e na forma que a lei estabelecer para fins de investigação criminal ou instrução processual penal;". Ainda o art. 6º, XVIII, a), da LOMPU, estabelece que compete ao Ministério Público representar "ao órgão judicial competente para quebra de sigilo da correspondência e das comunicações telegráficas, de dados e das comunicações telefônicas, para fins de investigação criminal ou instrução processual penal, bem como manifestar-se sobre representação a ele dirigida para os mesmos fins;".

27. (MPU/2013/ Técnico - Tecnologia da Informação e Comunicação) No que se refere ao MPU, julgue o item a seguir.

Não será violada a independência funcional do MPU no caso de, tendo esse órgão encaminhado proposta orçamentária em desacordo com os limites estipulados na lei de diretrizes orçamentárias, o Poder Executivo realizar os ajustes necessários para consolidação da proposta orçamentária anual.

► ***Anotações/Comentários***

O art. 127, §5º, da CF/88 estabelece que: "Se a proposta orçamentária de que trata este artigo for encaminhada em desacordo com os limites estipulados na forma do § 3º, o Poder Executivo procederá aos ajustes necessários para fins de consolidação da proposta orçamentária anual.".

RESPOSTA: Certo.

28. (MPPA/2012/ Técnico em Informática) São princípios institucionais do Ministério Público:

a) a unidade, a indivisibilidade e a independência funcional.

b) a indivisibilidade, a discricionariedade e a transparência.

c) a pessoalidade, a independência funcional e a interdependência de poderes.

d) a unidade, a eficácia e a moralidade.

► ***Anotações/Comentários***

Segundo o art. 127, § 1º da CF/88, são considerados princípios institucionais do Ministério Público a unidade, a indivisibilidade e a independência funcional.

RESPOSTA: A).

29. (MPPE/2012/ Analista Ministerial - Área Jurídica) Analise as seguintes assertivas sobre a Autonomia Funcional e Administrativa do Ministério Público:

I. O Ministério Público poderá, nos termos da lei, propor ao Poder Executivo a criação e extinção de seus cargos e serviços auxiliares, provendo-os por concurso público de provas ou de provas e títulos, a política remuneratória e os planos de carreira.

II. Durante a execução orçamentária do exercício, não poderá haver a realização de despesas ou a assunção de obrigações que extrapolem os limites estabelecidos na lei de diretrizes orçamentárias, exceto se previamente autorizadas, mediante a abertura de créditos suplementares ou especiais.

III. Leis Ordinárias dos Estados, cuja iniciativa é facultada aos respectivos Procuradores-Gerais, estabelecerão a organização, as atribuições e o estatuto de cada Ministério Público Estadual, observadas as garantias e vedações estabelecidas na Constituição Federal.

Está correto o que consta APENAS em

a) III.

b) I e II.

c) I e III.

d) II e III.

e) II.

► ***Anotações/Comentários***

O art. 127, § 6º, da CF/88, prevê que: "Durante a execução orçamentária do exercício, não poderá haver a realização de despesas ou a assunção de obrigações que extrapolem os limites estabelecidos na lei de diretrizes orçamentárias, exceto se previamente autorizadas, mediante a abertura de créditos suplementares ou especiais.". O art. 127, § 2º, da CF/88, estabelece que ao Ministério Público é assegurada autonomia funcional e administrativa, podendo, observado o disposto no art. 169 da CF/88, propor ao Poder Legislativo (não ao Executivo) a criação e extinção de seus cargos e serviços auxiliares, provendo-os por concurso público de provas ou de provas e títulos, a política remuneratória e os planos de carreira; a lei disporá sobre sua organização e funcionamento. Leis complementares (não Leis ordinárias) da União e dos Estados, cuja iniciativa é facultada aos respectivos Procuradores-Gerais, estabelecerão a organização, as atribuições e o estatuto de cada Ministério Público, observando-se as garantias previstas na CF/88 (art. 128, § 5º, da CF/88).

RESPOSTA: E).

30. (MPRJ/2011/Técnico) NÃO se trata de atribuição do membro do Ministério Público:

a) a defesa dos direitos de significativa parcela da sociedade violados por dano ambiental;

b) a defesa dos direitos de consumidores lesados pela venda fraudulenta de produtos por meio de sítio destinado ao comércio eletrônico através da rede internacional de computadores;

c) a fiscalização acerca da legalidade quanto aos procedimentos adotados pelas Delegacia de Polícia;

d) a defesa dos interesses da Fazenda Pública nas demandas judiciais envolvendo o interesse de incapazes;

e) a defesa dos direitos e interesses das populações indígenas.

► ***Anotações/Comentários***

As atribuições do Ministério Público estão previstas no art. 129 da CF/88 e em suas respectivas Leis Orgânicas, porém é vedado ao membro do a defesa dos interesses da Fazenda Pública (art. 129, IX, da CF/88).

RESPOSTA: D).

31. (MPSP/2010/Analista de Promotoria I) Sobre o Ministério Público, é correto afirmar que

a) o Procurador-Geral de Justiça é nomeado pelo Chefe do Poder Executivo, para mandato de dois anos, sendo vedada a recondução.

b) é função institucional do Ministério Público defender judicialmente os direitos e interesses individuais do cidadão carente, que não pode pagar advogado.

c) o Conselho Nacional do Ministério Público é formado por 14 membros, incluídos dois juízes e dois advogados.

d) é função institucional do Ministério Público exercer o controle interno da atividade policial.

e) caberá aos membros do Ministério Público exercer outras funções que lhes forem conferidas, desde que compatíveis com sua finalidade, sendo-lhes permitidas a representação judicial e a consultoria jurídica de entidades públicas.

► ***Anotações/Comentários***

O Conselho Nacional do Ministério Público compõe-se de quatorze membros nomeados pelo Presidente da República, depois de aprovada a escolha pela maioria absoluta do Senado Federal, para um mandato de dois anos, admitida uma recondução, sendo: I o Procurador-Geral da República, que o preside; II quatro membros do Ministério Público da União, assegurada a representação de cada uma de suas carreiras; III três membros do Ministério Público dos Estados; IV dois juízes, indicados um pelo Supremo Tribunal Federal e outro pelo Superior Tribunal de Justiça; V dois advogados, indicados pelo Conselho Federal da Ordem dos Advogados do Brasil; e VI dois cidadãos de notável saber jurídico e reputação ilibada, indicados um pela Câmara dos Deputados e outro pelo Senado Federal (art. 130-A da CF/88). O art. 128, "§ 3º, da CF prevê que: "Os Ministérios Públicos dos Estados e o do Distrito Federal e Territórios formarão lista tríplice dentre integrantes da carreira, na forma da lei respectiva, para escolha de seu Procurador-Geral, que será nomeado pelo Chefe do Poder Executivo, para mandato de dois anos, permitida uma recondução.". O Ministério Público é instituição permanente, essencial à função jurisdicional do Estado, incumbindo-lhe a defesa da ordem jurídica, do regime democrático e dos interesses sociais e individuais indisponíveis, não abrangendo a defesa individual do cidadão carente (art. 127 da CF/88). É função do Ministério Público exercer o controle externo (não interno) da atividade policial, na forma da lei complementar (art. 129, VII, da CF/88). É ainda função do Ministério Público exercer outras funções que lhe forem conferidas, desde que compatíveis com sua finalidade, sendo-lhe vedada a representação judicial e a consultoria jurídica de entidades públicas (art. 129, IX, da CF/88).

RESPOSTA: C).

32. (MPRJ/2011/ Analista Administrativo) Acerca da organização institucional do Ministério Público, analise as seguintes afirmativas:

I. A nomeação do Procurador-Geral de Justiça do Ministério Público do Distrito Federal e Territórios, após a formação de lista tríplice, é ato do Chefe do Poder Executivo, ou seja, do Presidente da República.

II. É possível a nomeação de membro do Ministério Público do Trabalho para exercer o cargo de Procurador-Geral da República.

III. O Ministério Público junto aos Tribunais de Contas goza de plena autonomia administrativa e encarta-se na estrutura administrativa da respectiva Corte de Contas.

IV. O Procurador-Geral da República pode ser reconduzido ao cargo, sem qualquer limitação quanto ao número de mandatos a serem exercidos.

Estão corretas somente as afirmativas:

a) I, II, e IV;

b) I, III e IV;

c) II e III;

d) II e IV;

e) III e IV.

► ***Anotações/Comentários***

O art. 156 da LOMPU prevê que o "Procurador-Geral de Justiça será nomeado pelo Presidente da República dentre integrantes de lista tríplice elaborada pelo Colégio de Procuradores e Promotores de Justiça, para mandato de dois anos, permitida uma recondução, precedida de nova lista tríplice.". Qualquer integrante da carreira do MPU, maior de 35 anos (art. 128, parágrafo 1º, da CF), poderá ser candidato à Procurador-Geral da República, assim, qualquer membro do MPDFT, MPF, MPM e MPT, que tenha a idade mínima prevista constitucionalmente, está apto a concorrer ao cargo de PGR, para um mandato de 2 anos. O art. 128, da CF permite a recondução sem prazo ao Procurador-Geral da República. O Tribunal de Contas não goza de autonomia, embora encontra-se dentro da estrutura do Tribunal de Contas, como prevê o art. 77 da Lei Orgânica do Tribunal de Contas do Rio de Janeiro.

RESPOSTA: A).

33. (MPRJ/2011/Técnico) É atribuição privativa do Ministério Público:

a) exercer atividade investigativa no âmbito criminal

b) propor ação civil pública na qualidade de representante da sociedade;

c) promover a ação penal pública, na forma da lei;

d) realizar o controle externo das atividades desenvolvidas pela Administração Pública, velando pelo patrimônio público e pela moralidade administrativa;

e) exercer a defesa dos direitos do cidadão assegurados nas Constituições Federal e Estadual.

► ***Anotações/Comentários***

Das atividades descritas e previstas no art. 129 da CF/88, somente a ação penal pública é atribuição privativa do Ministério Público (art. 129, I, da CF/88).

RESPOSTA: C).

34. (MPSE/2010/Analista) Aos membros do Ministério Público, após a promulgação do CF de 1988, NÃO é vedado

a) exercer advocacia.

b) receber, a qualquer título e sob qualquer pretexto, honorários, percentagens ou custas processuais.

c) exercer, ainda que em disponibilidade, uma função pública de Magistério.

d) exercer o comércio ou participar de sociedade comercial, exceto como cotista ou acionista.

e) exercer atividade político-partidária, ressalvada a filiação e as exceções previstas em lei.

▶ ***Anotações/Comentários***

Segundo o art. 128, § 5º, II, "a" é permitido ao membro do Ministério Público, ainda que em disponibilidade, o magistério. As demais são vedadas aos membros do Ministério Público.

RESPOSTA: C).

35. (MPU/2010/ Cientista da Computação) Na organização dos Poderes, prevista na Constituição Federal de 1988, pode-se afirmar que o Ministério Público da União – MPU – quando atua numa Ação Civil Pública relativa à área ambiental:

a) está hierarquicamente submetido ao Supremo Tribunal Federal – STF, órgão supremo do Judiciário.

b) está hierarquicamente submetido ao Superior Tribunal de Justiça – STJ, órgão supremo do Judiciário.

c) está hierarquicamente submetido à Presidência da República e/ou ao Ministério do Meio Ambiente.

d) é autônomo, não estando hierarquicamente submetido a nenhum Poder.

e) é autônomo, constituindo assim expressamente o quarto Poder da República Brasileira.

▶ ***Anotações/Comentários***

Os membros do Ministério Público, ao desempenharem suas funções no cumprimento de seus deveres, **não estão subordinados** a nenhum órgão ou Poder (Executivo, Legislativo ou Judiciário), submetendo-se, assim, apenas à sua consciência e aos limites do ordenamento jurídico.

RESPOSTA: D).

36. (MPRS/2008/ Assessor - Direito) A autonomia administrativa e financeira assegurada ao Ministério Público pela Constituição Federal Brasileira possibilita-lhe, dentre outros atos e funções, a

a) elaboração de suas folhas de pagamento.

b) elaboração de seu orçamento.

c) criação de seus cargos.
d) criação de serviços auxiliares.
e) extinção de seus cargos.

▶ *Anotações/Comentários*

O art. 127, § 2º, da CF/88, ao Ministério Público é assegurada autonomia funcional e administrativa, podendo, observado o disposto no art. 169 da CF/88, propor ao Poder Legislativo a criação e extinção de seus cargos e serviços auxiliares, provendo-os por concurso público de provas ou de provas e títulos, a política remuneratória e os planos de carreira; a lei disporá sobre sua organização e funcionamento. Segundo o art. 3º, III, da LONMP, Ao Ministério Público é assegurada autonomia funcional, administrativa e financeira, cabendo-lhe, especialmente, entre outras, elaborar suas folhas de pagamento e expedir os competentes demonstrativos.

RESPOSTA: A).

2

QUESTÕES SOBRE O CONSELHO NACIONAL DO MINISTÉRIO PÚBLICO – CNMP

CONCURSO PARA MEMBROS DO MP

01. (MPSP/2017/Promotor de Justiça) Assinale a alternativa correta quanto ao inquérito civil.

a) Se, notificada para prestar depoimento em inquérito civil, a testemunha não comparecer, ainda que por motivo justificado, será conduzida coercitivamente.

b) A nulidade do inquérito civil fulmina, com o mesmo vício, a ação civil pública que, com base nele, vier a ser proposta.

c) A portaria do inquérito civil deve delimitar o fato ou os fatos a serem investigados.

d) O inquérito civil é público mas pode ser decretado o seu sigilo, a critério exclusivo do Promotor de Justiça, sendo desnecessária a motivação da decisão.

e) Da instauração do inquérito civil cabe recurso ao Conselho Superior do Ministério Público, no prazo de 10 (dez) dias, com efeito suspensivo.

► *Anotações/Comentários*

O art. 4º da Resolução n. 23/07 estabelece que no inquérito civil instaurado por portaria deverá conter o fundamento legal que autoriza a ação do Ministério Público e a descrição do fato objeto do inquérito civil. O descumprimento de notificação poderá implicar em condução coercitiva, determinada se houver prova do recebimento pessoal da notificação (art. 39 do Ato Normativo n. 484/06 – CPJ do MPMS). Os eventuais vícios e nulidade do inquérito civil não prejudicam os atos que deles independam, nem, a ação civil pública que eventualmente venha a ser ajuizada. Segundo prevê o art. 7º da Resolução n. 23/07 do CNMP, ao inquérito civil aplica-se o princípio da publicidade dos atos, com exceção dos casos em que haja sigilo legal ou em que a publicidade possa acarretar prejuízo às investigações, casos em que a decretação do sigilo legal deverá ser motivada. Segundo o art. 108 da Lei Orgânica do MPSP, da instauração do inquérito civil, caberá recurso do interessado ao Conselho Superior do Ministério Público, com efeito suspensivo, porém, o prazo de interposição dos recursos será de 5 (cinco) dias (não dez) a contar da ciência do ato impugnado.

RESPOSTA: C).

02. (MPPR/2016/ Promotor de Justiça) Assinale a alternativa **incorreta**:

a) A instauração de procedimento preparatório deve ser reservada para aqueles casos em que nebulosa a identificação dos investigados ou do objeto a ser apurado;

b) Como regra geral, fixada pelo Conselho Nacional do Ministério Público, o procedimento preparatório deve ser concluído em, no máximo, 90 (noventa) dias, permitindo-se apenas uma prorrogação por igual prazo, em caso de motivo justificável;

c) São características do inquérito civil: a publicidade, a inquisitoriedade, a dispensabilidade e a titularidade exclusiva do Ministério Público;

d) Como corolário do princípio da publicidade, o Promotor de Justiça poderá prestar informações aos meios de comunicação social sobre as investigações, externando com prudência juízos de valor sobre as apurações em curso;

e) Conforme estabelecido pelo Conselho Nacional do Ministério Público, poderá, excepcionalmente, oficiar nos autos do inquérito civil ou do procedimento preparatório o órgão responsável pela promoção de arquivamento não homologada pelo Conselho Superior do Ministério Público.

► *Anotações/Comentários*

O art. 8º da Resolução n. 23/07 do CNMP, prevê que: "Em cumprimento ao princípio da publicidade das investigações, o membro do Ministério Público poderá prestar informações, inclusive aos meios de comunicação social, a respeito das providências adotadas para apuração de fatos em tese ilícitos, abstendo-se, contudo, de externar ou antecipar juízos de valor a respeito de apurações ainda não concluídas.". O inquérito civil é um instrumento de investigação utilizado pelo Ministério Público para apuração de fatos e seus respectivos responsáveis (art. 4º Resolução n. 23/07 do CNMP). O art. 2º, § 6º, da Resolução do CNMP, estabelece que: "O procedimento preparatório deverá ser concluído no prazo de 90 (noventa) dias, prorrogável por igual prazo, uma única vez, em caso de motivo justificável.". Não oficiará nos autos do inquérito civil, do procedimento preparatório ou da ação civil pública o órgão responsável pela promoção de arquivamento não homologada pelo

Conselho Superior do Ministério Público ou pela Câmara de Coordenação e Revisão, salvo na hipótese de conversão do arquivamento de inquérito civil em diligências (art. 11, *caput*, da Resolução n. 23/07 do CNMP). Dentre as características do inquérito civil estão: a publicidade, a inquisitoriedade, a dispensabilidade e a titularidade exclusiva do Ministério Público.

RESPOSTA: D).

03. (MPSC/2016/ Promotor de Justiça) Segundo a Resolução n. 23 do Conselho Nacional do Ministério Público, o inquérito civil pode ser instaurado diante de requerimento ou representação, mesmo verbal ou anônima, formulado por pessoa que forneça, por qualquer meio legalmente permitido, informações sobre o fato e seu provável autor, bem como a qualificação mínima que permita sua identificação e localização.

► ***Anotações/Comentários***

Segundo o art. 2º, inc. II, da Resolução n. 23/07, o inquérito civil poderá ser instaurado em face de requerimento ou representação formulada por qualquer pessoa ou comunicação de outro órgão do Ministério Público, ou qualquer autoridade, desde que forneça, por qualquer meio legalmente permitido, informações sobre o fato e seu provável autor, bem como a qualificação mínima que permita sua identificação e localização. O conhecimento por manifestação anônima, justificada, não implicará ausência de providências, desde que obedecidos os mesmos requisitos para as representações em geral (art. 2º, §3º, da Resolução n. 23/07).

RESPOSTA: Correta.

04. (MPSC/2016/ Promotor de Justiça) Fixa a Resolução n. 23 do Conselho Nacional do Ministério Público, como regra, a publicidade do inquérito civil, ao que todos os ofícios requisitórios de informações ao inquérito civil e ao procedimento preparatório deverão ser fundamentados, prescindindo do acompanhamento de cópia da portaria que instaurou o procedimento e, nos requerimentos objetivando a obtenção de certidões ou extração de cópia de documentos constantes nos autos sobre o inquérito civil, são desnecessários esclarecimentos relativos aos fins e às razões do pedido, nos termos da Lei n. 9.051/95.

► ***Anotações/Comentários***

Segundo o art. 7º, da Resolução n. 23/07, prevê que ao inquérito civil aplica-se o princípio da publicidade dos atos, com exceção dos casos em que haja sigilo legal ou em que a publicidade possa acarretar prejuízo às investigações, casos em que a decretação do sigilo legal deverá ser motivada. Nas hipóteses de requerimentos que objetivam a obtenção de certidões ou extração de cópia de documentos constantes nos autos sobre o inquérito civil, os interessados deverão fazer constar esclarecimentos relativos aos fins e razões do pedido, nos termos da Lei nº 9.051/95.

RESPOSTA: Errado

05. **(MPSC/2016/ Promotor de Justiça)** Segundo a Resolução n. 67/11, editada pelo Conselho Nacional do Ministério Público, os Membros do Ministério Público dos Estados deverão solicitar aos respectivos coordenadores do Centro de Apoio Operacional da Infância e Juventude a tomada das medidas administrativas e judiciais necessárias à implementação de políticas socioeducativas em âmbito estadual, nos moldes do previsto pelo SINASE.

► ***Anotações/Comentários***

Segundo previsão do art. 4º, da Resolução n. 67/11 do CNMP, os Membros do Ministério Público em todos os estados deverão tomar as medidas administrativas e judiciais necessárias à implementação de políticas socioeducativas em âmbito estadual e municipal, nos moldes do previsto pelo SINASE.

RESPOSTA: Errado

06. **(MPSC/2016/ Promotor de Justiça)** A vitaliciedade do membro do Ministério Público permite a perda do cargo em razão de sentença judicial transitada em julgado proferida em ação instaurada para essa finalidade; ação movida pela prática de ato de improbidade administrativa; ou, em decorrência de decisão prolatada em processo disciplinar pelo Conselho Nacional do Ministério Público, assegurada, em todos os casos, a ampla defesa.

► ***Anotações/Comentários***

A LONMP prevê a possibilidade de uma ação civil própria para a decretação da perda do cargo será proposta pelo Procurador-Geral de Justiça perante o Tribunal de Justiça local, após autorização do Colégio de Procuradores (art. 38, § 2º). Segundo decisão do STJ "A aplicação da sanção de perda do cargo público aos membros do Ministério Público, decorrente de condenação pela prática de ato de improbidade administrativa não depende do ajuizamento de ação específica, tratando-se de hipótese autônoma àquela prevista no art. 38, § 1º, inciso I, da Lei n. 8.625/93. (...)" (REsp 1534126/MG,

Rel. Ministra REGINA HELENA COSTA, PRIMEIRA TURMA, julgado em 22/11/2016, DJe 05/12/2016). Contudo, o CNMP não pode decretar a perda do cargo de membro do Ministério Público, pois em razão da garantia da vitaliciedade, a perda do cargo somente se dará em razão decisão judicial.

RESPOSTA: Errado.

07. (MPSC/2016/ Promotor de Justiça) Presidido pelo Procurador-Geral da República, o Conselho Nacional do Ministério Público é composto por quatro membros do Ministério Público Federal, três membros do Ministério Público Estadual, dois juízes, indicados um pelo Supremo Tribunal Federal e outro pelo Superior Tribunal de Justiça, dois advogados, indicados pelo Conselho Federal da Ordem dos Advogados do Brasil e dois cidadãos de notável saber jurídico e reputação ilibada, indicados um pela Câmara dos Deputados e outro pelo Senado Federal.

► ***Anotações/Comentários***

O Conselho Nacional do Ministério Público compõe-se de quatorze membros nomeados pelo Presidente da República, depois de aprovada a escolha pela maioria absoluta do Senado Federal, para um mandato de dois anos, admitida uma recondução, sendo: I o Procurador-Geral da República, que o preside; II quatro membros do Ministério Público da União, assegurada a representação de cada uma de suas carreiras; III três membros do Ministério Público dos Estados; IV dois juízes, indicados um pelo Supremo Tribunal Federal e outro pelo Superior Tribunal de Justiça; V dois advogados, indicados pelo Conselho Federal da Ordem dos Advogados do Brasil; e VI dois cidadãos de notável saber jurídico e reputação ilibada, indicados um pela Câmara dos Deputados e outro pelo Senado Federal.

RESPOSTA: Errado

08. (MPRS/2016/ Promotor de Justiça) Com relação ao Corregedor do Conselho Nacional do Ministério Público, assinale a alternativa **INCORRETA**.

a) O Corregedor será eleito em sessão secreta, pelo mandato de dois anos, vedada a recondução.

b) Promotor de Justiça, membro do Conselho Nacional, poderá ser eleito Corregedor.

c) Somente os membros do Ministério Público que integram o Conselho Nacional poderão ser eleitos Corregedor.

d) O Corregedor tomará posse imediatamente após a proclamação do resultado da eleição.

e) O Corregedor não tem direito a voto em processos administrativos disciplinares julgados nas sessões plenárias do Conselho Nacional do Ministério Público.

▶ *Anotações/Comentários*

O art. 130-A, § 3º, da CF/88, estabelece que: "O Conselho escolherá, em votação secreta, um Corregedor nacional, dentre os membros do Ministério Público que o integram, vedada a recondução, competindo-lhe, além das atribuições que lhe forem conferidas pela lei.". O Regimento Interno do CNMP, art. 60, § 5º, prevê que: "O Corregedor Nacional votará em todos os feitos, inclusive nos processos administrativos disciplinares.".

RESPOSTA: E).

09. (MPAM/2015/ Promotor de Justiça) De acordo com a Resolução nº 26/ 2007, do Conselho Nacional do Ministério Público, que disciplina a residência na Comarca pelos membros do Ministério Público, considere as seguintes assertivas:

I – O parecer desfavorável emitido pelo Corregedor-Geral do Ministério Público impede a autorização do Procurador-Geral de Justiça para que membro possa residir fora da Comarca, por ser medida excepcional.

II – O ato do Procurador-Geral de Justiça poderá ser mais restritivo que os termos desta resolução, criando outros requisitos nela não previstos para a autorização de residência fora da Comarca.

III – Se a Comarca fizer fronteira com outro Estado, desde que o membro cumpra os demais requisitos da resolução, poderá a autorização do Procurador-Geral de Justiça permitir a residência do membro em Comarca de outro Estado.

Quais das assertivas acima estão corretas?

a) I, II e III.

b) Apenas a I e III.

c) Apenas a II e III.

d) Apenas a II.

e) Apenas a I.

▶ *Anotações/Comentários*

Segundo o art. 2º, da Resolução n. 26/07, do CNMP, o Procurador-Geral poderá autorizar, através de ato motivado, em caráter excepcional, a residência fora da Comarca ou da localidade onde o membro do Ministério Público exerce a titularidade de seu cargo, podendo ouvir previamente a Corregedoria-Geral. Segundo o art. 8º, da Resolução n. 26/07, do CNMP, os Ministérios Públicos dos Estados e da União editarão ato administrativo, em até sessenta (60) dias, contendo estas normas gerais e outras, conforme as suas peculiaridades. O art. 2º, §6º, da Resolução n. 26/07, do CNMP, É vedada a autorização para que membro do Ministério Público possa residir em Estado diverso do qual deva exercer as suas funções

RESPOSTA: D).

10. (MPAM/2015/ Promotor de Justiça) O Conselho Nacional do Ministério Público vêm expedindo resoluções de cunho vinculativo aos Ministérios Públicos em diferentes áreas de atuação. Considere as seguintes assertivas:

I – Essas resoluções não podem ser vinculativas, pois ferem os princípios da autonomia administrativa e funcional dos Ministérios Públicos.

II – Essas resoluções devem ser compreendidas como meras recomendações.

III – São constitucionais as resoluções expedidas pelo CNMP e devem ser atendidas plenamente.

Quais das assertivas acima estão corretas?

a) Apenas a II.

b) Apenas a III.

c) Apenas a I e III.

d) Apenas a II e III.

e) I, II e III.

▶ *Anotações/Comentários*

As resoluções podem ser elaboradas pelo CNMP (art. 147, I, do Regimento Interno do CNMP), são constitucionais e devem ser atendidas. Recentemente o STF apreciou a constitucionalidade de umas Resoluções do CNMP: "O Plenário, por maioria, julgou improcedente o pedido formulado em ação direta ajuizada em face da Resolução 36/2009 do CNMP, que dispõe sobre o pedido e a utilização de interceptações telefônicas, no âmbito do Ministério Público, nos termos da Lei 9.296/1996. (...) No mérito, ao reconhecer sua constitucionalidade, o Colegiado asseverou que a norma foi editada pelo CNMP no exercício das atribuições previstas diretamente no art. 130-A, § 2º, I e II, da CF. Nesse contexto, apenas regulamentou questões administrativas e disciplinares relacionadas ao procedimento de interceptação telefônica, sem adentrar em matéria de direito penal, processual ou relativa a nulidades. (...) A Corte ressaltou, ainda, que o CNMP possui competência para regular os parâmetros a serem utilizados na análise de processos disciplinares submetidos ao órgão. Em realidade, trata-se de medida conveniente e desejável que confere previsibilidade à atuação do Conselho, bem como oferece segurança jurídica e tratamento isonômico àqueles sujeitos a seu controle. Por outro lado, padronizou procedimentos formais sobre a matéria, de modo a concretizar o princípio da eficiência (...), cuja observância deve ser tutelada pelo Conselho (...). A existência de um grau mínimo de uniformização atende ao princípio da eficiência, além de ser conveniente para a continuidade das investigações, especialmente ao se considerar a possibilidade de atuação de mais de um membro do *Parquet* no mesmo processo e em momentos distintos." [ADI 4.263, rel. min. Roberto Barroso, j. 25-4-2018, P, *Informativo* 899.]

RESPOSTA: B).

11. (MPRS/2014/ Promotor de Justiça) Assinale a alternativa **INCORRETA.** Em relação ao Conselho Nacional do Ministério Público, de acordo com seu Regimento Interno, durante o exercício do mandato de Conselheiro Nacional, é vedado ao membro do Ministério Público

a) ser promovido por merecimento ou antiguidade.

b) exercer cargo ou função de chefia, direção ou assessoramento da instituição a que pertença.

c) integrar o Conselho Superior da instituição a que pertença.

d) exercer cargo de direção em instituição de classe.

e) integrar lista para Procurador-Geral de Justiça.

► *Anotações/Comentários*

Nos termos do art. 28 do Regimento Interno do CNMP é vedado ao membro do Ministério Público, durante o exercício do mandato: I – integrar lista para Procurador-Geral, promoção por merecimento ou preenchimento de vaga na composição de tribunal; II – exercer cargo ou função de chefia, direção ou assessoramento na instituição a que pertença; III – integrar o Conselho Superior ou exercer a função de Corregedor; IV – exercer cargo de direção em entidade de classe.

RESPOSTA: A).

12. (MPPR/2014/ Promotor de Justiça) Quanto ao exercício do controle externo da atividade policial pelo MP e sua disciplina pela Resolução nº 20, do Conselho Nacional do Ministério Público, é **incorreto** afirmar:

a) Pela Constituição Federal, é função institucional do "parquet" exercer o controle externo da atividade policial, na forma da lei complementar, a qual estabelecerá a organização, as atribuições e o estatuto de cada Ministério Público;

b) O Ministério Público poderá instaurar procedimento administrativo visando sanar as deficiências ou irregularidades detectadas no exercício do controle externo da atividade policial, bem como apurar as responsabilidades decorrentes do descumprimento injustificado das requisições pertinentes;

c) No exercício da função de controle externo, cabe ao "parquet" acompanhar, quando necessária ou solicitada, a condução da investigação policial civil ou militar, bem como ter acesso a quaisquer documentos, informatizados ou não, relativos à atividade-fim policial civil e militar;

d) Para que um Promotor de Justiça exerça controle externo da atividade policial, em sede de controle concentrado, não é exigível uma designação específica do Procurador-Geral de Justiça;

e) As ações de controle externo destinam-se, de modo especial, para a preservação da ordem pública, da incolumidade das pessoas e do patrimônio público e, para a probidade administrativa no exercício da atividade policial.

► *Anotações/Comentários*

Para o exercício do controle externo da atividade policial, em sede de controle concentrado, através de membros com atribuições específicas para o controle externo da atividade policial, conforme disciplinado no âmbito de cada Ministério Público, necessitando, assim, uma designação específica do Procurador-Geral de Justiça (art. 3º, II, da Resolução n. 20/07 do CNMP). É de atribuição do Ministério Público, entre outras, exercer o controle externo da atividade policial, na forma da lei complementar, conforme prevê o art. 129, VII, da CF/88. O art. 4º § 2º, da Resolução n. 20/07 do CNMP, estabelece que: "O Ministério Público poderá instaurar procedimento administrativo visando sanar as deficiências ou irregularidades detectadas no exercício do controle externo da atividade policial, bem como apurar as responsabilidades decorrentes do descumprimento injustificado das requisições pertinentes.". Aos órgãos do Ministério Público, no exercício das funções de controle externo da atividade policial, caberá, entre outras funções, a de acompanhar, quando necessária ou solicitada, a condução da investigação policial civil ou militar e ter acesso a quaisquer documentos, informatizados ou não, relativos à atividade-fim policial civil e militar, incluindo as de polícia técnica desempenhadas por outros órgãos (art. 5º, II e III, da Resolução n. 20/07 do CNMP). O controle externo da atividade policial pelo Ministério Público tem como objetivo manter a regularidade e a adequação dos procedimentos empregados na execução da atividade policial, bem como a integração das funções do Ministério Público e das Polícias voltada para a persecução penal e o interesse público, atentando, em especial para preservação da ordem pública, da incolumidade das pessoas e do patrimônio público e para a probidade administrativa no exercício da atividade policial (art. 2º, II e VII da Resolução n. 20/07 do CNMP).

RESPOSTA: D).

13. (MPRS/2014/ Promotor de Justiça) Assinale, entre as alternativas abaixo, aquela que apresenta uma afirmação correta.

a) Os Promotores de Justiça, integrantes do Conselho Nacional do Ministério Público, durante o exercício do mandato, não podem integrar lista de promoção por merecimento.

b) É vedada a nomeação, no âmbito do Ministério Público, de cônjuges ou companheiros, e parentes, consanguíneos, afins ou por adoção, até o quarto grau, de Procuradores e Promotores de Justiça, para os cargos em comissão do Quadro de Cargos em Comissão e Funções Gratificadas da Procuradoria-Geral de Justiça.

c) Para formação da lista para promoção ou remoção por merecimento dos membros do Ministério Público, o número de vezes que já tenha participado de listas, não é considerado pelo Conselho Superior do Ministério Público.

d) O Conselho Nacional do Ministério Público compõe-se de quatorze membros nomeados pelo Presidente da República, depois de aprovada a escolha pela maioria absoluta do Senado Federal, para um mandato de dois anos, conferindo-se à presidência deste Colegiado ao integrante mais antigo.

e) Cabe ao Corregedor-Geral aprovar os pedidos de remoção por permuta entre os membros do Ministério Público.

▶ *Anotações/Comentários*

Ao membro do Ministério Público, durante o exercício do mandato, é vedado integrar lista para Procurador-Geral, promoção por merecimento ou preenchimento de vaga na composição de tribunal (art. 28, I, do Regimento Interno do CNMP). É vedada a nomeação ou designação para cargos em comissão e funções comissionadas, no âmbito do Ministério Público da União e dos Estados, de cônjuge, companheiro ou parente em linha reta, colateral ou por afinidade, até o terceiro grau, inclusive, dos respectivos membros, compreendido o ajuste mediante designações ou cessões recíprocas em qualquer órgão da Administração Pública direta e indireta dos Poderes da União, dos Estados, do Distrito Federal e dos Municípios. O Conselho Nacional do Ministério Público compõe-se de quatorze membros nomeados pelo Presidente da República, depois de aprovada a escolha pela maioria absoluta do Senado Federal, para um mandato de dois anos, admitida uma recondução (art. 130-A, da CF/88). É de atribuição do Conselho Superior do Ministério Público decidir sobre os pedidos de remoção por permuta entre membros do Ministério Público (art. 27, V, a), da Lei Orgânica do MPRS). A promoção será obrigatória, quando o membro do Ministério Público figure por três vezes consecutivas ou cinco alternadas em lista de merecimento, aplicando a hipótese também no caso de permuta (art. 129, § 4º, da CF/88).

RESPOSTA: A).

14. (MPSC/2014/ Promotor de Justiça) O Conselho Nacional do Ministério Público compõe-se de:

a) Dois juízes indicados pelo Superior Tribunal de Justiça.

b) Quatro membros do Ministério Público dos Estados.

c) Dois advogados indicados pelos Conselhos Estaduais da OAB, devendo a indicação ser ratificada pelo Conselho Federal.

d) Dois cidadãos de notável saber jurídico e reputação ilibada, indicados pelo Senado Federal.

e) Quatorze membros nomeados pelo Presidente da República, depois de aprovada a escolha pela maioria absoluta do Senado Federal.

▶ *Anotações/Comentários*

O Conselho Nacional do Ministério Público compõe-se de quatorze membros nomeados pelo Presidente da República, depois de aprovada a escolha pela maioria absoluta do Senado Federal, para um mandato de dois anos, admitida uma recondução, sendo: I o Procurador-Geral da República, que o preside; II quatro membros do Ministério Público da União, assegurada a representação de cada uma de suas carreiras; III três membros do Ministério Público dos Estados; IV dois juízes, indicados um pelo Supremo Tribunal Federal e outro pelo Superior Tribunal de Justiça; V dois advogados, indicados pelo Conselho Federal da Ordem dos Advogados do Brasil; e VI dois cidadãos de notável saber jurídico e reputação ilibada, indicados um pela Câmara dos Deputados e outro pelo Senado Federal (art. 130-A da CF/88).

RESPOSTA: E).

15. (MPRO/2013/ Promotor de Justiça) Acerca do CNMP, assinale a opção correta.

a) Segundo a jurisprudência do STF, o CNMP detém competência para rever decisões em processo disciplinar instaurado contra servidor efetivo do MPU ou dos MPEs.

b) O STF considera constitucional a resolução do CNMP que, ao disciplinar o exercício de cargos públicos, determinou que os membros do MP, especialmente aqueles que ingressaram na instituição após a promulgação da CF, não podem exercer cargos ou funções em órgãos estranhos à organização do MP, somente podendo ser titulares de cargos em comissão ou de funções de confiança em órgãos situados na própria estrutura administrativa do MP.

c) A confirmação do procurador-geral da República para a presidência do CNMP depende de aprovação do Senado Federal, após sabatina.

d) Os membros do CNMP oriundos dos MPEs serão indicados pelos respectivos procuradores-gerais de justiça, a partir de lista tríplice elaborada pelos integrantes da carreira de cada instituição, não se exigindo, na composição da referida lista, que os membros possuam mais de trinta e cinco anos de idade ou já tenham completado mais de dez anos na respectiva carreira.

e) O presidente do Conselho Federal da OAB oficia junto ao CNMP, mas não pode usar da palavra em plenário.

► *Anotações/Comentários*

Já decidiu o STF que: "MANDADO DE SEGURANÇA. RESOLUÇÃO N. 5/2006 DO CONSELHO NACIONAL DO MINISTÉRIO PÚBLICO: EXERCÍCIO DE CARGO DE DIRETOR DE PLANEJAMENTO, ADMINISTRAÇÃO E LOGÍSTICA DO IBAMA POR PROMOTOR DE JUSTIÇA. IMPOSSIBILIDADE DE MEMBRO DO MINISTÉRIO PÚBLICO QUE INGRESSOU NA INSTITUIÇÃO APÓS A PROMULGAÇÃO DA CONSTITUIÇÃO DE 1988 EXERCER CARGO OU FUNÇÃO PÚBLICA EM ÓRGÃO DIVERSO DA ORGANIZAÇÃO DO MINISTÉRIO PÚBLICO. VEDAÇÃO DO ART. 128, § 5º, INC. II, ALÍNEA D, DA CONSTITUIÇÃO DA REPÚBLICA. PRECEDENTES. SEGURANÇA DENEGADA." (MS 26595, Relator(a): Min. CÁRMEN LÚCIA, Tribunal Pleno, julgado em 07/04/2010, DJe-105 DIVULG 10-06-2010 PUBLIC 11-06-2010 EMENT VOL-02405-02 PP-00361 RTJ VOL-00219-01 PP-00391 LEXSTF v. 32, n. 379, 2010, p. 127-153 RT v. 99, n. 900, 2010, p. 153-168). Segundo já decidiu o STF: "(...) A competência revisora conferida ao Conselho Nacional do Ministério Público limita-se aos processos disciplinares instaurados contra os membros do Ministério Público da União ou dos Estados (inc. IV do § 2º do art. 130-A da Constituição da República), não sendo possível a revisão de processo disciplinar contra servidores. Somente com o esgotamento da atuação correicional do Ministério Público paulista o ex-servidor apresentou, no Conselho Nacional do Ministério Público, reclamação contra a pena de demissão aplicada. 3. A Constituição da República resguardou o Conselho Nacional do Ministério Público da possibilidade de se tornar instância revisora dos processos administrativos disciplinares instaurados nos órgãos correicionais competentes contra servidores auxiliares do Ministério Público em situações que não digam respeito à atividade-fim da própria instituição. 4. Mandado de segurança concedido, prejudicados os recursos interpostos contra o deferimento da liminar." (MS 28827, Relator(a): Min. CÁRMEN LÚCIA, Primeira Turma, julgado em 28/08/2012, ACÓRDÃO ELETRÔNICO DJe-198 DIVULG 08-10-2012 PUBLIC 09-10-2012). O CNMP será presidido pelo Procurador-Geral da República independente de sabatina (art. 130-A, I, da CF/88). Prevê o art. 2º da Lei n. 11.372/06 que: "Os membros do Conselho Nacional do Ministério Público oriundos dos Ministérios Públicos dos Estados serão indicados pelos respectivos Procuradores-Gerais de Justiça, a partir de lista tríplice elaborada pelos integrantes da Carreira de cada instituição, composta por membros com mais de 35 (trinta e cinco) anos de idade, que já tenham completado mais de 10 (dez) anos na respectiva Carreira.". Prevê o art. 4º, parágrafo único do Regimento Interno do CNMP que: "O Presidente do Conselho Federal da Ordem dos Advogados do Brasil terá assento e voz no Plenário, podendo se fazer representar em suas sessões por membro da Diretoria do Conselho Federal da entidade.".

RESPOSTA: B).

16. (MPSC/2013/ Promotor de Justiça) Compete ao Conselho Nacional do Ministério Público o controle da atuação administrativa e financeira do Ministério Público e do cumprimento dos deveres funcionais de seus membros, cabendo-lhe, entre outras ações, rever, de ofício ou mediante provocação, os processos disciplinares de membros do Ministério Público da União ou dos Estados julgados há menos de um ano.

► ***Anotações/Comentários***

Compete ao Conselho Nacional do Ministério Público o controle da atuação administrativa e financeira do Ministério Público e do cumprimento dos deveres funcionais de seus membros, cabendo lhe, entre outas funções, a de rever, de ofício ou mediante provocação, os processos disciplinares de membros do Ministério Público da União ou dos Estados julgados há menos de um ano (art. 130-A, §4º, do CNMP).

RESPOSTA: Correta.

17. (MPAP/2012/ Promotor de Justiça) Integram a composição do Conselho Nacional do Ministério Público, dentre outros,

a) cinco membros do Ministério Público da União, indica- dos pelo Conselho Nacional de Procuradores Gerais.

b) dois cidadãos de notável saber jurídico e reputação ilibada, indicados um pelo Presidente da República e outro pelo Presidente do Congresso Nacional.

c) quatro membros do Ministério Público dos Estados, indicados pelo Ministério Público da União.

d) dois advogados militantes do Distrito Federal, indicados pelo Procurador-Geral da República.

e) dois juízes, indicados um pelo Supremo Tribunal Federal e outro pelo Superior Tribunal de Justiça.

► ***Anotações/Comentários***

O Conselho Nacional do Ministério Público compõe-se de quatorze membros nomeados pelo Presidente da República, depois de aprovada a escolha pela maioria absoluta do Senado Federal, para um mandato de dois anos, admitida uma recondução, sendo: I o Procurador-Geral da República, que o preside; II quatro membros do Ministério Público da União, assegurada a representação de cada uma de suas carreiras; III três membros do Ministério Público dos Estados; IV dois juízes, indicados um pelo Supremo Tribunal Federal e outro pelo Superior Tribunal de Justiça; V dois advogados, indicados pelo Conselho Federal da Ordem dos Advogados do Brasil; e VI dois cidadãos de notável saber jurídico e reputação ilibada, indicados um pela Câmara dos Deputados e outro pelo Senado Federal (art. 130-A, caput, da CF/88).

RESPOSTA: E).

18. (MRS/2012/ Promotor de Justiça) Assinale a alternativa correta.

a) Compete ao Conselho Nacional do Ministério Público rever, de ofício ou mediante provocação, os processos disciplinares de membros do Ministério Público da União ou dos Estados julgados há menos de um ano.

b) Compete ao Conselho Nacional do Ministério Público dirimir, originariamente, conflito de atribuições entre os Ministérios Públicos Federal e Estadual.

c) O Conselho Nacional do Ministério Público é composto de quartoze membros nomeados pelo Presidente da República, depois de aprovada a escolha pela maioria absoluta do Congresso Nacional.

d) O Conselho Nacional do Ministério Público escolherá, em votação secreta, um Corregedor nacional, dentre todos os seus membros, vedada a recondução.

e) Durante o exercício do mandato no Conselho Nacional do Ministério Público, ao membro do Ministério Público é vedado ser promovido por antiguidade.

► *Anotações/Comentários*

É de atribuição do CNMP, entre outras, rever, de ofício ou mediante provocação, os processos disciplinares de membros do Ministério Público da União ou dos Estados julgados há menos de um ano (art. 130-A, §2º, IV, da CF/88). Não está elencada nas atribuições constitucionais do CNMP, dirimir, originariamente, conflito de atribuições entre os Ministérios Públicos Federal e Estadual. O CNMP compõe-se de quatorze membros nomeados pelo Presidente da República, depois de aprovada a escolha pela maioria absoluta do Senado Federal, para um mandato de dois anos, admitida uma recondução, conforme preceitua o art. 130-A, *caput*, da CF/88. Prevê o art. 130-A, § 3º, da CF/88 que o CNMP escolherá, em votação secreta, um Corregedor nacional, dentre os membros do Ministério Público que o integram, vedada a recondução. O membro do Ministério Público durante o exercício do mandato é vedado integrar lista para Procurador-Geral, promoção por merecimento (não por antiguidade) ou preenchimento de vaga na composição de tribunal (art. 28, I, do Regimento Interno do CNMP).

RESPOSTA: A).

19. (MPPI/2012/ Promotor de Justiça) Em relação ao CNMP, assinale a opção correta.

a) Segundo a jurisprudência do STF, o CNMP pode, por meio de resolução, fixar novo teto remuneratório para membros e servidores do MP, passando-o de 90,25% para 100% do subsídio dos ministros do STF.

b) O presidente do Conselho Federal da Ordem dos Advogados do Brasil é membro, com direito a voto, do CNMP.

c) Compete ao Senado Federal processar e julgar os membros do CNMP acusados da prática de crime de responsabilidade.

d) Compete ao CNMP escolher em votação aberta, entre os integrantes das carreiras do MPU e dos MPEs que atuem perante o segundo grau de jurisdição, o corregedor nacional do MP.

e) O CNMP é composto por dez membros nomeados para um mandato de quatro anos pelo presidente da República, depois de aprovada a sua escolha pela maioria absoluta do Senado Federal, sendo admitida uma recondução.

► ***Anotações/Comentários***

É de competência do Senado Federal processar e julgar os membros do CNMP nos crimes de responsabilidade (art. 52, II, da CF/88). O teto remuneratório só ode ser fixado por lei. O Presidente do Conselho Federal da Ordem dos Advogados do Brasil terá assento e voz (não voto) no Plenário, podendo se fazer representar em suas sessões por membro da Diretoria do Conselho Federal da entidade, conforme destaca o parágrafo único do art. 4º do Regimento Interno do CNMP. O Conselho Nacional do Ministério Público compõe-se de quatorze membros nomeados pelo Presidente da República, depois de aprovada a escolha pela maioria absoluta do Senado Federal, para um mandato de dois anos, admitida uma recondução, sendo: I o Procurador-Geral da República, que o preside; II quatro membros do Ministério Público da União, assegurada a representação de cada uma de suas carreiras; III três membros do Ministério Público dos Estados; IV dois juízes, indicados um pelo Supremo Tribunal Federal e outro pelo Superior Tribunal de Justiça; V dois advogados, indicados pelo Conselho Federal da Ordem dos Advogados do Brasil; VI dois cidadãos de notável saber jurídico e reputação ilibada, indicados um pela Câmara dos Deputados e outro pelo Senado Federal (art. 130-A da CF/88).

RESPOSTA: C).

20. (MPPI/2012/ Promotor de Justiça) No que concerne a funções de planejamento e de orçamento federal, de administração financeira, de contabilidade e de controle interno no âmbito do Ministério Público, julgue os itens.

O Ministério Público do Estado, na condição de integrante do Ministério Público, está sujeito ao controle de sua atuação administrativa e financeira pelo Conselho Nacional do Ministério Público.

► ***Anotações/Comentários***

Compete ao Conselho Nacional do Ministério Público o controle da atuação administrativa e financeira do Ministério Público e do cumprimento dos deveres funcionais de seus membros (art. 130-A, §2º, da CF/88).

RESPOSTA: Certo

21. (MPMS/2011/ Promotor de Justiça) Assinale a alternativa **correta.**

a) O Conselho Nacional do Ministério Público é composto por catorze membros escolhidos pelo Presidente da República, após indicação pelo Ministério Público da União, dos Estados e do Distrito Federal;

b) Não compete ao Conselho Nacional do Ministério Público interferir na autonomia administrativa e financeira do Ministério Público;

c) O Conselho Nacional do Ministério Público escolherá em votação secreta, um Corregedor Nacional dentre os seus integrantes, vedada a recondução;

d) O Conselho Nacional do Ministério Público poderá rever, de ofício ou mediante provocação, os processos disciplinares de membros do Ministério Público da União ou dos Estados julgados há mais de um ano;

e) O Conselho Nacional do Ministério Público deve zelar pela autonomia funcional e administrativa do Ministério Público, bem como determinar a remoção, a disponibilidade ou aposentadoria com subsídios ou proventos proporcionais ao tempo de serviço e aplicar outras sanções administrativas aos membros do Ministério Público.

► ***Anotações/Comentários***

É atribuição do CNMP zelar pela autonomia funcional e administrativa do Ministério Público, podendo expedir atos regulamentares, no âmbito de sua competência, ou recomendar providências e receber e conhecer das reclamações contra membros ou órgãos do Ministério Público da União ou dos Estados, inclusive contra seus serviços auxiliares, sem prejuízo da competência disciplinar e correicional da instituição, podendo avocar processos disciplinares em curso, determinar a remoção, a disponibilidade ou a aposentadoria com subsídios ou proventos proporcionais ao tempo de serviço e aplicar outras sanções administrativas, assegurada ampla defesa (art. 130-A, §2º, I e III, da CF/88). O Conselho Nacional do Ministério Público compõe-se de quatorze membros nomeados pelo Presidente da República, depois de aprovada a escolha pela maioria absoluta do Senado Federal, para um mandato de dois anos, admitida uma recondução, sendo: I o Procurador-Geral da República, que o preside; II quatro membros do Ministério Público da União, assegurada a representação de cada uma de suas carreiras; III três membros do Ministério Público dos Estados; IV dois juízes, indicados um pelo Supremo Tribunal Federal e outro pelo Superior Tribunal de Justiça; V dois advogados, indicados pelo Conselho Federal da Ordem dos Advogados do Brasil; e VI dois cidadãos de notável saber jurídico e reputação ilibada, indicados um pela Câmara dos Deputados e outro pelo Senado Federal. O Conselho escolherá, em votação secreta, um Corregedor nacional, dentre os membros do Ministério Público que o integram (não são todos os integrantes), vedada a recondução (art. 130-A, §3º, da CF/88). É atribuição do CNMP rever, de ofício ou mediante provocação, os processos disciplinares de membros do Ministério Público da União ou dos Estados julgados há menos de um ano (não a mais de um ano), conforme preceitua o art. 130-A, § 2º, IV, da CF/88. Compete ao Conselho Nacional do Ministério Público o controle da atuação administrativa e financeira do Ministério Público e do cumprimento dos deveres funcionais de seus membros, cabendo lhe, entre outras funções, receber e conhecer das reclamações contra membros ou órgãos do Ministério Público da União ou dos Estados, inclusive contra seus serviços auxiliares, sem prejuízo da competência disciplinar e correicional da instituição, podendo avocar processos disciplinares em curso, determinar a remoção, a disponibilidade ou a aposentadoria com subsídios ou proventos proporcionais ao tempo de serviço e aplicar outras sanções administrativas, assegurada ampla defesa (art. 130-A, § 2º, III, da CF/88).

RESPOSTA: E).

22. (MPRO/2010/ Promotor de Justiça) Assinale a opção correta acerca do CNMP.

a) Cabe ao CNMP receber e conhecer as reclamações contra membros ou órgãos do MPU e do MP dos estados, o que afasta a sua competência disciplinar e correicional dos referidos órgãos.

b) Integram o CNMP, entre outros, quatro membros do MP dos estados, escolhidos pelo colégio de procuradores-gerais de justiça dos estados.

c) O CNMP escolhe um corregedor nacional entre os membros do MP que o compõem, em votação secreta, admitindo-se uma única recondução.

d) No exercício da atribuição de apreciar a legalidade dos atos administrativos praticados por membros ou órgãos do MPU e do MP dos estados, o CNMP tem competência para desconstituir esses atos, quando constatada a ilegalidade.

e) No que se refere à composição do CNMP, a CF veda expressamente que a escolha de um cidadão pela Câmara dos Deputados e de outro pelo Senado Federal recaia sobre membro do MP.

▶ *Anotações/Comentários*

É atribuição do CNMP, zelar pela observância do art. 37 e apreciar, de ofício ou mediante provocação, a legalidade dos atos administrativos praticados por membros ou órgãos do Ministério Público da União e dos Estados, podendo desconstituí-los, revê-los ou fixar prazo para que se adotem as providências necessárias ao exato cumprimento da lei, sem prejuízo da competência dos Tribunais de Contas (art. 130-A, § 2º, II da CF/88). Compete ao CNMP, receber e conhecer das reclamações contra membros ou órgãos do Ministério Público da União ou dos Estados, inclusive contra seus serviços auxiliares, sem prejuízo da competência disciplinar e correicional da instituição (art. 130-A, § 2º, III da CF/88). São três membros do Ministério Público dos Estados (não quatro) que integram a composição do CNMP (art. 130-A, III, da CF/88). O CNMP escolherá, em votação secreta, um Corregedor nacional, dentre os membros do Ministério Público que o integram, vedada a recondução (art. 130-A, § 3º, da CF/88). Em ralação à composição do CNMP, não há na CF vedação expressa que a escolha de um cidadão pela Câmara dos Deputados e de outro pelo Senado Federal recaia sobre membro do MP.

RESPOSTA: D).

23. (MPSE/2010 / Promotor de Justiça) No que se refere às resoluções do CNMP, assinale a opção correta.

a) As unidades do Poder Judiciário e do MP com competência em matéria criminal, infracional e de execução penal implantarão mecanismos que permitam, com periodicidade mínima anual, a revisão da legalidade da manutenção das prisões provisórias e definitivas, das medidas de segurança e das internações de adolescentes em conflito com a lei. Para tanto, os tribunais e as procuradorias do MP poderão promover ações integradas, com a participação da OAB, dos órgãos de administração penitenciária e de segurança pública, das instituições de ensino e outras entidades com atuação correlata, vedada apenas a participação da defensoria pública.

b) O processo de remoção por interesse público somente poderá ser iniciado ou avocado por determinação do Plenário e em caráter subsidiário.

c) Não poderão, sem exceção, exercer a advocacia, com respaldo no ADCT da CF, os membros do Ministério Público da União que integravam a carreira na data da sua promulgação.

d) O procedimento investigatório criminal é instrumento de natureza administrativa e inquisitorial, instaurado e presidido pelo membro do MP com atribuição criminal, para apurar a ocorrência de infrações penais de natureza pública, e serve como preparação e embasamento para o juízo de propositura, ou não, da ação penal. Esse procedimento exclui a possibilidade de formalização de investigação por outros órgãos legitimados da administração pública.

e) O procedimento investigatório criminal deverá ser concluído no prazo de noventa dias, permitida, por igual período, uma única prorrogação, por decisão fundamentada do membro do MP responsável pela sua condução.

► ***Anotações/Comentários***

O art. 128-A do Regimento Interno do CNMP previa que: "O processo de remoção por interesse público somente poderá ser iniciado ou avocado por determinação do Plenário e em caráter subsidiário.". Contudo, tal dispositivo foi revogado pela Resolução n. 92/13 do CNMP. O art. 1º, da Resolução Conjunta n. 01/09 do CNMP e do CNJ prevê que: "As unidades do Poder Judiciário e do Ministério Público, com competência em matéria criminal, infracional e de execução penal, implantarão mecanismos que permitam, com periodicidade mínima anual, a revisão da legalidade da manutenção das prisões provisórias e definitivas, das medidas de segurança e das internações de adolescentes em conflito com a lei.". Por sua vez, o §1º do mesmo diploma normativo estabelece que: "Para dar cumprimento ao disposto no caput os Tribunais e as Procuradorias do Ministério Público poderão promover ações integradas, com a participação da Defensoria Pública, da Ordem dos Advogados do Brasil, dos órgãos de administração penitenciária e de segurança pública, das instituições de ensino e outras eventuais entidades com atuação correlata.". Segundo estabelece o art. 1º da Resolução n. 8/06 do CNMP: "Somente poderão exercer a advocacia com respaldo no § 3º do art. 29 do ADCT da Constituição de 1988, os membros do Ministério Público da União que integravam a carreira na data da sua promulgação e que, desde então, permanecem regularmente inscritos na Ordem dos Advogados do Brasil.". O art. 1º, da Resolução n. 181/17 do CNMP prevê que: "O procedimento investigatório criminal é instrumento sumário e desburocratizado de natureza administrativa e investigatória, instaurado e presidido pelo membro do Ministério Público com atribuição criminal, e terá como finalidade apurar a ocorrência de infrações penais de iniciativa pública, servindo como preparação e embasamento para o juízo de propositura, ou não, da respectiva ação penal.". Por sua vez, o § 1º do art. 1º, do mesmo diploma normativo prevê que: "O procedimento investigatório criminal não é condição de procedibilidade ou pressuposto processual para o ajuizamento de ação penal e não exclui a possibilidade de formalização de investigação por outros órgãos legitimados da Administração Pública.". O art. 13, Resolução n. 181/17 do CNMP, estabelece que: "O procedimento investigatório criminal deverá ser concluído no prazo de 90 (noventa) dias, permitidas, por igual período, prorrogações sucessivas, por decisão fundamentada do membro do Ministério Público responsável pela sua condução.".

RESPOSTA: B).

24. (MPDFT/2009/ Promotor de Justiça) Sobre o Conselho Nacional do Ministério Público (CNMP), **assinale a alternativa incorreta**.

a) O Ministério Público do Distrito Federal e Territórios integra o Conselho Nacional do Ministério Público, presidido pelo Procurador-Geral da República e que reúne os representantes da carreira do Ministério Público da União, representantes do Ministério Público Estadual, juízes, advogados e cidadãos, nomeados pelo Presidente da República, com a aprovação da escolha por maioria absoluta do Senado Federal.

b) O Corregedor Nacional do CNMP é escolhido dentre todos os membros que integram o Conselho Nacional do Ministério Público.

c) As reclamações e denúncias de qualquer interessado relativa a membros do Ministério Público e de seus serviços auxiliares podem ser recebidas e conhecidas pelo Conselho Nacional do Ministério Público, independente do trabalho correcional do Ministério Público de que fizer parte o reclamado.

d) Compete ao Conselho Nacional do Ministério Público o controle da autuação administrativa e financeira do Ministério Público e do cumprimento dos deveres funcionais de seus membros, podendo avocar processos disciplinares em curso e aplicar sanções administrativas.

e) O controle administrativo e financeiro exercido pelo Conselho Nacional do Ministério Público não afasta a competência dos Tribunais de Contas na fiscalização dos Ministérios Públicos da União e dos Estados.

▶ *Anotações/Comentários*

O CNMP escolherá, em votação secreta, um Corregedor nacional, dentre os membros do Ministério Público que o integram (não de todos os membros que integram o CNMP), vedada a recondução (art. 130-A, § 3º, da CF/88). O Conselho Nacional do Ministério Público compõe-se de quatorze membros nomeados pelo Presidente da República, depois de aprovada a escolha pela maioria absoluta do Senado Federal, para um mandato de dois anos, admitida uma recondução, sendo: I o Procurador-Geral da República, que o preside; II quatro membros do Ministério Público da União, assegurada a representação de cada uma de suas carreiras (incluindo aqui o MPDFT); III três membros do Ministério Público dos Estados; IV dois juízes, indicados um pelo Supremo Tribunal Federal e outro pelo Superior Tribunal de Justiça; V dois advogados, indicados pelo Conselho Federal da Ordem dos Advogados do Brasil; e VI dois cidadãos de notável saber jurídico e reputação ilibada, indicados um pela Câmara dos Deputados e outro pelo Senado Federal. Compete ao Conselho Nacional do Ministério Público o controle da atuação administrativa e financeira do Ministério Público e do cumprimento dos deveres funcionais de seus membros, cabendo lhe, entre outras, receber e conhecer das reclamações contra membros ou órgãos do Ministério Público da União ou dos Estados, inclusive contra seus serviços auxiliares, sem prejuízo da competência disciplinar e correicional da instituição, podendo avocar processos disciplinares em curso, determinar a remoção, a disponibilidade ou a aposentadoria com subsídios ou proventos proporcionais ao tempo de serviço e aplicar outras sanções administrativas, assegurada ampla defesa. O controle do CNMP não impede que os Tribunais de Contas exerçam suas competências constitucionais.

RESPOSTA: B).

CONCURSO PARA MEMBROS DO MPU

25. (MPF-PGR/2015/PROCURADOR DA REPÚBLICA) ATENTE PARA AS SEGUINTES AFIRMAÇÕES RELACIONADAS A AUDIÊNCIA PÚBLICA:

I - As audiências públicas são uma forma de assegurar a participação popular na condução dos interesses públicos, ainda que as deliberações, opiniões, sugestões, críticas ou informações nela emitidas não sejam vinculantes para o Ministério Público.

II - Quando a realização de audiência pública referente ao estudo prévio de impacto ambiental e respectivo relatório for requerida pelo Ministério Público, a rejeição precisa ser devidamente fundamentada.

III - O Ministério Público poderá receber auxílio de entidades públicas para custear a realização de audiências públicas, mediante termo de cooperação ou procedimento especifico, com a devida prestação de contas.

IV - Audiências públicas correspondem ao princípio republicano, inclusive porque buscam a adoção da melhor alternativa, e ao princípio democrático, pois permitem a participação popular.

V - Estão previstas audiências públicas em âmbito municipal em relação a implantação de empreendimentos com efeitos potencialmente negativos sobre o meio ambiente natural ou construído.

Assinale a alternativa certa:

a) Corretas estão apenas as afirmações I, II, III e IV.

b) Corretas estão apenas as afirmações I, II e V

c) Corretas estão apenas as afirmações III, IV e V.

d) Corretas estão apenas as afirmações I, III, IV e V.

► ***Anotações/Comentários***

Segundo estabelece o art. 7º, da Resolução n. 82/12 do CNMP, as deliberações, opiniões, sugestões, críticas ou informações emitidas na audiência pública ou em decorrência desta terão caráter consultivo e não-vinculante, destinando-se a subsidiar a atuação do Ministério Público, zelar pelo princípio da eficiência e assegurar a participação popular na condução dos interesses públicos. O art. 1º, §2º da Resolução n. 82/12 do CNMP, prevê que o Ministério Público poderá receber auxílio de entidades públicas para custear a realização das audiências referidas no caput deste artigo, mediante termo de cooperação ou procedimento específico, com a devida prestação de contas. O art. 2º, inc. XII, do Estatuto da Cidade, prevê que como diretriz geral política urbana, "audiência do Poder Público municipal e da população interessada nos processos de implantação de empreendimentos ou atividades com efeitos potencialmente negativos sobre o meio ambiente natural ou construído, o conforto ou a segurança da população;". A finalidade da audiência pública é expor aos interessados o conteúdo do Rima, esclarecendo dúvidas e recolhendo críticas e sugestões a respeito. A audiência pública poderá ser solicitada: a) quando o órgão de meio ambiente julgar necessário; b) por entidade civil; c) pelo Ministério Público; d) por cinquenta ou mais cidadãos. Segundo prevê o art. 3º da Resolução Conama n. 9/87: "A audiência pública será dirigida pelo representante do Órgão licenciador que, após a exposição objetiva do projeto e do seu respectivo RIMA, abrirá as discussões com os interessados presentes.". Após será lavrada uma ata que servirá de base, juntamente com o RIMA, para a análise e parecer final do licenciador quanto à aprovação ou não do projeto.

RESPOSTA: D).

26. (MPT/2009/PROCURADOR DO TRABALHO) Sobre o Conselho Nacional do Ministério Público (CNMP) é INCORRETO afirmar:

a) O CNMP compõe de 14 (quatorze) membros, nomeados pelo Presidente da República, depois de aprovada a escolha pela maioria absoluta do Senado Federal, para um mandato de 02 anos, admitida uma recondução.

b) A Corregedoria Nacional do CNMP poderá realizar inspeções, correições e auditorias para apurar fatos relacionados a deficiências dos serviços do Ministério Público, em todas as suas áreas de atuação, bem como em seus serviços auxiliares, havendo ou não evidências de irregularidades.

c) Os atos relativos à atividade fim (inquérito civil, procedimento preparatório ou procedimento administrativo investigatório) do Ministério Público são suscetíveis de revisão ou desconstituição pelo CNMP.

d) O Presidente do Conselho Federal da Ordem dos Advogados do Brasil oficiará junto ao CNMP.

e) Não respondida.

► *Anotações/Comentários*

Os atos relativos à atividade fim não são suscetíveis de revisão pelo CNMP, conforme se observa da leitura do art. 130-A, § 2º, da CF/88, que trata como competência do CNMP, zelar pela observância do art. 37 e apreciar, de ofício ou mediante provocação, a legalidade dos atos administrativos praticados por membros ou órgãos do Ministério Público da União e dos Estados, podendo desconstituí-los, revê-los ou fixar prazo para que se adotem as providências necessárias ao exato cumprimento da lei, sem prejuízo da competência dos Tribunais de Contas, cabendo ainda ao CNMP zelar pela independência funcional e pelo livre exercício das competências administrativas do Ministério Público, de ofício ou mediante provocação, sempre que houver ofensa, ameaça ou restrição à independência funcional de seus membros ou interferência indevida na autonomia de seus órgãos (art. 116 do Regimento Interno do CNMP). O Conselho Nacional do Ministério Público compõe-se de quatorze membros nomeados pelo Presidente da República, depois de aprovada a escolha pela maioria absoluta do Senado Federal, para um mandato de dois anos, admitida uma recondução, conforme se observa do art. 130-A da CF/88. A Corregedoria Nacional poderá realizar inspeções para apuração de fatos determinados relacionados com deficiências dos serviços do Ministério Público, bem como de seus serviços auxiliares, conforme determina o art. 69 do Regimento Interno do CNMP. O Presidente do Conselho Federal da Ordem dos Advogados do Brasil terá assento e voz no Plenário, podendo se fazer representar em suas sessões por membro da Diretoria do Conselho Federal da entidade, no teor do disposto no parágrafo único do art. 4º do Regimento Interno do CNMP.

RESPOSTA: C).

- *CONCURSO PARA SERVIDORES DO CNMP*

27. **(CNMP/2015/ Técnico de Administração)** Considere a seguinte situação hipotética: Constantino, advogado, é atualmente Conselheiro do

Conselho Nacional do Ministério Público - CNMP. Seu mandato terminará em alguns meses. Neste caso, de acordo com o Regimento Interno do CNMP, o exercício da advocacia por Constantino perante o Conselho é

a) vedado apenas no ano seguinte ao término do seu mandato.

b) permitido, a partir do mês subsequente ao término do seu mandato.

c) vedado, apenas nos seis meses subsequentes ao término do seu mandato.

d) permitido, a partir do término do seu mandato, não havendo restrição temporal.

e) vedado, nos dois anos subsequentes ao término do seu mandato.

► ***Anotações/Comentários***

O art. 22, § 5º, do Regimento Interno do CNMP, prevê que ao Conselheiro é vedado o exercício da advocacia perante o Conselho nos dois anos subsequentes ao término do seu mandato.

RESPOSTA: E).

28. (CNMP/2015/ Técnico de Administração) Em eventual impedimento ou ausência do Presidente do Conselho Nacional do Ministério Público - CNMP ele será substituído pelo

a) Presidente do Supremo Tribunal Federal.

b) Vice-Procurador-Geral da República.

c) Conselheiro mais idoso no momento do afastamento ou da ausência.

d) Corregedor Nacional do Ministério Público.

e) Conselheiro mais antigo no momento do afastamento ou da ausência.

► ***Anotações/Comentários***

O Presidente do CNMP será substituído, em seus eventuais impedimentos ou ausências, pelo Vice-Procurador-Geral da República e, em caso de ausências ou impedimentos de ambos, pelo Corregedor Nacional do Ministério Público (art. 24, inc. I, do Regimento Interno do CNMP).

RESPOSTA: B).

29. (CNMP/2015/ Técnico de Administração) Considere as seguintes Comissões:

I. Comissão da Infância e Juventude

II. Comissão de Preservação da Autonomia do Ministério Público

III. Comissão de Planejamento Estratégico

IV. Comissão de Acompanhamento Legislativo e Jurisprudência

De acordo com o Regimento Interno do Conselho Nacional do Ministério Público - CNMP, são Comissões Permanentes do Conselho as indicadas em

a) I, II e III, apenas.

b) I e III, apenas.

c) I, II, III e IV.

d) I, II e IV, apenas.

e) II e IV, apenas.

▶ ***Anotações/Comentários***

O art. 31 do Regimento Interno do CNMP apontam que são comissões permanentes do Conselho: I – Comissão de Controle Administrativo e Financeiro; II – Comissão da Infância e Juventude; III – Comissão de Preservação da Autonomia do Ministério Público; IV – Comissão do Sistema Prisional, Controle Externo da Atividade Policial e Segurança Pública; V – Comissão de Planejamento Estratégico; VI – Comissão de Acompanhamento Legislativo e Jurisprudência; VII – Comissão de Defesa dos Direitos Fundamentais; VIII – Comissão do Meio Ambiente.

RESPOSTA: C).

30. (CNMP/2015/ Analista - Estatística) No tocante ao Conselho Nacional do Ministério Público -CNMP, considere:

I. O Conselho Nacional do Ministério Público, com atuação em todo o território nacional e sede em Brasília, Distrito Federal, compõe-se de catorze membros.

II. As sessões plenárias serão ordinárias ou extraordinárias. As sessões ordinárias serão realizadas em dias úteis, sendo, no mínimo, três a cada mês, conforme calendário semestral instituído e publicado na primeira quinzena do semestre.

III. Compete exclusivamente ao Presidente do Conselho Nacional do Ministério Público apreciar as arguições de impedimento e suspeição dos membros do Conselho.

IV. Os serviços da Secretaria-Geral serão dirigidos pelo Secretário-Geral, membro de qualquer dos ramos do Ministério Público, auxiliado pelo Secretário-Geral Adjunto, escolhidos e nomeados pelo Presidente do Conselho.

De acordo com o Regimento Interno do CNMP está correto o que se afirma APENAS em

a) I e IV.
b) I, II e III.
c) II, III e IV.
d) I, II e IV.
e) II e III.

► ***Anotações/Comentários***

O art. 1º, *caput,* do Regimento Interno do CNMP, prevê que: "O Conselho Nacional do Ministério Público – CNMP, instalado no dia 21 de junho de 2005, com atuação em todo o território nacional e sede em Brasília, Distrito Federal, compõe-se de catorze membros, nos termos do artigo 130-A, da Constituição Federal.". Prevê o art. 7º, do Regimento Interno do CNMP que as sessões plenárias serão ordinárias ou extraordinárias. As sessões ordinárias serão realizadas em dias úteis, sendo, no mínimo, duas a cada mês, conforme calendário semestral instituído e publicado na última quinzena do semestre anterior. É de competência do Plenário, entre outras, apreciar as arguições de impedimento e suspeição dos membros do Conselho (art. 5º, inc. XVII, do Regimento Interno do CNMP). Os serviços da Secretaria-Geral serão dirigidos pelo Secretário-Geral, membro de qualquer dos ramos do Ministério Público, auxiliado pelo Secretário-Geral Adjunto, escolhidos e nomeados pelo Presidente do Conselho, conforme estabelece o art. 14, do Regimento Interno do CNMP.

RESPOSTA: A).

31. (CNMP/2015/ Analista - Estatística) Segundo o artigo 33 do Regimento Interno do Conselho Nacional do Ministério Público -CNMP, "a Ouvidoria Nacional é o órgão de comunicação direta e simplificada entre o Conselho Nacional do Ministério Público e a sociedade e tem por objetivo principal o aperfeiçoamento e o esclarecimento, aos cidadãos, das atividades realizadas pelo Conselho e pelo Ministério Público". O Ouvidor será eleito entre os membros do Conselho, em votação

a) secreta, na sessão imediatamente posterior à vacância do cargo, para mandato de um ano, permitida uma única recondução.

b) aberta, na sessão imediatamente posterior à vacância do cargo, para mandato de um ano, vedada a recondução.

c) secreta, na sessão imediatamente posterior à vacância do cargo, para mandato de três anos, vedada a recondução.

d) aberta, na sessão imediatamente posterior à vacância do cargo, para mandato de dois anos, vedada a recondução.

e) secreta, na sessão imediatamente posterior à vacância do cargo, para mandato de dois anos, permitida uma única recondução.

► ***Anotações/Comentários***

Segundo prevê o art. 33, §1º, do Regimento Interno do CNMP: "O Ouvidor será eleito entre os membros do Conselho, em votação aberta, na sessão imediatamente posterior à vacância do cargo, para mandato de um ano, permitida uma recondução por igual período, e tomará posse imediatamente após a eleição.".

RESPOSTA: B).

32. (CNMP/2015/ Analista - Estatística) Considere:

I. integrar lista para Procurador-Geral;

II. promoção por merecimento ou preenchimento de vaga na composição de tribunal;

III. exercer cargo ou função de chefia, direção ou assessoramento na instituição a que pertença;

IV. integrar o Conselho Superior ou exercer a função de Corregedor.

De acordo com o Regimento Interno do Conselho Nacional do Ministério Público -CNMP, ao membro do Ministério Público, durante o exercício do mandato de Conselheiro do CNMP, são vedados as condutas indicadas em

a) I, III e IV, apenas.

b) I, II, III, apenas.

c) II, III e IV, apenas.

d) I, II e IV, apenas.

e) I, II, III e IV.

► ***Anotações/Comentários***

O art. 28 do Regimento Interno do CNMP prevê que durante o exercício do mandato é vedado ao membro do Ministério Público: I – integrar lista para Procurador-Geral, promoção por merecimento ou preenchimento de vaga na composição de tribunal; II – exercer cargo ou função de chefia, direção ou assessoramento na instituição a que pertença; III – integrar o Conselho Superior ou exercer a função de Corregedor; e IV – exercer cargo de direção em entidade de classe.

RESPOSTA: E).

33. (CNMP/2015/ Analista - Gestão Pública) No tocante ao Conselho Nacional do Ministério Público - CNMP, considere:

I. O Conselho Nacional do Ministério Público, com atuação em todo o território nacional e sede em Brasília, Distrito Federal, compõe-se de catorze membros.

II. As sessões plenárias serão ordinárias ou extraordinárias. As sessões ordinárias serão realizadas em dias úteis, sendo, no mínimo, três a cada mês, conforme calendário semestral instituído e publicado na primeira quinzena do semestre.

III. Compete exclusivamente ao Presidente do Conselho Nacional do Ministério Público apreciar as arguições de impedimento e suspeição dos membros do Conselho.

IV. Os serviços da Secretaria-Geral serão dirigidos pelo Secretário-Geral, membro de qualquer dos ramos do Ministério Público, auxiliado pelo Secretário-Geral Adjunto, escolhidos e nomeados pelo Presidente do Conselho.

De acordo com o Regimento Interno do CNMP está correto o que se afirma APENAS em

a) I, II e IV.

b) II e III.

c) I e IV.

d) I, II e III.

e) II, III e IV.

▶ *Anotações/Comentários*

O art. 1º, *caput,* do Regimento Interno do CNMP prevê que: "O Conselho Nacional do Ministério Público – CNMP, instalado no dia 21 de junho de 2005, com atuação em todo o território nacional e sede em Brasília, Distrito Federal, compõe-se de catorze membros, nos termos do artigo 130-A, da Constituição Federal". O art. 14 do Regimento Interno do CNMP prevê que os serviços da Secretaria-Geral serão dirigidos pelo Secretário-Geral, membro de qualquer dos ramos do Ministério Público, auxiliado pelo Secretário-Geral Adjunto, escolhidos e nomeados pelo Presidente do Conselho. É de competência do Plenário do CNMP, entre outras, apreciar as arguições de impedimento e suspeição dos membros do Conselho (art. 4º, XVII, do Regimento Interno do CNMP). O art. 7º, do Regimento Interno do CNMP estabelece que as sessões plenárias serão ordinárias ou extraordinárias, sendo que as sessões ordinárias serão realizadas em dias úteis, sendo, no mínimo, duas (não três) a cada mês, conforme calendário semestral instituído e publicado na última quinzena do semestre anterior.

RESPOSTA: C).

34. (CNMP/2015/ Analista - Gestão Pública) Segundo o artigo 33 do Regimento Interno do Conselho Nacional do Ministério Público - CNMP, "a Ouvidoria Nacional é o órgão de comunicação direta e simplificada entre o Conselho Nacional do Ministério Público e a sociedade e tem por objetivo principal o aperfeiçoamento e o esclarecimento, aos cidadãos, das atividades realizadas pelo Conselho e pelo Ministério Público". O Ouvidor será eleito entre os membros do Conselho, em votação

a) aberta, na sessão imediatamente posterior à vacância do cargo, para mandato de dois anos, vedada a recondução.

b) secreta, na sessão imediatamente posterior à vacância do cargo, para mandato de dois anos, permitida uma única recondução.

c) secreta, na sessão imediatamente posterior à vacância do cargo, para mandato de um ano, permitida uma única recondução.

d) aberta, na sessão imediatamente posterior à vacância do cargo, para mandato de um ano, vedada a recondução.

e) secreta, na sessão imediatamente posterior à vacância do cargo, para mandato de três anos, vedada a recondução.

▶ ***Anotações/Comentários***

A questão refere-se ao art. 33, § 1º, do Regimento Interno do CNMP, que vedava a recondução do ouvidor. A atual redação do dispositivo mencionado foi alterado e, setembro de 2016, e possui o seguinte teor: "O Ouvidor será eleito entre os membros do Conselho, em votação aberta, na sessão imediatamente posterior à vacância do cargo, para mandato de um ano, permitida uma recondução por igual período, e tomará posse imediatamente após a eleição.".

RESPOSTA: D).

35. (CNMP/2015/ Analista - Gestão Pública) Considere:

I. integrar lista para Procurador-Geral;

II. promoção por merecimento ou preenchimento de vaga na composição de tribunal;

III. exercer cargo ou função de chefia, direção ou assessoramento na instituição a que pertença;

IV. integrar o Conselho Superior ou exercer a função de Corregedor.

De acordo com o Regimento Interno do Conselho Nacional do Ministério Público - CNMP, ao membro do Ministério Público, durante o exercício do mandato de Conselheiro do CNMP, são vedados as condutas indicadas em

a) I, II e IV, apenas.

b) I, II, III e IV.

c) I, III e IV, apenas.

d) I, II, III, apenas.

e) II, III e IV, apenas.

▶ ***Anotações/Comentários***

Ao membro do Ministério Público, durante o exercício do mandato, segundo prevê o art. 28 do Regimento Interno do CNMP, é vedado: I – integrar lista para Procurador-Geral, promoção por merecimento ou preenchimento de vaga na composição de tribunal; II – exercer cargo ou função de chefia, direção ou assessoramento na instituição a que pertença; III – integrar o Conselho Superior ou exercer a função de Corregedor; IV – exercer cargo de direção em entidade de classe.".

RESPOSTA: B).

36. (CNMP/2015/ Analista - Gestão Pública) Em relação a processo administrativo disciplinar que tenha culminado com a imposição de pena de demissão a oficial de promotoria integrante dos quadros de Ministério Público estadual, o Conselho Nacional do Ministério Público

a) não terá competência revisional, por se tratar de processo contra membro de Ministério Público estadual, e não da União.

b) não terá competência revisional, por não se tratar de processo contra membro do Ministério Público.

c) terá competência revisional, de ofício ou mediante provocação, desde que julgado há menos de um ano.

d) terá competência revisional, de ofício ou mediante provocação, a qualquer tempo, se fundado em ofensa aos princípios constitucionais da Administração.

e) terá competência revisional, mediante provocação, para o fim de anulação da decisão ou reforma em favor do servidor, vedada a reformatio in pejus.

► ***Anotações/Comentários***

É de competência do CNMP rever, de ofício ou mediante provocação, os processos disciplinares de membros do Ministério Público da União ou dos estados (mas não de servidores) julgados há menos de um ano (art. 130-A, §2º, inc. IV da CF/88).

RESPOSTA: B).

37. (CNMP/2015/ Analista - Direito) Considere as seguintes atribuições:

I. Autorizar o pagamento de diárias, passagens, ajuda de custo, transporte e/ou indenização de despesa, em conformidade com as tabelas aprovadas pelo Conselho e a legislação aplicável à espécie.

II. Autorizar, homologar, anular e revogar os procedimentos licitatórios, mediante decisão fundamentada.

III. Deliberar sobre o encaminhamento de notas técnicas quando caracterizado o interesse institucional do Ministério Público.

IV. Aprovar a proposta orçamentária do Conselho.

De acordo com o Regimento Interno do Conselho Nacional do Ministério Público - CNMP, compete ao Presidente do Conselho as funções indicadas APENAS em

a) I e II.

b) I, II e III.

c) II, III e IV.

d) III e IV.

e) I, II e IV.

► ***Anotações/Comentários***

A competência da Presidência do CNMP está prevista no art. 12 do Regimento Interno do CNMP, sendo entre elas as funções de Autorizar o pagamento de diárias, passagens, ajuda de custo, transporte e/ou indenização de despesa, em conformidade com as tabelas aprovadas pelo Conselho e a legislação aplicável à espécie (inc. IX) e Autorizar, homologar, anular e revogar os procedimentos licitatórios, mediante decisão fundamentada (inc. XXII). Deliberar sobre o encaminhamento de notas técnicas quando caracterizado o interesse institucional do Ministério Público e provar a proposta orçamentária do Conselho são de atribuições do Plenário (art. 5º, V e VII, do Regimento Interno do CNMP).

RESPOSTA: A).

38. (CNMP/2015/ Analista - Direito) Nas sessões plenárias, o Presidente do Conselho Nacional do Ministério Público - CNMP, segundo o respectivo Regimento Interno, sentar-se-á ao centro da mesa; à sua direita, sucessivamente, o

a) Corregedor Nacional e o Secretário-Geral; à sua esquerda, o Presidente do Conselho Federal da Ordem dos Advogados do Brasil.

b) Corregedor Nacional e o Presidente do Conselho Federal da Ordem dos Advogados do Brasil; à sua esquerda, o Secretário-Geral.

c) Secretário-Geral e o Corregedor Nacional; à sua esquerda, o Presidente do Conselho Federal da Ordem dos Advogados do Brasil.

d) Secretário-Geral e o Presidente do Conselho Federal da Ordem dos Advogados do Brasil; à sua esquerda, o Corregedor Nacional.

e) Presidente do Conselho Federal da Ordem dos Advogados do Brasil e o Corregedor Nacional; à sua esquerda, o Secretário-Geral.

► ***Anotações/Comentários***

Segundo previsão do art. 8º do Regimento Interno do CNMP, nas sessões plenárias, o Presidente do Conselho sentar-se-á ao centro da mesa; à sua direita, sucessivamente, o Presidente do Conselho Federal da Ordem dos Advogados do Brasil e o Corregedor Nacional; à sua esquerda, o Secretário-Geral.

RESPOSTA: E).

39. (CNMP/2015/ Analista - Direito) O Corregedor Nacional será eleito entre os membros do Ministério Público que integram o Conselho Nacional do Ministério Público - CNMP, para um mandato de

a) três anos, sendo vedada a recondução. Não exercerá suas funções em regime de dedicação exclusiva, permanecendo nas suas funções no órgão do Ministério Público a que pertence.

b) dois anos, sendo permitida uma única recondução. Exercerá suas funções em regime de dedicação exclusiva, ficando afastado do órgão do Ministério Público a que pertence.

c) dois anos, sendo vedada a recondução. Exercerá suas funções em regime de dedicação exclusiva, ficando afastado do órgão do Ministério Público a que pertence.

d) um ano, sendo permitida uma única recondução. Não exercerá suas funções em regime de dedicação exclusiva, permanecendo nas suas funções no órgão do Ministério Público a que pertence.

e) um ano, sendo vedada a recondução. Não exercerá suas funções em regime de dedicação exclusiva, permanecendo nas suas funções no órgão do Ministério Público a que pertence.

▶ ***Anotações/Comentários***

De acordo com o art. 130-A, §3º, da CF/88, o Conselho Nacional do Ministério Público escolherá, em votação secreta, um Corregedor nacional, dentre os membros do Ministério Público que o integram, vedada a recondução, competindo-lhe, além das atribuições que lhe forem conferidas pela lei.

RESPOSTA: C).

40. (CNMP/2015/ Analista - Direito) Nos termos do Regimento Interno do Conselho Nacional do Ministério Público, deve ser autuada como nota técnica

a) as dúvidas suscitadas, presentes o interesse e a repercussão gerais, sobre a aplicação de dispositivos legais e regimentais concernentes à matéria de competência do Conselho.

b) a solicitação de manifestação do entendimento do Conselho em determinado assunto ou documento, para divulgação pública ou encaminhamento a órgão da Administração.

c) as deliberações do Conselho que contenham determinações.

d) os documentos destinados a estudo, manifestação ou desenvolvimento de atividades específicas relacionadas às competências das comissões do Conselho.

e) os anteprojetos de lei encaminhados ao Conselho, para manifestação.

▶ ***Anotações/Comentários***

Segundo dispõe o art. 37, §1º, inc. V, do Regimento Interno do CNMP, a Nota Técnica, é a solicitação de manifestação do entendimento do Conselho em determinado assunto ou documento, para divulgação pública ou encaminhamento a órgão da administração.

RESPOSTA: B).

41. (CNMP/2015/ Analista - Desenvolvimento de Sistemas) Considere a Resolução nº 102, de 23 de Setembro de 2013 do CNMP e as seguintes situações referentes a um processo de contratação de soluções de TI:

I. No contrato ficou estabelecido que a execução da fase de Planejamento da Contratação seria desnecessária porque o tipo de contratação seria feito por inexigibilidade de licitação.

II. O contrato vedou o reembolso de despesas de transporte e hospedagem à contratada.

III. O contrato estabeleceu como obrigatória somente a fase de Planejamento da Execução porque, tratando-se de fornecedor exclusivo, foram dispensadas as fases de Seleção do Fornecedor e de Gerenciamento do Contrato.

IV. Foi vedada, no edital, a publicação da remuneração dos funcionários da contratada.

Está correto o que se afirma APENAS em

a) IV.

b) I e IV.

c) II e IV.

d) I, II e III.

e) II e III.

► ***Anotações/Comentários***

Segundo o art. 5º, V, da Resolução 102/13, é vedada reembolsar despesas com transporte, hospedagem e outros custos operacionais, que devem ser de exclusiva responsabilidade da contratada e no art. 5º, II, da Resolução 102/13, é vedado prever em edital a remuneração dos funcionários da contratada.

RESPOSTA: C).

42. (CNMP/2015/ Técnico - Segurança Institucional) O Conselho Nacional do Ministério Público – CNMP compõe-se de

a) 15 membros, sendo presidido pelo Juiz indicado pelo Supremo Tribunal Federal.

b) 12 membros, sendo presidido pelo Procurador-Geral da República.

c) 15 membros, sendo presidido pelo Procurador-Geral da República.

d) 14 membros, sendo presidido pelo Procurador-Geral da República.

e) 14 membros, sendo presidido pelo Juiz indicado pelo Supremo Tribunal Federal.

► ***Anotações/Comentários***

O Conselho Nacional do Ministério Público compõe-se de quatorze membros, sendo presidido pelo Procurador-Geral da República (art. 130-A da CF/88).

RESPOSTA: D).

43. (CNMP/2015/ Técnico - Segurança Institucional) No tocante à Corregedoria Nacional, considere:

I. Na eleição do Corregedor Nacional, não sendo alcançada na primeira votação a maioria absoluta, os dois candidatos mais votados concorrerão em segundo escrutínio, proclamando-se vencedor, em caso de empate, o mais antigo no Conselho.

II. O mandato do Corregedor Nacional expirará no prazo de um ano, independentemente do término do mandato de Conselheiro.

III. Ao Corregedor Nacional compete elaborar e apresentar ao Plenário relatório trimestral sobre as atividades desenvolvidas na Corregedoria Nacional, divulgando relatório consolidado no final do exercício.

De acordo com o Regimento Interno do Conselho Nacional do Ministério Público, está correto o que se afirma em

a) I e III, apenas.

b) I e II, apenas.

c) I, II e III.

d) II e III, apenas.

e) I, apenas.

► ***Anotações/Comentários***

Prevê o art. 17, § 2º, do Regimento Interno do CNMP, que: "Não sendo alcançada a maioria absoluta, os dois candidatos mais votados concorrerão em segundo escrutínio, proclamando-se vencedor, em caso de empate, o mais antigo no Conselho.". Entre as atribuições do Corregedor Nacional, está a competência, de elaborar e apresentar ao Plenário relatório trimestral sobre as atividades desenvolvidas na Corregedoria Nacional, divulgando relatório consolidado no final do exercício (art. 18, VIII, do Regimento Interno do CNMP).

RESPOSTA: A).

44. (CNMP/2015/ Técnico - Segurança Institucional) O Conselheiro é nomeado pelo Presidente da República, depois de aprovada a escolha pela maioria absoluta do

a) Congresso Nacional, para cumprir mandato de dois anos, admitida uma recondução.

b) Senado Federal, para cumprir mandato de dois anos, vedada a recondução.

c) Senado Federal, para cumprir mandato de dois anos, admitida uma recondução.

d) Congresso Nacional, para cumprir mandato de dois anos, vedada a recondução.

e) Senado Federal, para cumprir mandato de um ano, admitida uma recondução.

▶ ***Anotações/Comentários***

O Conselho Nacional do Ministério Público compõe-se de quatorze membros nomeados pelo Presidente da República, depois de aprovada a escolha pela maioria absoluta do Senado Federal, para um mandato de dois anos, admitida uma recondução (art. 130-A da CF/88).

RESPOSTA: C).

45. (CNMP/2015/ Técnico - Segurança Institucional) Durante a 2ª Sessão Extraordinária do Conselho Nacional do Ministério Público – CNMP, realizada numa terça-feira, 14 de outubro de 2014, o presidente do Conselho assinou a Resolução no 116/2014, que estabelece regras gerais para a proteção pessoal de membros do Ministério Público e de seus familiares diante de situação de risco decorrente do exercício da função. (Texto adaptado e extraído do site **http://www.cnmp.mp.br/portal/noticia/6520-presidente-do-cnmp-assina-resolucao-que-instituiprotecao-pessoal-a-membros-do-mp**) Sobre o assunto, analise:

I. Compete à Comissão de Constituição e Justiça e de Cidadania (CCJ) do Senado Federal zelar pela autonomia funcional e administrativa do Ministério Público, podendo expedir atos regulamentares, no âmbito de sua competência, ou recomendar providência.

II. No processo de gestão de risco, o Conselho Nacional do Ministério Público – CNMP deverá considerar, além de outros, a segurança das áreas e instalações do ambiente em que está inserido o ameaçado e sua família.

III. A situação de risco deverá ser reavaliada periodicamente por empresas particulares contratadas pelo Procurador-Geral e após emissão de um novo relatório da Polícia Judiciária para o efeito de manutenção, aprimoramento ou cessação das medidas adotadas para garantia da segurança do ameaçado.

IV. A prestação de proteção pessoal pelo Conselho Nacional do Ministério Público – CNMP deverá ser precedida de planejamento técnico, operacional e logístico, assim como de alocação de recursos para execução das atividades, nos limites orçamentários e financeiros disponíveis.

Está correto o que consta APENAS em

a) I e III.

b) II e III.
c) I e IV.
d) II e IV.
e) I, II e IV.

► ***Anotações/Comentários***

No art. 3º, VI, da Resolução n. 116/2014 do CNMP, estabelece que no processo de gestão de risco a deverá considerar, além de outros, a segurança das áreas e instalações do ambiente em que está inserido o ameaçado e sua família. O art. 6º, da Resolução n. 116/2014 do CNM, prevê que a prestação de proteção pessoal pelo CNMP deverá ser precedida de planejamento técnico, operacional e logístico, assim como de alocação de recursos para execução das atividades, nos limites orçamentários e financeiros disponíveis.

RESPOSTA: D).

46. (CNMP/2015/ Analista - Engenharia Civil) Segundo a resolução CNMP nº 81, de 31 de janeiro de 2012, a construção, ampliação ou reforma de edificações do Ministério Público da União e dos Estados devem garantir, pelo menos,

a) um dos acessos ao seu interior, com comunicação com todas as suas dependências e serviços, livre de barreiras e de obstáculos que impeçam ou dificultem o seu acesso.
b) dois dos acessos ao seu interior, com comunicação com parte de suas dependências e serviços, livre de barreiras e de obstáculos que impeçam ou dificultem o seu acesso.
c) um dos acessos ao seu interior, sem necessidade de comunicação com suas dependências e serviços, permitindo apenas uma barreira e/ou obstáculo que impeça ou dificulte o seu acesso.
d) três dos acessos ao seu interior, com comunicação com parte de suas dependências e serviços, livre de barreiras e de obstáculos que impeçam ou dificultem o seu acesso.
e) dois dos acessos ao seu interior, sem necessidade de comunicação com suas dependências e serviços, permitindo até no máximo três barreiras e/ou obstáculos que impeçam ou dificultem o seu acesso.

► ***Anotações/Comentários***

O art. 6º, da Resolução n. 81/2012 do CNMP, prevê que: "A construção, ampliação ou reforma de edificações do Ministério Público da União e dos Estados devem garantir, pelo menos, um dos acessos ao seu interior, com comunicação com todas as suas dependências e serviços, livre de barreiras e de obstáculos que impeçam ou dificultem o seu acesso.".

RESPOSTA: A).

47. (CNMP/2015/ Analista - Engenharia Civil) Segundo a resolução CNMP nº 81, de 31 de janeiro de 2012, nos estacionamentos internos e externos das edificações pertencentes ao Ministério Público serão reservados, pelo menos, ... do total de vagas para veículos que transportem pessoa com deficiência física ou visual, sendo assegurada, no mínimo, uma vaga, em locais próximos à entrada principal ou ao elevador, de fácil acesso à circulação de pedestres.

A lacuna deve ser preenchida corretamente por

a) 4%.

b) 1%.

c) 5%.

d) 10%.

e) 2%.

▶ ***Anotações/Comentários***

Nos termos do art. 11, *caput*, da Resolução nº 81/2012 do CNMP: "Nos estacionamentos externos ou internos das edificações pertencentes ao Ministério Público serão reservados, pelo menos, dois por cento do total de vagas para veículos que transportem pessoa com deficiência física ou visual, sendo assegurada, no mínimo, uma vaga, em locais próximos à entrada principal ou ao elevador, de fácil acesso à circulação de pedestres, com especificações técnicas de desenho e traçado conforme o estabelecido nas normas técnicas de acessibilidade da ABNT e à legislação brasileira específica.".

RESPOSTA: E).

CONCURSO PARA SERVIDORES DO MP

48. (MPU/2018/Técnico do Ministério Público – Área Administrativa) A respeito da composição e das atribuições constitucionais do Conselho Nacional do Ministério Público (CNMP), julgue o item a seguir.

O CNMP pode avocar processos disciplinares em curso contra membros do MPU e aplicar-lhes sanções administrativas, desde que a ampla defesa seja assegurada no procedimento.

► ***Anotações/Comentários***

O Conselho Nacional do Ministério Público tem como uma de suas atribuições, rever, de ofício ou mediante provocação, os processos disciplinares de membros do Ministério Público da União ou dos Estados julgados há menos de um ano (art. 130-A, §2º, inc. IV, da CF/88).

RESPOSTA: Correta.

49. (MPU/2018/Técnico do Ministério Público – Área Administrativa) A respeito da composição e das atribuições constitucionais do Conselho Nacional do Ministério Público (CNMP), julgue o item a seguir.

O CNMP é composto de membros dos ministérios públicos dos estados e do MPU indicados pelo procurador-geral da República.

► ***Anotações/Comentários***

O Conselho Nacional do Ministério Público não é composto apenas por membros do Ministério Público. Compõe-se de quatorze membros nomeados pelo Presidente da República, depois de aprovada a escolha pela maioria absoluta do Senado Federal, para um mandato de dois anos, admitida uma recondução, sendo: I o Procurador-Geral da República, que o preside; II quatro membros do Ministério Público da União, assegurada a representação de cada uma de suas carreiras; III três membros do Ministério Público dos Estados; IV dois juízes, indicados um pelo Supremo Tribunal Federal e outro pelo Superior Tribunal de Justiça; V dois advogados, indicados pelo Conselho Federal da Ordem dos Advogados do Brasil; e VI dois cidadãos de notável saber jurídico e reputação ilibada, indicados um pela Câmara dos Deputados e outro pelo Senado Federal.

RESPOSTA: Errada.

50. (MPU/2018/ Analista do Ministério Público - Especialidade Direito) No que concerne ao conceito de racismo institucional, julgue o item subsecutivo, considerando a Recomendação CNMP n.º 40/2016.

Situação hipotética: Dois policiais militares faziam ronda em uma comunidade carente quando avistaram dois jovens negros caminhando juntos. Os policiais foram na direção dos jovens e jogaram bruscamente a viatura contra eles. Ao saírem do veículo, fizeram a abordagem de ambos. Um dos policiais apontava uma arma para um dos jovens, enquanto o outro policial, sem mandado judicial específico, revistava o outro jovem. Por não ter sido constatada nenhuma prática de ato ilícito, os jovens foram liberados.

Assertiva: Os jovens poderão buscar o Ministério Público, que poderá atuar de maneira repressiva, judicial ou extrajudicialmente, para a apuração dos fatos.

► ***Anotações/Comentários***

De acordo com o art. 1º, da Recomendação n. 40/16 do CNMP: "Os ramos do Ministério Público da União e dos Estados, que ainda não os disponham, constituam, com a brevidade possível, órgãos especializados na promoção da igualdade étnico-racial, com atuação preventiva e repressiva, com atribuição extrajudicial e judicial cível e criminal.".

RESPOSTA: Correta.

51. (MPU/2018/ Analista do Ministério Público - Especialidade Direito) No que diz respeito à composição e às atribuições constitucionais do Conselho Nacional do Ministério Público (CNMP), julgue o item que se segue.

O CNMP pode atuar de ofício para apreciar a legalidade dos atos administrativos e jurisdicionais praticados por membros do Ministério Público da União e dos estados.

► ***Anotações/Comentários***

Segundo o art. 130-A, §2º, inc. II, da CF/88, o Conselho Nacional do Ministério Público poderá zelar pela observância do art. 37 da CF/88 e apreciar, de ofício ou mediante provocação, a legalidade dos atos administrativos praticados por membros ou órgãos do Ministério Público da União e dos Estados, podendo desconstituí-los, revê-los ou fixar prazo para que se adotem as providências necessárias ao exato cumprimento da lei, sem prejuízo da competência dos Tribunais de Contas.

RESPOSTA: Errada.

52. (MPBA/2017/Assistente Técnico - Administrativa) A Resolução nº 23/2007 do Conselho acional do Ministério Público disciplina, no âmbito do Ministério Público, a instauração e tramitação do inquérito civil.

Em tema de publicidade dos atos praticados no bojo do inquérito civil, tal resolução estabelece que:

a) a extração de cópias de folhas do inquérito sobre os fatos investigados ocorre mediante requerimento fundamentado e por deferimento do presidente do inquérito civil, sendo vedada a cobrança da despesa dessas cópias de quem as requereu;

b) os documentos encartados aos autos do inquérito civil deverão estar à disposição para vista de qualquer interessado, razão pela qual os documentos resguardados por sigilo legal devem ser imediatamente destruídos;

c) o defensor poderá examinar os autos de investigações findas ou em andamento, desde que tenha previamente juntado procuração no inquérito civil e o feito não esteja concluso à autoridade ministerial;

d) o membro do Ministério Público poderá prestar informações, inclusive aos meios de comunicação social, a respeito das providências adotadas para apuração de fatos em tese ilícitos, abstendo-se, contudo, de externar ou antecipar juízos de valor a respeito de apurações ainda não concluídas;

e) o presidente do inquérito civil deverá, em regra, delimitar, de modo fundamentado, o acesso do defensor à identificação das pessoas que estão sendo investigadas e aos elementos de prova relacionados a diligências concluídas e já documentadas nos autos.

► *Anotações/Comentários*

O art. 8º, da Resolução n. 23/07 do CNMP, prevê que em cumprimento ao princípio da publicidade das investigações, o membro do Ministério Público poderá prestar informações, inclusive aos meios de comunicação social, a respeito das providências adotadas para apuração de fatos em tese ilícitos, abstendo-se, contudo, de externar ou antecipar juízos de valor a respeito de apurações ainda não concluídas. Segundo o art. art.7º, § 1º, da Resolução n. 23/07 do CNMP, na hipótese de requerimentos que objetivam a obtenção de certidões ou extração de cópia de documentos constantes nos autos sobre o inquérito civil, os interessados deverão fazer constar esclarecimentos relativos aos fins e razões do pedido, nos termos da Lei nº 9.051/95, além de que as despesas decorrentes da extração de cópias correrão por conta de quem as requereu. O art. 8º, § 5º, da Resolução n. 23/07 do CNMP, os documentos resguardados por sigilo legal deverão ser autuados em apenso. O art. 8º, § 6º, da Resolução n. 23/07 do CNMP, estabelece que o defensor poderá, mesmo sem procuração, examinar autos de investigações findas ou em andamento, ainda que conclusos à autoridade, podendo copiar peças e tomar apontamentos, em meio físico ou digital. O art. 8º, § 8º, da Resolução n. 23/07 do CNMP, O presidente do inquérito civil poderá (não deverá) delimitar, de modo fundamentado, o acesso do defensor à identificação do(s) representante(s) e aos elementos de prova relacionados a diligências em andamento e ainda não documentados nos autos, quando houver risco de comprometimento da eficiência, da eficácia ou da finalidade das diligências.

RESPOSTA: D).

53. (MPBA/2017/ Analista Técnico – Psicólogo) O inquérito civil tem por objeto apurar fato que possa autorizar a tutela dos interesses ou direitos a cargo do Ministério Público. Esgotadas todas as possibilidades de diligências, o membro do Ministério Público, caso se convença da inexistência de fundamento para a propositura de ação civil pública, promoverá, fundamentadamente, o arquivamento do inquérito civil.

Nesse contexto, de acordo com a Resolução nº 23/2007 do CNMP:

a) o arquivamento é promovido pelo mesmo Promotor que presidiu as investigações, e os autos do inquérito civil, juntamente com a promoção de arquivamento, deverão ser arquivados imediatamente no âmbito interno da Promotoria, salvo se houver recurso por parte de qualquer interessado;

b) os autos do inquérito civil, juntamente com a promoção de arquivamento, deverão ser remetidos ao órgão de revisão competente, no prazo de três dias, contado da comprovação da efetiva cientificação pessoal dos interessados;

c) as pessoas colegitimadas para atuar nos direitos tutelados no inquérito civil podem apresentar recurso com as respectivas razões escritas ou documentos, que serão juntados aos autos do inquérito, no prazo de quinze dias da publicação da promoção de arquivamento;

d) a promoção de arquivamento só passa a ter eficácia após sua publicação na imprensa oficial, data em que começa a contar o prazo de dez dias para o legitimado interpor recurso ao órgão colegiado da Administração Superior do MP;

e) o arquivamento deve ser promovido pelo membro do MP que preside o inquérito civil, quando esgotadas as diligências pertinentes e verificar-se ausência de ato ilícito ou de justa causa, ou quando concluir ser atribuição de outro ramo do Ministério Público.

► ***Anotações/Comentários***

O art. 10, caput, da Resolução n. 23/07 do CNMP, estabelece que esgotadas todas as possibilidades de diligências, o membro do Ministério Público, caso se convença da inexistência de fundamento para a propositura de ação civil pública, promoverá, fundamentadamente, o arquivamento do inquérito civil. Segundo prevê o art. 10, §1º, da Resolução n. 23/07 do CNMP, os autos do inquérito civil, juntamente com a promoção de arquivamento, deverão ser remetidos ao órgão de revisão competente, no prazo de três dias, contado da comprovação da efetiva cientificação pessoal dos interessados, através de publicação na imprensa oficial ou da lavratura de termo de afixação de aviso no órgão do Ministério Público, quando não localizados os que devem ser cientificados.

O art. 10, §3º, da Resolução n. 23/07 do CNMP Até a sessão do Conselho Superior do Ministério Público ou da Câmara de Coordenação e Revisão respectiva, para que seja homologada ou rejeitada a promoção de arquivamento, poderão as pessoas colegitimadas apresentar razões escritas ou documentos, que serão juntados aos autos do inquérito ou do procedimento preparatório.

RESPOSTA: B).

54. (MPRS/2016/ Agente Administrativo) Considere as seguintes assertivas sobre o Conselho Nacional do Ministério Público:

I. Incumbe-lhe rever, de ofício ou mediante provocação, os processos disciplinares de membros do Ministério Público da União ou dos Estados julgados há menos de dois anos.

II. Além de outros membros, integrarão o Conselho Nacional do Ministério Público dois cidadãos de notável saber jurídico e reputação ilibada, indicados um pela Câmara dos Deputados e outro pelo Senado Federal.

III. O Conselho escolherá, em votação secreta, um Corregedor nacional dentre quaisquer dos membros que o integram, vedada a recondução.

IV. É composto por quatorze membros nomeados pelo Presidente da República e é presidido pelo Promotor de Justiça mais antigo, depois de aprovada a escolha dos membros pela maioria absoluta do Senado Federal, para um mandato de dois anos, admitida uma recondução.

V. É composto por quatorze membros e presidido pelo Procurador-Geral da República, depois de aprovada a escolha dos membros pela maioria absoluta do Senado Federal, para um mandato de dois anos, admitida uma recondução.

Está correto apenas o que consta em

a) II e V.

b) III e IV.

c) I, II e IV.

d) I, II e III.

e) II, III e V.

▶ *Anotações/Comentários*

O art. 130-A, §2º, inciso IV, da CF/88, é de atribuição do CNMP, entre outras, rever, de ofício ou mediante provocação, os processos disciplinares de membros do Ministério Público da União ou dos Estados julgados há menos de um ano.

É parte da composição do CNMP a participação de dois cidadãos de notável saber jurídico e reputação ilibada, indicados um pela Câmara dos Deputados e outro pelo Senado Federal (art. 130-A, inc. VI da CF/88). O Conselho escolherá, em votação secreta, um Corregedor nacional, dentre os membros do Ministério Público que o integram, vedada a recondução (art. 130-A, §3º, da CF/88).

O Conselho Nacional do Ministério Público compõe-se de quatorze membros nomeados pelo Presidente da República, depois de aprovada a escolha pela maioria absoluta do Senado Federal, para um mandato de dois anos, admitida uma recondução (art. 130-A, caput, da CF/88). O CNMP é presidido pelo Procurador-Geral da República (art. 130-A, inc. I, da CF/88).

RESPOSTA: A).

55. (MPRJ/2016/ Analista Ministerial - Área Processual) Idília, servidora do Ministério Público Estadual, praticou falta funcional e, após regular processo administrativo, sofreu uma sanção de advertência. Inconformada com o resultado do processo, requereu ao Conselho Nacional do Ministério Público a reforma da referida decisão. Em atenção à sistemática constitucional e à interpretação adotada pelo Supremo Tribunal Federal, esse órgão colegiado de estatura constitucional:

a) pode rever qualquer ato administrativo praticado no âmbito do processo disciplinar, incluindo a sanção sofrida por Idília.

b) somente pode rever os atos funcionais praticados no âmbito do Ministério Público, não os atos administrativos;

c) pode rever apenas as sanções disciplinares aplicadas aos membros do Ministério Público, não aos servidores;

d) somente poderia rever a sanção disciplinar aplicada a Idília se demonstrado o exaurimento dos recursos internos;

e) não pode rever os atos praticados no âmbito do Ministério Público, mas tão somente recomendar a sua correção.

▶ ***Anotações/Comentários***

É atribuição do CNMP, segundo art. 130-A, §2º, inc. IV, da CF/88, rever, de ofício ou mediante provocação, os processos disciplinares de membros do Ministério Público da União ou dos Estados julgados há menos de um ano.

RESPOSTA: C).

56. (MPRJ/2016/ Técnico do Ministério Público – Área Administrativa) Determinado Promotor de Justiça ajuizou ação penal, pela prática do crime de roubo, em face de João e André. Ocorre que Pedro, vítima do crime, discordou, pois, no seu entender, Enéias também deveria responder à ação penal.

Por entender que o membro do Ministério Público agiu incorretamente, Pedro ingressou com representação no Conselho Nacional do Ministério Público. Argumentou que o membro do Ministério Público afrontou a ordem jurídica e a prova dos autos, pedindo, ao final, que fosse determinado o ajuizamento da ação penal.

À luz da sistemática constitucional, é correto afirmar que o Conselho Nacional do Ministério Público:

a) pode expedir a determinação requerida, pois zela pela observância da legalidade no âmbito do Ministério Público;

b) não pode expedir a determinação requerida, pois não pode exercer o controle da atuação funcional do Ministério Público;

c) pode expedir a determinação requerida, pois deve controlar a atuação administrativa, financeira e funcional do Ministério Público;

d) não pode expedir a determinação requerida, pois a única autoridade que poderia fazê-lo seria o Procurador-Geral de Justiça;

e) pode expedir a determinação requerida, o que decorre de competência para desconstituir os atos praticados pelo Ministério Público.

▸ *Anotações/Comentários*

O CNMP não poderá expedir a determinação requerida, porque não é atribuição do referido Conselho exercer controle sobre as atividades fins dos membros do Ministério Público, e ainda possuem o dever de zelar pela independência funcional e pelo livre exercício das competências administrativas do Ministério Público, de ofício ou mediante provocação, sempre que houver ofensa, ameaça ou restrição à independência funcional de seus membros ou interferência indevida na autonomia de seus órgãos (art. 116, *caput*, do Regimento Interno do CNMP).

RESPOSTA: B).

57. (MPSP/2016/ Oficial de Promotoria - Nível Médio) Nos termos da Resolução no 23, de 17 de setembro de 2007, do Conselho Nacional do Ministério Público, o inquérito civil

a) deverá ser concluído no prazo improrrogável de seis meses.

b) poderá ser presidido pelo Delegado de Polícia.

c) poderá ser instaurado em face de requerimento ou representação formulada por qualquer pessoa.

d) em hipótese alguma poderá ser desarquivado, mesmo diante de novas provas ou para investigar fato novo relevante.

e) é condição de procedibilidade para o ajuizamento das ações a cargo do Ministério Público.

► ***Anotações/Comentários***

O inquérito civil deverá ser concluído no prazo de um ano, prorrogável pelo mesmo prazo e quantas vezes forem necessárias, por decisão fundamentada de seu presidente, à vista da imprescindibilidade da realização ou conclusão de diligências, dando-se ciência ao Conselho Superior do Ministério Público, à Câmara de Coordenação e Revisão ou à Procuradoria Federal dos Direitos do Cidadão (art. 9º, caput, da Resolução n. 23/07 do CNMP).. O inquérito civil é presidido por membro do Ministério Público (art. 6º, da Resolução n. 23/07 do CNMP). A instauração do inquérito civil poder ocorrer: de ofício, em face de requerimento ou representação formulada por qualquer pessoa ou comunicação de outro órgão do Ministério Público, ou qualquer autoridade, ou ainda por designação do Procurador-Geral de Justiça, do Conselho Superior do Ministério Público, Câmaras de Coordenação e Revisão e demais órgãos superiores da Instituição, nos casos cabíveis (art. 2º da Resolução n. 23/07 do CNMP). O desarquivamento do inquérito civil poderá ocorrer diante de novas provas ou para investigar fato novo relevante, poderá ocorrer no prazo máximo de seis meses após o arquivamento (art. 12 da Resolução n. 23/07 do CNMP). O inquérito civil não é condição de procedibilidade para o ajuizamento das ações a cargo do Ministério Público, nem para a realização das demais medidas de sua atribuição própria (art. 1º, parágrafo único da Resolução n. 23/07 do CNMP).

RESPOSTA: C).

58. **(MPU/2015/ Analista do Ministério Público)** Com relação ao Conselho Nacional do Ministério Público (CNMP), julgue o item subsequente.

Considere que um promotor de justiça estadual responda a processo disciplinar perante a corregedoria de seu órgão e que, durante o curso regular do processo, o CNMP avoque o referido processo. Nessa situação, a avocação do processo por parte do CNMP é indevida por extrapolar suas atribuições estabelecidas no texto constitucional.

► ***Anotações/Comentários***

Prevê o art. 130-A, §2º, inc. III, da CF/88 que é de atribuição do CNMP, entre outras: "receber e conhecer das reclamações contra membros ou órgãos do

Ministério Público da União ou dos Estados, inclusive contra seus serviços auxiliares, sem prejuízo da competência disciplinar e correicional da instituição, podendo avocar processos disciplinares em curso, determinar a remoção, a disponibilidade ou a aposentadoria com subsídios ou proventos proporcionais ao tempo de serviço e aplicar outras sanções administrativas, assegurada ampla defesa;".

RESPOSTA: Errada.

59. (MPU/2015/ Analista do Ministério Público) Com relação ao Conselho Nacional do Ministério Público (CNMP), julgue o item subsequente.

Para compor o CNMP, cabe ao STF indicar um juiz, mas, para a efetivação do indicado como membro do referido conselho, a indicação deverá ser aprovada por maioria absoluta dos membros do Senado Federal.

▶ ***Anotações/Comentários***

Segundo prevê o art. 130-A, caput, da CF/88 os Conselheiros do CNMP serão nomeados pelo Presidente da República, sendo um juiz indicado pelo STF (art. 130-A, inc. IV da CF/88).

RESPOSTA: Correta.

60. (MPRS/2015/ Assessor de Docência) Assinale a alternativa que apresenta uma afirmação correta.

a) Compete ao Conselho Nacional do Ministério Público o controle da atuação funcional dos membros do Ministério Público no exercício da atividade fim, podendo mitigar o princípio da independência funcional.

b) Compete ao Conselho Nacional do Ministério Público rever os processos disciplinares de servidores do Ministério Público.

c) O Conselho Nacional do Ministério Público escolherá o Corregedor nacional dentre todos os seus integrantes.

d) Compete ao Corregedor nacional exercer funções executivas do Conselho Nacional, bem como realizar inspeção e correição geral em todo o Ministério Público.

e) O Conselho Nacional do Ministério Público é composto de quatorze membros, sendo que oito representam a sociedade civil, e seis são indicados pelo Ministério Público Federal.

▶ ***Anotações/Comentários***

Segundo o art. 18, inc. II, do Regimento Interno do CNMP, entre as funções do Corregedor estão a de exercer funções executivas do Conselho, de inspeção e correição geral. O CNMP deverá zelar pela independência funcional e pelo livre exercício das competências administrativas do Ministério Público, de ofício ou mediante provocação, sempre que houver ofensa, ameaça ou restrição à independência funcional de seus membros ou interferência indevida na autonomia de seus órgãos (art. 116 do Regimento Interno do CNMP). O CNMP possui competência para revisar processos disciplinares de membros e não de servidores (art. 2º, inc. IV, do Regimento Interno do CNMP). O Corregedor Nacional será eleito entre os membros do Ministério Público que integram o Conselho, para um mandato de dois anos, vedada a recondução. (art.17, do Regimento Interno do CNMP). São membros do CNMP: I o Procurador-Geral da República, que o preside; II quatro membros do Ministério Público da União, assegurada a representação de cada uma de suas carreiras; III três membros do Ministério Público dos Estados; IV dois juízes, indicados um pelo Supremo Tribunal Federal e outro pelo Superior Tribunal de Justiça; V dois advogados, indicados pelo Conselho Federal da Ordem dos Advogados do Brasil; e VI dois cidadãos de notável saber jurídico e reputação ilibada, indicados um pela Câmara dos Deputados e outro pelo Senado Federal.

RESPOSTA: D).

61. (MPU/2013/Nível Superior) No que se refere ao Conselho Nacional do Ministério Público (CNMP) e às garantias e funções do MP, julgue o item.

Caso um membro de MP estadual e um membro do MPU tenham sido julgados, em processos disciplinares independentes, nas respectivas esferas competentes, no mês de novembro de 2012, o CNMP poderá rever ambos os processos, independentemente de provocação, até o final de outubro do ano seguinte.

► ***Anotações/Comentários***

É competência do CNMP rever, de ofício ou mediante provocação, os processos disciplinares de membros do Ministério Público da União ou dos Estados julgados há menos de um ano (art. 130-A, § 2º, IV, da CF/88).

RESPOSTA: Correto.

62. (MPU/2013/ Analista - Direito) Julgue os itens que se seguem, relativos ao CNMP.

Não constitui competência do CNMP a revisão, de ofício ou mediante provocação, de processos disciplinares de servidores do MPU.

► ***Anotações/Comentários***

Segundo previsão do art. 130-A, § 2º, IV, da CF/88, a atribuição de revisão de ofício ou mediante provocação, os processos disciplinares de membros do Ministério Público da União ou dos Estados julgados há menos de um ano, não havendo previsão dessa

RESPOSTA: Correto.

63. (MPU/2013/ Analista - Direito) Julgue os itens que se seguem, relativos ao CNMP.

Cabe ao CNMP efetuar o controle da atuação administrativa e financeira do MP e do cumprimento dos deveres funcionais de seus membros.

► ***Anotações/Comentários***

Compete ao Conselho Nacional do Ministério Público o controle da atuação administrativa e financeira do Ministério Público e do cumprimento dos deveres funcionais de seus membros (art. 130-A, § 2º, IV, da CF/88).

RESPOSTA: Correto.

64. (MPMS/2013/ Analista - Direito) Com relação à vedação do exercício da advocacia por parte dos servidores do Ministério Público do Estado do Mato Grosso do Sul, analise as afirmativas a seguir.

I. É vedado o exercício da advocacia aos servidores efetivos, comissionados, requisitados ou colocados à disposição do Ministério Público.

II. Ficam resguardados os atos processuais já praticados, vedando-se, entretanto, a continuidade do exercício da advocacia, mesmo àqueles que já venham exercendo essa atividade até a data da publicação da Resolução n. 27/08 do Conselho Nacional do Ministério Público, observado o impedimento fixado no Art. 3 0 ,1, da Lei n. 8.906/94.

III. Em caso de necessidade do serviço, desde que observado o interesse público, os servidores efetivos e estáveis do Ministério Público poderão receber autorização específica para exercício da advocacia, mediante aprovação de maioria absoluta do Conselho Superior do Ministério Público.

Assinale:

a) se somente a afirmativa I estiver correta.

b) se somente a afirmativa II estiver correta.

c) se somente as afirmativas I e II estiverem corretas.

d) se somente as afirmativas I e III estiverem corretas.

e) se todas as afirmativas estiverem corretas.

► ***Anotações/Comentárioss***

Segundo prevê o art. 1º, da Resolução n. 27/08 do CNMP: "É vedado o exercício da advocacia aos servidores efetivos, comissionados, requisitados ou colocados à disposição do Ministério Público dos Estados e da União.". O art. 2º, também da mencionada Resolução prevê que: "Ficam resguardados os atos processuais já praticados, vedando-se, entretanto, a continuidade do exercício da advocacia, mesmo àqueles que já venham exercendo essa atividade até a data da publicação desta Resolução, observado o impedimento fixado no art. 30, I, da Lei n. 8.906/94.".

RESPOSTA: C).

65. (MPRS/2012/ Técnico de Informática) Entre outras atribuições, compete ao Conselho Nacional do Ministério Público

a) destituir os Procuradores-Gerais de Justiça dos Estados, quando conveniente ao interesse público, não podendo fazê-lo em relação ao Procurador-Geral da República.

b) elaborar a proposta orçamentária do Ministério Público da União.

c) decretar a perda do cargo dos membros vitalícios dos Ministérios Públicos dos Estados e da União.

d) rever, de ofício ou mediante provocação, os processos disciplinares de membros do Ministério Público da União ou dos Estados julgados há menos de um ano.

e) designar membros dos Ministérios Públicos dos Estados para oficiar em determinados processos judiciais, quando conveniente ao interesse público.

► ***Anotações/Comentárioss***

O art. 130-A, § 2º, inc. IV, da CF/88, prevê que é de competência do CNMP, rever, de ofício ou mediante provocação, os processos disciplinares de membros do Ministério Público da União ou dos Estados julgados há menos de um ano. As demais atribuições são dos órgãos que compõem a Administração do Ministério Público.

RESPOSTA: D).

66. (MPAL/2012/ Analista do Ministério Público) Sobre o Conselho Nacional do Ministério Público (CNMP),

I. Os membros do CNMP serão processados e julgados originariamente pelo Senado Federal nos crimes de responsabilidade.

II. O CNMP poderá avocar processos disciplinares em curso, e aplicar as sanções de remoção, disponibilidade ou aposentadoria proporcional, assim como a demissão a bem do serviço público de membro do Ministério Público que goze de estabilidade, respeitada a ampla defesa e o contraditório.

III. Qualquer membro poderá ser eleito presidente do CNMP, desde que obtenha a maioria absoluta dos votos dos seus componentes.

IV. O Corregedor Nacional tem atribuições para receber reclamações e denúncias, de qualquer interessado, relativas aos membros do Ministério Público e de seus serviços auxiliares.

está(ão) correto(s) o(s) item(ns)

a) II, III e IV, apenas.

b) II e III, apenas.

c) I, II e III, apenas.

d) I e IV, apenas

e) II, apenas.

▶ ***Anotações/Comentários***

É de competência do Senado Federal processar e julgar os membros do Conselho Nacional do Ministério Público (art. 52, II, da CF/88). É atribuição do Corregedor do CNMP, receber reclamações e denúncias, de qualquer interessado, relativas aos membros do Ministério Público e dos seus serviços auxiliares (art. 130-A, § 3º, I, do CNMP). A presidência do CNMP será do Procurador-Geral da República. É de competência do CNMP receber e conhecer das reclamações contra membros ou órgãos do Ministério Público da União ou dos Estados, inclusive contra seus serviços auxiliares, sem prejuízo da competência disciplinar e correicional da instituição, podendo avocar processos disciplinares em curso, determinar a remoção, a disponibilidade ou a aposentadoria com subsídios ou proventos proporcionais ao tempo de serviço e aplicar outras sanções administrativas, assegurada ampla defesa.

RESPOSTA: D).

67. (MPRJ/2011/Técnico) Sobre o Conselho Nacional do Ministério Público, é correto afirmar que:

a) incumbe-lhe controlar a gestão administrativa e financeira do Ministério Público, além do cumprimento dos deveres funcionais de seus membros;

b) tem composição multifacetária, com representantes de diferentes carreiras jurídicas, todos presididos por um Ministro do Supremo Tribunal Federal;

c) seus representantes são escolhidos e nomeados por ato exclusivo do Presidente da República, para um mandato de dois anos, autorizadas, no máximo, duas reconduções;

d) dentre suas atribuições, destaca-se o controle da atividade finalística exercida pelos membros do Ministério Público, através da Corregedoria Nacional;

e) é um órgão que integra a estrutura administrativa do Ministério Público Nacional.

► ***Anotações/Comentários***

É de competência do CNMP o controle da atuação administrativa e financeira do Ministério Público e do cumprimento dos deveres funcionais de seus membros (art. 2º do Regimento Interno do CNMP). O Conselho Nacional do Ministério Público, presidido pelo Procurador-Geral da República, compõe-se de quatorze membros nomeados pelo Presidente da República, depois de aprovada a escolha pela maioria absoluta do Senado Federal, para um mandato de dois anos, admitida uma recondução (art. 130-A da CF/88). O CNMP não atua perante a atividade finalística do membro, por isso o CNMP zelará pela independência funcional e pelo livre exercício das competências administrativas do Ministério Público, de ofício ou mediante provocação, sempre que houver ofensa, ameaça ou restrição à independência funcional de seus membros ou interferência indevida na autonomia de seus órgãos. O CNMP é um órgão constitucional de controle externo do Ministério Público, portanto, não figura ou integra na estrutura administrativa do Ministério Público Nacional.

RESPOSTA: A).

68. (MPRS/2008/ Assessor - Direito) Dentre outros membros, integram Conselho Nacional do Ministério Público

a) cinco membros do Ministério Público da União, escolhidos pela Associação Nacional do Ministério Público, mediante eleição e pelo voto secreto.

b) os Procuradores-Gerais de Justiça de todos os Estados da Federação e do Distrito Federal.

c) dois juízes estaduais, indicados pelo Procurador-Geral de Justiça do Estado a que pertencerem.

d) dois advogados, indicados um pelo Supremo Tribunal Federal e outro pelo Superior Tribunal de Justiça.

e) dois cidadãos de notável saber jurídico e reputação ilibada, indicados um pela Câmara dos Deputados e outro pelo Senado Federal.

► ***Anotações/Comentários***

Compõe o CNMP, conforme prevê o art. 130-A, da CF/88: I o Procurador--Geral da República, que o preside; II quatro membros do Ministério Público da União, assegurada a representação de cada uma de suas carreiras; III três membros do Ministério Público dos Estados; IV dois juízes, indicados um pelo Supremo Tribunal Federal e outro pelo Superior Tribunal de Justiça; V dois advogados, indicados pelo Conselho Federal da Ordem dos Advogados do Brasil; e VI dois cidadãos de notável saber jurídico e reputação ilibada, indicados um pela Câmara dos Deputados e outro pelo Senado Federal.

RESPOSTA: E).

69. (MPU/2007/ Técnico Administrativo) É certo que o Conselho Nacional do Ministério Público

a) poderá, dentre outras atribuições, destituir, pelo voto de dois terços de seus membros, os Procuradores-Gerais que atentem contra os princípios constitucionais.

b) possui, dentre outras atribuições, o controle da atuação administrativa e financeira do Ministério Público e do cumprimento dos deveres funcionais de seus membros.

c) compõe-se de quinze membros com mais de trinta e cinco e menos de sessenta e seis anos de idade, com mandato de dois anos, admitida uma recondução.

d) escolherá, em votação secreta, um Corregedor Nacional, dentre os membros do Ministério Público que o integram, para um mandato de dois anos, admitida a recondução.

e) compõe-se de dezesseis membros nomeados pelo Presidente da República, depois de aprovada a escolha pela maioria absoluta do Senado Federal, para um mandato de dois anos, admitida uma recondução.

▶ *Anotações/Comentários*

É de competência do CNMP o controle da atuação administrativa e financeira do Ministério Público e do cumprimento dos deveres funcionais de seus membros (art. 2º do Regimento Interno do CNMP). Não é atribuição do CNMP destituir os Procuradores-Gerais, sendo que o art. 128, § 4º, da CF/88, estabelece que: "Os Procuradores-Gerais nos Estados e no Distrito Federal e Territórios poderão ser destituídos por deliberação da maioria absoluta do Poder Legislativo, na forma da lei complementar respectiva.". O Conselho Nacional do Ministério Público compõe-se de quatorze membros nomeados pelo Presidente da República, depois de aprovada a escolha pela maioria absoluta do Senado Federal, para um mandato de dois anos, admitida uma recondução (art. 130-A, caput, da CF/88), bem como o Conselho escolherá, em votação secreta, um Corregedor nacional, dentre os membros do Ministério

Público que o integram, vedada a recondução, ou seja, não se permite a recondução (art. 130-A, §3º, da CF/88).

RESPOSTA: B).

OUTROS CONCURSOS

70. (TRT – 3º Região/MG/2015/ Analista - Serviço Social) O Poder Judiciário tem autonomia financeira e administrativa para julgar conflitos entre cidadãos, entidades e Estado e garantir os direitos individuais, coletivos e sociais. Em 30 de dezembro de 2004 são instituídos: o Conselho Nacional de Justiça – CNJ, o Conselho Nacional do Mistério Público – CNMP e o Conselho Superior de Justiça do Trabalho – CSJT. Considerando a atuação de cada conselho, ao Conselho Nacional do Mistério Público – CNMP cabe

a) aperfeiçoar o trabalho do sistema judiciário brasileiro, principalmente no que diz respeito ao controle e à transparência administrativa e processual.

b) atuar em prol do cidadão fiscalizando, administrativa, financeira e disciplinarmente o Ministério Público no Brasil e seus membros.

c) exercer a supervisão administrativa, orçamentária, financeira e patrimonial em primeira e segunda instâncias da Justiça do Trabalho.

d) zelar pela autonomia do Poder Judiciário e pelo cumprimento do Estatuto da Magistratura, expedindo atos normativos e recomendações.

e) estabelecer parcerias com os três poderes, setores e instituições visando o aperfeiçoamento dos serviços judiciais.

► *Anotações/Comentários*

Segundo o art. 1º do Regimento Interno do CNMP: "O Conselho Nacional do Ministério Público - CNMP, instalado no dia 21 de junho de 2005, com atuação em todo o território nacional e sede em Brasília, Distrito Federal, compõe-se de catorze membros, nos termos do artigo 130-A, da Constituição Federal.". O art. 2º do Regimento Interno do CNMP estabelece que é de competência do referido Conselho o controle da atuação administrativa e financeira do Ministério Público e do cumprimento dos deveres funcionais de seus membros, cabendo-lhe: I – zelar pela autonomia funcional e administrativa do Ministério Público, podendo expedir atos regulamentares no âmbito de sua competência, ou recomendar providências; II – zelar pela observância do artigo 37 da Constituição Federal e apreciar, de ofício ou mediante provocação, a legalidade dos atos administrativos praticados por membros ou órgãos do Ministério Público da União e dos estados, podendo desconstituí-los, revê-los ou fixar prazo para que se adotem as providências necessárias ao exato cumprimento da lei, sem prejuízo da competência dos Tribunais de Contas; III – receber e conhecer das reclamações contra membros, ou órgãos do Ministério Público da União ou dos estados, inclusive contra seus serviços auxiliares, sem prejuízo da competência disciplinar e correcional da instituição, podendo avocar processos disciplinares em curso, determinar a remoção, a disponibilidade ou a aposentadoria com subsídios ou proventos proporcionais ao tempo de serviço, e aplicar outras sanções administrativas, assegurada ampla defesa; IV – rever, de ofício ou mediante provocação, os processos disciplinares de membros do Ministério Público da União ou dos estados julgados há menos de um ano; e V – elaborar relatório anual, propondo as providências que julgar necessárias, sobre a situação do Ministério Público no País e as atividades do Conselho, o qual deve integrar a mensagem prevista no artigo 84, XI, da Constituição Federal.

RESPOSTA: B).

3

QUESTÕES SOBRE A LEI ORGÂNICA NACIONAL DO MINISTÉRIO PÚBLICO - LONMP

CONCURSO PARA MEMBROS DO MP

01. (MPBA/2019 / Promotor de Justiça) Marque a opção correta:

a) Por força de previsão legal recente, o inquérito civil público passou a ser peça indispensável para o ajuizamento de ação civil pública. O motivo desta mudança está no fato dos gravames que ensejam o ajuizamento desta modalidade de ação.

b) Um procedimento investigatório instaurado para apuração de prática de ilícito penal por um servidor público impede a deflagração de inquérito civil pelo Ministério Público fundado no mesmo fato para fins de apuração de prática de ato de improbidade.

c) O termo de ajustamento de conduta enseja necessariamente o arquivamento de inquérito civil em que celebrado.

d) O Ministério Público poderá instaurar, sob a sua presidência, inquérito civil, ou requisitar, de qualquer organismo público ou particular, certidões, informações, exames ou perícias, no prazo que assinalar, o qual não poderá ser inferior a 10 (dez) dias úteis.

e) Compete privativamente ao Ministério Público promover o inquérito civil e a ação civil pública para a proteção do patrimônio público e social, do meio ambiente e de interesses difusos e coletivos.

► ***Anotações/Comentários***

É função do Ministério Público promover o inquérito civil e a ação civil pública, na forma da lei (art. 25, IV, da LONMP). O art. 8º, § 1º, da Lei de Ação Civil Pública, prevê que o Ministério Público poderá instaurar, sob sua presidência, inquérito civil, ou requisitar, de qualquer organismo público ou particular, certidões, informações, exames ou perícias, no prazo que assinalar, o qual não poderá ser inferior a 10 (dez) dias úteis. O inquérito civil não é condição de procedibilidade para o ajuizamento das ações a cargo do Ministério Público, nem para a realização das demais medidas de sua atribuição própria. A investigação criminal não impede a instauração de um inquérito civil, em razão das independências de instâncias. A instauração do inquérito civil é privativa do Ministério Público, enquanto a propositura de ação civil pública é de legitimação concorrente (art. 5º, da Lei de Ação Civil Pública). O Ministério Público poderá tomar compromisso de ajustamento de conduta para a adoção de medidas provisórias ou definitivas, parciais ou totais, sendo que na hipótese de adoção de medida provisória ou parcial, a investigação deverá continuar em relação aos demais aspectos da questão, ressalvada situação excepcional que enseje arquivamento fundamentado (art. 2º e parágrafo único da Resolução nº 179/2017 do CNMP).

RESPOSTA: D).

02. (MPPB/2018/ Promotor de Justiça) De acordo com a Lei Orgânica Nacional do Ministério Público, além das atribuições previstas na Constituição Federal, nas Constituições Estaduais e em outras leis, compete ao Conselho Superior

a) ajuizar ação penal de competência originária dos tribunais, nela oficiando.

b) representar aos tribunais locais por inconstitucionalidade de leis em face da Constituição Estadual.

c) rever o arquivamento de inquérito civil, na forma da lei.

d) representar aos tribunais locais por inconstitucionalidade de atos normativos estaduais ou municipais em face da Constituição Estadual.

e) representar o Ministério Público nas sessões plenárias dos Tribunais.

► ***Anotações/Comentários***

É competência do Conselho Superior do Ministério Público rever o arquivamento de inquérito civil, na forma da lei, conforme estabelece o art. 30 da LONMP. É de competência do Procurador-Geral de Justiça ajuizar ação penal de competência originária dos Tribunais, nela oficiando; representar aos Tribunais locais por inconstitucionalidade de leis ou atos normativos estaduais ou municipais, em face da Constituição Estadual; representar o Ministério Público nas sessões plenárias dos Tribunais; entre outras previstas no art. 29 da LONMP.

RESPOSTA: C).

03. (MPPB/2018 / Promotor de Justiça) De acordo com a Lei Orgânica Nacional do Ministério Público, para exercer as atribuições do Colégio de Procuradores da Justiça com número superior a 40 Procuradores de Justiça, poderá ser constituído Órgão Especial, cuja composição e número de integrantes a Lei Orgânica Estadual fixará. Entretanto, mesmo se constituído o Órgão Especial, inclui-se, dentre outras, nas atribuições da totalidade do Colégio de Procuradores de Justiça

a) aprovar a proposta orçamentária anual do Ministério Público, elaborada pelo Procurador-Geral de Justiça.

b) julgar recurso contra decisão de vitaliciamento, ou não, de membro do Ministério Público.

c) recomendar ao Corregedor-Geral do Ministério Público a instauração de processo administrativo-disciplinar contra membro do Ministério Público.

d) eleger o Corregedor-Geral do Ministério Público.

e) julgar recurso contra decisão condenatória em procedimento administrativo-disciplinar.

► ***Anotações/Comentários***

O art. 13, da LONMP, estabelece que: "Para exercer as atribuições do Colégio de Procuradores de Justiça com número superior a quarenta Procuradores de Justiça, poderá ser constituído Órgão Especial, cuja composição e número de integrantes a Lei Orgânica fixará.". Porém, não se aplica ao Órgão Especial, devendo ser atribuição a serem deferidas à totalidade do Colégio de Procuradores de Justiça: opinar, por solicitação do Procurador-Geral de Justiça ou de um quarto de seus integrantes, sobre matéria relativa à autonomia do Ministério Público, bem como sobre outras de interesse institucional; propor ao Poder Legislativo a destituição do Procurador-Geral de Justiça, pelo voto de dois terços de seus membros e por iniciativa da maioria absoluta de seus integrantes em caso de abuso de poder, conduta incompatível ou grave omissão nos deveres do cargo, assegurada ampla defesa; eleger o Corregedor-Geral do Ministério Público; destituir o Corregedor-Geral do Ministério Público, pelo voto de dois terços de seus membros, em caso de abuso de poder, conduta incompatível ou grave omissão nos deveres do cargo, por representação do Procurador-Geral de Justiça ou da maioria de seus integrantes, assegurada ampla defesa; entre outras atribuições a serem deferidas.

RESPOSTA: D).

04. (MPPB/2018 / Promotor de Justiça) A respeito das garantias e prerrogativas dos membros do MP, de acordo com a Lei Orgânica Nacional do Ministério Público, considere:

I. O membro vitalício somente perderá o cargo pelo voto de 2/3 dos integrantes do Colégio de Procuradores da Justiça.

II. O membro em disponibilidade remunerada continuará sujeito às vedações constitucionais.

III. Os membros do Ministério Público têm, dentre outras, a prerrogativa, no exercício da função, de ter acesso ao indiciado preso, mesmo quando decretada a sua incomunicabilidade.

Está correto o que se afirma APENAS em

a) I e II.

b) II e III.

c) I e III.

d) II.

e) III.

▶ *Anotações/Comentários*

Os membros vitalícios do MP somente poderão perder o cargo por sentença judicial transitada em julgado, proferida em ação civil própria, nos casos de prática de crime incompatível com o exercício do cargo, após decisão judicial transitada em julgado; exercício da advocacia e abandono do cargo por prazo superior a trinta dias corridos. É de atribuição do Colégio de Procuradores através da iniciativa de um quarto de seus integrantes ou do Procurador-Geral de Justiça, para que este ajuíze ação cível de decretação de perda do cargo de membro vitalício do Ministério Público nos casos mencionados acima. O art. 53, inc. V, da LONMP prevê que são considerados como de efetivo exercício, para todos os efeitos legais, exceto para vitaliciamento, os dias em que o membro do Ministério Público estiver afastado de suas funções em razão de e disponibilidade remunerada, exceto para promoção, em caso de afastamento decorrente de punição. Constituem prerrogativas dos membros do Ministério Público, no exercício de sua função, além de outras previstas na Lei Orgânica, ter acesso ao indiciado preso, a qualquer momento, mesmo quando decretada a sua incomunicabilidade, conforme prevê o art. 41, inc. IX, da LONMP.

RESPOSTA: B).

05. **(MPPB/2018 / Promotor de Justiça)** De acordo com a Lei Orgânica Nacional do Ministério Público, cabe ao Ministério Público propor ao Poder

a) Legislativo a criação e extinção de cargos de carreira e dos serviços auxiliares.

b) Judiciário o reajuste dos vencimentos dos seus membros.

c) Executivo a promoção ou remoção de seus membros.

d) Judiciário a edição de atos de disponibilidade de membros do Ministério Público.

e) Legislativo a edição de atos de aposentadoria de seus membros.

► ***Anotações/Comentários***

Prevê o art. 3º, inc. VI da LONMP que ao Ministério Público caberá propor ao Poder Legislativo a criação e a extinção dos cargos de seus serviços auxiliares, bem como a fixação e o reajuste dos vencimentos de seus servidores.

RESPOSTA: A).

06. (MPMS/2018 / Promotor de Justiça) Assinale a alternativa correta.

a) O membro do Ministério Público pode recusar atuação funcional quando receber de forma legítima ato de designação do Procurador-Geral de Justiça, pois inexiste na hipótese hierarquia administrativa.

b) Afronta o princípio do Promotor Natural a subscrição da denúncia pelo Promotor de Justiça da Comarca e por Promotores de Justiça Substitutos que não foram designados ou que não detenham atribuição para o ato.

c) O princípio da unidade não é violado na hipótese de dois membros do Ministério Público atuarem de maneira diversa no mesmo feito: enquanto um, apesar de ter denunciado o acusado, no desenrolar da instrução, pugna por sua absolvição, acolhida pelo juiz, outro interpõe apelação da sentença absolutória.

d) Somente na hipótese de conclusão de procedimento administrativo disciplinar presidido pelo Corregedor-Geral do Ministério Público indicar prática de ilícito penal por membro do Ministério Público, ao próprio Corregedor-Geral compete ajuizar a respectiva ação penal contra o membro da Instituição.

e) O Procurador-Geral de Justiça pode expedir recomendação com caráter vinculativo, com vistas a servir aos interesses da lei e otimizar a atuação dos membros do Ministério Público.

► ***Anotações/Comentários***

Não há impedimento, sob a égide do princípio da independência funcional, que um membro do Ministério Público assuma um **posicionamento contrário** ao adotado pelo seu antecessor na mesma relação processual. O princípio da independência funcional sustenta a atuação de ambos os membros ministeriais, não havendo qualquer óbice para que dois membros do Ministério Público sustentem posições diferentes. Os princípios da unidade e da indivisibilidade do Ministério Público não obrigam que haja uma vinculação entre as manifestações dos membros nos processos, de forma que se torne obrigatória a concordância em qualquer manifestação anterior. Nesse sentido já decidiu o STF: "Ministério Público: sucumbência no provimento da apelação da defesa, apesar de com ele se ter posto de acordo o Promotor de Justiça. A independência funcional dos agentes do Ministério Público é, de fato, incompatível com a pretensão de que a concordância do Promotor com a apelação vinculasse os órgãos da instituição que oficiam junto ao Tribunal, de modo a inibi-los de interpor recurso especial contra a decisão que, provendo o recurso da defesa, desclassificou a infração. (...)". (HC 80315, Relator (a): Min. SEPÚLVEDA PERTENCE, Primeira Turma, julgado em 29/08/2000, DJ 13-10-2000). É de competência do Procurador-Geral de Justiça expedir recomendações, sem caráter normativo aos órgãos do Ministério Público, para o desempenho de suas funções (art. 10, XII, da LONMP).

RESPOSTA: C).

07. (MPMS/2018 / Promotor de Justiça) Assinale a alternativa **correta**:

a) São princípios institucionais do Ministério Público a independência funcional e a vitaliciedade.

b) É vedado ao membro do Ministério Público a denominada administração pública de interesses privados.

c) O Supremo Tribunal Federal não admite a possibilidade do Ministério Público Estadual formular diretamente ao próprio Supremo Tribunal Federal reclamação em que se discuta a inobservância de comando inserido em uma súmula vinculante.

d) O Presidente da República não é legitimado para propor ao Congresso Nacional projeto de lei que disponha sobre normas gerais de organização do Ministério Público.

e) Os Procuradores de Justiça exercerão inspeção permanente dos serviços dos Promotores de Justiça nos autos em que oficiem, encaminhando relatórios à Corregedoria-Geral do Ministério Público.

► ***Anotações/Comentários***

São princípios institucionais do Ministério Público a unidade, a indivisibilidade e a independência funcional, conforme prevê o par. único do art. 1º da LONMP.

O art. 19, § 2º, da LONMP estabelece que: "Os Procuradores de Justiça exercerão inspeção permanente dos serviços dos Promotores de Justiça nos autos em que oficiem, remetendo seus relatórios à Corregedoria-Geral do Ministério Público.".

RESPOSTA: E).

08. **(MPBA/2018 / Promotor de Justiça)** No que diz respeito ao regramento contido na lei nº 8.625/93, marque a alternativa correta:

a) Os Procuradores de Justiça das Procuradorias de Justiça cíveis e criminais que oficiem junto ao mesmo Tribunal reunir-se-ão para fixar orientações jurídicas de caráter vinculativo, encaminhando-as ao Procurador-Geral de Justiça, que baixará ato visando a atuação uniforme dos Promotores de Justiça.

b) Incumbe ao Corregedor-Geral do Ministério Público designar, motivadamente, em caráter excepcional e temporário, ouvido o Conselho Superior do Ministério Público, Promotor de Justiça para atuar junto a qualquer órgão jurisdicional de primeiro grau.

c) A Corregedoria-Geral do Ministério Público é órgão de execução do Ministério Público.

d) O membro do Ministério Público poderá ter acesso ao indicado preso, a qualquer momento, exceto quando esteja decretada a sua incomunicabilidade.

e) As atribuições das Promotorias de Justiça e dos cargos dos Promotores de Justiça que a integram são fixadas mediante proposta do Procurador-Geral de Justiça, aprovada pelo Colégio de Procuradores de Justiça.

► *Anotações/Comentários*

O art. 20 da LONMP prevê que os Procuradores de Justiça das Procuradorias de Justiça civis e criminais, que oficiem junto ao mesmo Tribunal, poderão se reunir afim de fixar orientações jurídicas, porém, **sem caráter vinculativo**, encaminhando-as ao Procurador-Geral de Justiça. É atribuição do Procurador-Geral de Justiça designar membros do Ministério Público, através de ato excepcional e fundamentado, exercer as funções processuais afetas a outro membro da instituição, submetendo sua decisão previamente ao Conselho Superior do Ministério Público (art. 10, IX, g) da LONMP). Segundo o art. 7º, da LONMP são órgãos de execução: o Procurador-Geral de Justiça; o Conselho Superior do Ministério Público; os Procuradores de Justiça; e os Promotores de Justiça. A Corregedoria-Geral do Ministério Público é órgão de Administração Superior do Ministério Público, conforme art. 5º, inc. IV da LONMP. O art. 41, inc. IX da LONMP prevê que constituem prerrogativas dos membros do Ministério Público, no exercício de sua função, além de outras previstas na Lei Orgânica ter acesso ao indiciado preso, a qualquer momento, ainda que decretada a sua incomunicabilidade. Segundo o art. 23, § 2º, da LONMP, as atribuições das Promotorias de Justiça e dos cargos dos Promotores de Justiça que a integram serão fixadas mediante proposta do Procurador-Geral de Justiça, aprovada pelo Colégio de Procuradores de Justiça.

RESPOSTA: E).

---

09. (MPBA/2018 / Promotor de Justiça) Não compete ao Procurador-Geral de Justiça (lei nº 8.625/93):

a) Propor ao Conselho Superior do Ministério Público, na forma da Lei Orgânica, o não vitaliciamento de membro do Ministério Público

b) Integrar, como membro nato, e presidir o colégio de Procuradores de Justiça e o Conselho Superior do Ministério Público.

c) Delegar suas funções administrativas.

d) Dirimir conflitos de atribuições entre membros do Ministério Público, designando quem deva oficiar no feito.

e) Decidir processo disciplinar contra membro do Ministério Público, aplicando as sanções cabíveis.

► ***Anotações/Comentários***

Não é de atribuição do Procurador-Geral de Justiça propor ao Conselho Superior do Ministério Público, na forma da Lei Orgânica, o não vitaliciamento de membro do Ministério Público, trata-se de atribuição da Corregedoria-Geral do Ministério Público, conforme previsão do art. 17, inc. III, da LONMP. As demais atribuições previstas na questão, são do Procurador-Geral de Justiça, nos termos do art. 10 da LONMP.

RESPOSTA: A).

---

10. (MPSP/2018 / Promotor de Justiça) No exercício de suas funções institucionais, cabe ao Ministério Público expedir recomendação. Quanto a esse instrumento, assinale a alternativa correta.

a) Para a expedição de recomendação, deve ser instaurado inquérito civil.

b) A expedição de recomendação pelo Ministério Público impede que qualquer outro legitimado ajuíze ação pelo mesmo fato.

c) A recomendação não tem força vinculante, não obrigando o destinatário ao seu atendimento.

d) O Ministério Público pode expedir recomendação, não sendo necessária qualquer motivação.

e) O prazo para que o destinatário encaminhe, ao Ministério Público, resposta por escrito, é de 10 (dez) dias úteis, que pode ser prorrogado uma vez, por igual período.

► ***Anotações/Comentários***

A recomendação rege-se por princípios, dentre eles, o de caráter-não vinculativo das medidas recomendadas (art. 2º, VIII, da Resolução n. 164/2017 do CNMP). A recomendação poderá ser expedida nos autos de inquérito civil, de procedimento administrativo ou procedimento preparatório (art. 3º da Resolução n. 164/2017 do CNMP). A expedição de recomendação pelo Ministério Público não impede que qualquer outro legitimado ajuíze ação pelo mesmo fato. Outro princípio referente a recomendação é a motivação (art. 2º, I, da Resolução n. 164/2017 do CNMP), ademais, prevê o art. 7º, da Resolução n. 164/2017 do CNMP, que a recomendação deve ser devidamente fundamentada, mediante a exposição dos argumentos fáticos e jurídicos que justificam a sua expedição. O art. 10 Resolução n. 164/2017 do CNMP prevê que o órgão do Ministério Público poderá requisitar, em prazo razoável, resposta por escrito sobre o atendimento ou não da recomendação, bem como instar os destinatários a respondê-la de modo fundamentado.

RESPOSTA: C).

11. (MPRO/2018 / Promotor de Justiça) Considere as seguintes alternativas sobre a Lei Orgânica Nacional do Ministério Público e sua interpretação.

I - A condenação criminal, com trânsito em julgado, por crime incompatível com o exercício do cargo, pode acarretar, como efeito da condenação, a perda do cargo de membro vitalício do Ministério Público.

II - Compete à Corregedoria-Geral do Ministério Público encaminhar ao Procurador-Geral de Justiça os processos administrativos disciplinares que, na forma da Lei Orgânica, incumba a ele decidir.

III - O afastamento das funções em razão de férias é considerado de exercício efetivo para todos os efeitos legais, sem qualquer exceção.

Estão CORRETAS apenas as assertivas

a) I e II.

b) II e III.

c) II.

d) I e III

e) III.

► ***Anotações/Comentários***

O art. 17, inc. VI da LONMP, prevê que é atribuição do Corregedor, entre outras a de "encaminhar ao Procurador-Geral de Justiça os processos administrativos disciplinares que, na forma da Lei Orgânica, incumba a este decidir". Para fins da perda do cargo de membro vitalício do Ministério Público há necessidade de que se ajuíze uma ação através de Procurador-Geral de Justiça após deliberação do Colégio de Procuradores de Justiça (art. 12, inc. X, da LONMP). As férias são consideradas como de efetivo exercício, para todos os efeitos legais, exceto para vitaliciamento (art. 53, inc. II, da LONMP).

RESPOSTA: C).

12. (MPRO/2017 / Promotor de Justiça) Considere as seguintes assertivas.

I - É assegurada ao membro do Ministério Público licença por luto, por até 08 dias, inclusive pelo falecimento de noras e genros.

II - A impugnação ao vitaliciamento de membro do Ministério Público em estágio probatório suspende o exercício funcional até o definitivo julgamento.

III - O membro do Ministério Público será responsável pelo uso indevido das informações e documentos que requisitar, inclusive nas hipóteses legais de sigilo.

IV - O Promotor de Justiça, no exercício de suas funções, poderá praticar atos administrativos executórios, de caráter preparatório.

Estão CORRETAS apenas as assertivas

a) I, II e III.

b) II e III.

c) I, III e IV.

d) I, II e IV.

e) Todas as assertivas estão corretas.

► ***Anotações/Comentários***

Entre as licenças de saúde a serem concedidas aos membros do Ministério Público, está a licença por luto, em virtude de falecimento do cônjuge, ascendente, descendente, irmãos, sogros, noras e genros, até oito dias (art. 52, inc. VII, da LONMP). O art. 60, caput, da LONMP, estabelece que se suspende, "até definitivo julgamento, o exercício funcional de membro do Ministério Público quando, antes do decurso do prazo de dois anos, houver impugnação de seu vitaliciamento". O art. 26, § 2º, da LONMP, estabelece que o "membro do Ministério Público será responsável pelo uso indevido das informações e documentos que requisitar, inclusive nas hipóteses legais de sigilo.". No exercício das suas funções os membros do Ministério Público poderão, entre outros, praticar atos administrativos executórios, de caráter preparatório (art. 26, inc. V da LONMP).

RESPOSTA: E).

13. (MPRR/2017 / Promotor de Justiça) Se, no curso de uma investigação policial, o delegado de polícia civil responsável constatar indício da prática de infração penal por membro do MP, ele deverá

a) solicitar ao procurador-geral de justiça autorização para prosseguir com as investigações.

b) encaminhar os autos ao procurador-geral de justiça, que prosseguirá com as investigações.

c) encaminhar os autos à Corregedoria Geral do Ministério Público, que decidirá a respeito.

d) encaminhar os autos ao juiz competente, que decidirá a respeito.

► ***Anotações/Comentários***

O art. 41, parágrafo único da LONMP, prevê que: "Quando no curso de investigação, houver indício da prática de infração penal por parte de membro do Ministério Público, a autoridade policial, civil ou militar remeterá, imediatamente, sob pena de responsabilidade, os respectivos autos ao Procurador-Geral de Justiça, a quem competirá dar prosseguimento à apuração.".

RESPOSTA: B).

14. (MPPR/2017 / Promotor de Justiça) Analise as assertivas abaixo:

Constituem prerrogativas do membro do Ministério Público:

I. Ter acesso a indiciado preso, a qualquer momento, ressalvada a decretação da incomunicabilidade do preso.

II. Ter acesso a quaisquer documentos ou registros relativos à atividade policial.

III. Ingressar e transitar livremente na sala das sessões dos Tribunais, exceto na parte reservada aos Magistrados.

IV. Ser investigado pelo órgão competente do Tribunal de Justiça, quando praticar infração penal.

V. Não ser preso senão por ordem judicial escrita e fundamentada, salvo em flagrante de crime inafiançável, caso em que a autoridade, sob pena de responsabilidade e relaxamento da prisão, fará imediata comunicação e apresentação do membro do Ministério Público ao Procurador-Geral de Justiça.

a) Somente as assertivas I e III estão corretas.

b) Somente as assertivas II e IV estão corretas.

c) Somente as assertivas III e V estão corretas.

d) Somente as assertivas II e V estão corretas.

e) Somente as assertivas I e V estão corretas.

► ***Anotações/Comentários***

É prerrogativa do membro do MP examinar, em qualquer repartição policial, autos de flagrante ou inquérito, findos ou em andamento, ainda que conclusos à autoridade, podendo copiar peças e tomar apontamentos (art. 41, VIII, da LONMP) e ser preso somente por ordem judicial escrita, salvo em flagrante de crime inafiançável, caso em que a autoridade fará, no prazo máximo de vinte e quatro horas, a comunicação e a apresentação do membro do Ministério Público ao Procurador-Geral de Justiça (art. 40, III, da LONMP). São ainda prerrogativas dos membros do MP: ter acesso ao indiciado preso, a qualquer momento, ainda que decretada a sua incomunicabilidade; ingressar e transitar livremente, nas salas de sessões de Tribunais, mesmo além dos limites que separam a parte reservada aos Magistrados; ser investigado criminalmente pelo Procurador-Geral de Justiça.

RESPOSTA: D).

15. (MPAM/2015 / Promotor de Justiça) Quem é legitimado a propor alteração na Lei Federal n. 8.625/93, que instituiu a Lei Orgânica Nacional do Ministério Público?

a) O Procurador-Geral da República.

b) O Conselho Nacional do Ministério Público.

c) O Conselho Nacional dos Procuradores-Gerais de Justiça.

d) O Presidente da República.

e) Nenhuma alternativa está correta.

► ***Anotações/Comentários***

Para a alteração das normas gerais sobre a organização do Ministério Público, a iniciativa será privativa do Presidente da República, conforme art. 61, §1º, II, d, in fine, da CF/88.

RESPOSTA: D).

16. (MPAM/2015 / Promotor de Justiça) Considere as seguintes alternativas sobre a Lei Orgânica Nacional do Ministério Público e sua interpretação:

I – É vedado o exercício da advocacia por membro do Ministério Público, sem qualquer exceção.

II – É garantia do Promotor de Justiça nunca ser indiciado em inquérito policial, mesmo em caso de prática de crime doloso contra a vida.

III – O Procurador-Geral de Justiça pode delegar para outro membro da Instituição sua atribuição originária como órgão de execução.

Quais das assertivas acima estão corretas?

a) Apenas a I e II.

b) Apenas a II e III.

c) Apenas a II.

d) Apenas a I e III.

e) Apenas a III.

► ***Anotações/Comentários***

Em regra, o exercício da advocacia é vedado aos membros do Ministério Público, conforme teor do art. 44, inc. II, da LONMP. Contudo, há exceção. A **Resolução nº 08/2006 do CNMP**, estabelece em seu art. 1º que somente "poderão exercer a advocacia com respaldo no § 3º do art. 29 do ADCT da Constituição de 1988, os membros do Ministério Público da União que integravam a carreira na data da sua promulgação e que, desde então, permanecem regularmente inscritos na Ordem dos Advogados do Brasil.". Por fim, o art. 2º dispõe que, além "dos impedimentos e vedações previstos na legislação que regula o exercício da advocacia pelos membros do Ministério Público, estes não poderão fazê-lo nas causas em que, por força de lei ou em face do interesse público, esteja prevista a atuação do Ministério Público, por qualquer dos seus órgãos e ramos.". É prerrogativa do membro do Ministério Público não ser indiciado em inquérito policial (art. 41, inc. IX, da LONMP), porém quando no curso de investigação, houver indício da prática de infração penal por parte de membro do Ministério Público, a autoridade policial, civil ou militar remeterá, imediatamente, sob pena de responsabilidade, os respectivos autos ao Procurador-Geral de Justiça, a quem competirá dar prosseguimento à apuração. O art. 29, inc. IX, da LONMP prevê que caberá ao Procurador-Geral de Justiça delegar a membro do Ministério Público suas funções de órgão de execução.

RESPOSTA: B).

17. **(MPAM/2015 / Promotor de Justiça)** Em relação à carreira do membro do Ministério Público dos Estados, está correto afirmar que

a) na remoção voluntária por permuta, excepcionalmente, será devida ajuda de custo, desde que haja interesse da instituição na sua realização.

b) a reversão será deferida preferencialmente no interesse do membro inativo que se arrependeu e quer retornar à atividade.

c) a reintegração, com o retorno do membro ao cargo, dependerá sempre de decisão judicial com trânsito em julgado.

d) a impugnação ao vitaliciamento de membro em estágio probatório acarreta a interrupção de seu exercício funcional até o definitivo julgamento.

e) o membro aposentado compulsoriamente tem direito à reversão em caso de alteração das regras da aposentadoria.

► ***Anotações/Comentários***

Segundo o art. 66, caput, da LONMP, a reintegração, decorrente de sentença transitada em julgado, é o retorno do membro do Ministério Público ao cargo, com ressarcimento dos vencimentos e vantagens deixados de perceber em razão do afastamento, inclusive a contagem do tempo de serviço. A remoção por permuta não confere direito a ajuda de custo (art. 64, inc. III da LONMP). A reversão, nos termos do art. 67 da LONMP, dar-se-á na entrância em que se aposentou o membro do Ministério Público, em vaga a ser provida pelo critério de merecimento, observados os requisitos legais. O art. 60 da LONMP, prevê que será suspenso (não interrompido), até definitivo julgamento, o exercício funcional de membro do Ministério Público quando, antes do decurso do prazo de dois anos, houver impugnação de seu vitaliciamento.

RESPOSTA: C).

18. **(MPAM/2015 / Promotor de Justiça)** Considere as seguintes alternativas sobre a atuação do Ministério Público:

I – A designação de Promotor Eleitoral é ato privativo do Procurador-Geral de Justiça.

II – Na fiscalização de casas prisionais, os membros do Ministério Público deverão fazer visitas aos estabelecimentos penais a cada dois meses, fazendo minucioso relatório.

III – As visitas ordinárias do controle externo da atividade policial deverão ser realizadas pelos Promotores de Justiça nos meses de abril ou maio e outubro ou novembro de cada ano.

IV – O membro do Ministério Público, nos pedidos feitos nos procedimentos de investigação criminal, durante a instrução processual penal e no acompanhamento do inquérito policial, deverá requerer ao Juiz competente a inutilização da gravação que não interessar à prova.

Quais das assertivas acima estão corretas?

a) Apenas a I, II e III.

b) Apenas a II e III.

c) Apenas a I, III e IV.

d) Apenas a I, II e IV.

e) Todas estão corretas.

► ***Anotações/Comentários***

O art. 25, inc. VI, da LONMP estabelece que incumbe ao MP como umas de suas funções, exercer a fiscalização dos estabelecimentos prisionais e dos que abriguem idosos, menores, incapazes ou pessoas portadoras de deficiência. O art. 73 da LONMP, prevê que para o exercício das funções junto à Justiça Eleitoral, por solicitação do Procurador-Geral da República, os membros do Ministério Público do Estado serão designados, se for o caso, pelo respectivo Procurador-Geral de Justiça.

RESPOSTA: C).

19. (MPSP/2015 / Promotor de Justiça) Nos termos da Lei Orgânica Nacional do Ministério Público, dentre outras atribuições, compete:

I- Ao Colégio de Procuradores de Justiça propor ao Poder Legislativo a destituição do Procurador-Geral de Justiça, pelo voto da maioria absoluta de seus integrantes, em caso de abuso de poder, conduta incompatível ou grave omissão nos deveres do cargo, assegurada ampla defesa.

II- Ao Procurador-Geral de Justiça representar aos Tribunais locais por inconstitucionalidade de leis ou atos normativos estaduais ou municipais, em face da Constituição Federal.

III - Aos Procuradores de Justiça exercer as atribuições cometidas ao Procurador-Geral de Justiça junto aos Tribunais.

IV - Aos Promotores de Justiça impetrar habeas corpus e mandado de segurança e requerer correição parcial, inclusive perante os Tribunais locais competentes.

V - Ao Corregedor-Geral do Ministério Público realizar inspeções nas Procuradorias de Justiça, remetendo relatório reservado ao Colégio de Procuradores de Justiça.

Está correto apenas o contido em:

a) I, III e V.

b) I, III e IV.

c) II, III e V.

d) II, IV e V.

e) IV e V.

▶ ***Anotações/Comentários***

Os Promotores de Justiça, dentro de suas esferas de atribuições, poderão impetrar habeas-corpus e mandado de segurança e requerer correição parcial, inclusive perante os Tribunais locais competentes, de acordo com o art. 32, inc. I, da LONMP. É de atribuição da Corregedoria-Geral do Ministério Público, dentre outras, realizar inspeções nas Procuradorias de Justiça, remetendo relatório reservado ao Colégio de Procuradores de Justiça (art. 17, inc. II, da LONMP). Entre as atribuições do Procurador-Geral, entre outras, a de representar aos Tribunais locais por inconstitucionalidade de leis ou atos normativos estaduais ou municipais, em face da Constituição Estadual (não a CF/88). A destituição do Procurador-Geral de Justiça, por iniciativa do Colégio de Procuradores, deverá ser precedida de autorização de um terço (não maioria absoluta) dos membros da Assembleia Legislativa (art. 9º, § 2º, da LONMP).

RESPOSTA: E).

20. (MPPA/ 2014 / Promotor de Justiça) Ao Ministério Público é assegurada autonomia funcional, administrativa e financeira, dispondo de dotação orçamentária própria, cabendo-lhe

a) prover os cargos da carreira nos casos de remoção, promoção e progressão funcional.

b) encaminhar ao Poder Executivo suas folhas de pagamento para a expedição dos competentes demonstrativos.

c) criar e extinguir seus cargos de carreira bem como de seus serviços auxiliares.

d) fixar o reajuste do subsídio de seus membros e da remuneração de seus servidores.

e) propor ao Poder Executivo o provimento dos cargos iniciais da carreira.

► ***Anotações/Comentários***

Entre os atos em que o MP poderá praticar em razão da autonomia funcional, administrativa e financeira, prevista no art. 3º, da LONMP, está o ato de prover os cargos da carreira nos casos de remoção, promoção e progressão funcional (art; 3º, VII, da LONMP).

RESPOSTA: A).

21. (MPPE/2014 / Promotor de Justiça) De acordo com a Lei Orgânica Nacional do Ministério Público, o membro do Ministério Público

a) adquire a vitaliciedade com três anos de efetivo exercício de suas funções, após o que só perderá o cargo por sentença judicial transitada em julgado.

b) terá assegurado o direito de solicitar a presença do Corregedor-Geral do Ministério Público para ser indiciado em inquérito policial.

c) com mais de dois anos de exercício só perderá o cargo por decisão do Conselho Superior do Ministério Público, tomada por maioria de dois terços.

d) tem a prerrogativa de receber o mesmo tratamento jurídico e protocolar dispensado aos membros do Poder Judiciário junto aos quais oficiem.

e) em disponibilidade remunerada não estará mais sujeito às vedações constitucionais.

► ***Anotações/Comentários***

É prerrogativa do membro do Ministério Público receber o mesmo tratamento jurídico e protocolar dispensado aos membros do Poder Judiciário junto aos quais oficiem (art. 41, I, da LONMP). O membro do Ministério Público possui como garantia a vitaliciedade, após dois anos de exercício, não podendo perder o cargo senão por sentença judicial transitada em julgado (art. 38, I, da LONMP). Constitui prerrogativa do membro do Ministério Público não ser indiciado em inquérito policial, observando o que dispõe o art. 41, parágrafo único da LONMP (art. 41, II da LONMP). Prevê o art. 39,

§ 1º, da LONMP que: "O membro do Ministério Público em disponibilidade remunerada continuará sujeito às vedações constitucionais e será classificado em quadro especial, provendo-se a vaga que ocorrer.".

RESPOSTA: D).

22. (MPPE/2014 / Promotor de Justiça) A Lei Orgânica Nacional do Ministério Público, NÃO inclui entre os órgãos de execução

a) o Corregedor-Geral do Ministério Público.

b) os Promotores de Justiça.

c) o Procurador-Geral de Justiça.

d) o Conselho Superior do Ministério Público.

e) os Procuradores de Justiça.

► ***Anotações/Comentários***

Os órgãos de execução do MP estão previstos no art. 7º da LONMP, dentre não é o Corregedor-Geral de Justiça.

RESPOSTA: A).

23. (MPSC/2014 / Promotor de Justiça) Nos termos da Lei Orgânica Nacional do Ministério Público, que dispõe sobre normas gerais para a organização do Ministério Público dos Estados e dá outras providências, são órgãos de execução do Ministério Público: a Procuradoria-Geral de Justiça; o Conselho Superior do Ministério Público; as Procuradorias de Justiça e as Promotorias de Justiça.

► ***Anotações/Comentários***

São órgãos de execução do Ministério Público: I - o Procurador-Geral de Justiça; II - o Conselho Superior do Ministério Público; III - os Procuradores de Justiça; IV - os Promotores de Justiça (art. 7º, da LONMP).

RESPOSTA: Errada.

24. (MPMT/ 2014/Promotor de Justiça) Assinale a alternativa que se encontra em DESACORDO com entendimentos doutrinários e jurisprudenciais sobre os princípios e as garantias institucionais do Ministério Público.

a) A instauração de inquérito civil público por Promotor de Justiça do Estado de Mato Grosso, mediante delegação do Procurador-Geral, para investigar suposta prática de ato de improbidade administrativa cometida pelo governador de Estado, adequa-se ao princípio do promotor natural.

b) A obrigatoriedade no cumprimento de medidas estabelecidas no planejamento institucional como prioridade de atuação em determinado ramo do Ministério Público adequa-se ao princípio da independência funcional.

c) A atuação de órgão ministerial desvinculada da Vara Judicial para a qual foi devidamente designado, pautada na organização interna da instituição, adequa-se ao princípio do promotor natural.

d) A atuação do MP Estadual junto aos tribunais superiores, nas causas em que for parte, viola o princípio da unidade, já que cabe ao Procurador-Geral da República representar o Ministério Público perante o STJ e o STF.

e) A participação de membro do Ministério Público na fase investigatória criminal não acarreta o seu impedimento ou suspeição para o oferecimento de denúncia.

► ***Anotações/Comentários***

O STF decidiu que os Ministérios Públicos tanto dos Estados, como do Distrito Federal, possuem legitimidade para propor e atuar através de recursos e meios de impugnação de decisões judiciais em trâmite no STF e no STJ, desde que sejam processos de sua atribuição, sem que haja prejuízo da atuação do Ministério Público Federal. (Recurso Extraordinário 985.392, rel. min. Gilmar Mendes. julgamento em 25.05.2017).

RESPOSTA: D).

25. (MPAC/2014 / Promotor de Justiça) Se um Promotor de Justiça do estado X instaurar inquérito civil e o arquivar, o arquivamento poderá ser revisto, com base na Lei Orgânica Nacional do Ministério Público (Lei n.º 8.625/1993), pelo.

a) juízo da vara competente para o caso.

b) vice-procurador-geral de justiça.

c) Colégio de Procuradores de Justiça

d) Conselho Superior do Ministério Público

e) presidente do tribunal de justiça do referido estado

► ***Anotações/Comentários***

Segundo o art. 30 da LONMP, caberá ao Conselho Superior do Ministério Público rever o arquivamento de inquérito civil, na forma da lei.

RESPOSTA: D).

26. (MPMA/2014 / Promotor de Justiça) De acordo com as previsões constantes da Lei nº 8.625, de 12 de fevereiro de 1993, que Institui a Lei Orgânica Nacional do Ministério Público, é **correto** afirmar que:

a) O Ministério Público é instituição permanente, essencial à função jurisdicional do Estado, incumbindo-lhe a defesa da ordem jurídica, do regime democrático e dos interesses sociais e individuais indisponíveis, sendo que seus princípios institucionais são a unidade, a indivisibilidade, a independência funcional e a vitaliciedade de seus membros;

b) Além das funções previstas nas Constituições Federal e Estadual, na Lei Orgânica e em outras leis, incumbe, ainda, ao Ministério Público, propor ação de inconstitucionalidade de leis ou atos normativos estaduais ou municipais, em face à Constituição Estadual;

c) No exercício de suas funções, o Ministério Público poderá instaurar inquéritos civis e outras medidas e procedimentos administrativos pertinentes e, para instruí-los, expedir notificações para colher depoimento ou esclarecimentos e, em caso de não comparecimento injustificado, requisitar condução coercitiva, inclusive por Oficial de Justiça, ressalvadas as prerrogativas previstas em lei;

d) Os membros do Ministério Público sujeitam-se a regime jurídico especial e têm a garantia da vitaliciedade, após três anos de exercício, não podendo perder o cargo senão por sentença judicial transitada em julgado;

e) Ao membro do Ministério Público é vedado exercer o comércio ou participar de sociedade comercial, ainda que como cotista ou acionista.

► *Anotações/Comentários*

O art. 25, I, da LONMP prevê que além das funções previstas nas Constituições Federal e Estadual, na Lei Orgânica e em outras leis, incumbe, ainda, ao Ministério Público propor ação de inconstitucionalidade de leis ou atos normativos estaduais ou municipais, em face à Constituição Estadual. O art. 1º, *caput,* da LONMP estabelece que o Ministério Público é instituição permanente, essencial à função jurisdicional do Estado, incumbindo-lhe a defesa da ordem jurídica, do regime democrático e dos interesses sociais e individuais indisponíveis, sujeitos aos princípios institucionais do Ministério Público a unidade, a indivisibilidade e a independência funcional (não vitaliciedade de seus membros). No exercício de suas funções, o Ministério Público poderá instaurar inquéritos civis e outras medidas e procedimentos administrativos pertinentes e, para instruí-los expedir notificações para colher depoimento ou esclarecimentos e, em caso de não comparecimento injustificado, requisitar condução coercitiva, inclusive pela Polícia Civil ou Militar (não Oficial de Justiça), ressalvadas as prerrogativas previstas em lei. O membro do Ministério Público possui como garantia a vitaliciedade, após dois anos (não três anos) de exercício, não podendo perder o cargo senão por sentença judicial transitada em julgado (art. 38, I, da LONMP). Ao membro do Ministério Público é vedado exercer o comércio ou participar de sociedade comercial, porém, poderá fazê-lo como cotista ou acionista (art. 44, III, da LONMP).

RESPOSTA: B.)

27. (MPGO/2013 / Promotor de Justiça) Qual das atribuições discriminadas não pertence ao Conselho Superior do Ministério Público, segundo a Lei Orgânica Nacional?

a) decidir sobre pedido de revisão de procedimento administrativo disciplinar.

b) sugerir ao Procurador-Geral a edição de recomendações, sem caráter vinculativo, aos órgãos do Ministério Público para o desempenho de suas funções e a adoção de medidas convenientes ao aprimoramento dos serviços.

c) aprovar o quadro geral de antiguidade do Ministério Público e decidir sobre reclamações formuladas a esse respeito.

d) decidir sobre vitaliciamento de membros do Ministério Público.

► ***Anotações/Comentários***

As atribuições do Conselho Superior do MP estão previstas no art. 15 da LONMP, contudo, não é de sua atribuição decidir sobre pedido de revisão de procedimento administrativo disciplinar, pois tal atribuição pertence ao Colégio de Procuradores de Justiça (art. 12, IX, da LONMP).

RESPOSTA: A).

28. (MPMS/2013 / Promotor de Justiça) O retorno do membro do Ministério Público em disponibilidade ao exercício funcional denomina-se:

a) Reintegração.

b) Aproveitamento.

c) Reversão.

d) Reinserção.

e) Recondução.

► ***Anotações/Comentários***

O aproveitamento é o retorno do membro do Ministério Público em disponibilidade ao exercício funcional, conforme estabelece o art. 68 da LONMP.

RESPOSTA: B).

29. (MPSC/2013 / Promotor de Justiça) Se a proposta orçamentária do Ministério Público for encaminhada em desacordo com os limites estipulados na lei de diretrizes orçamentárias, o Poder Executivo procederá aos ajustes necessários para fins de consolidação da proposta orçamentária anual.

► ***Anotações/Comentários***

O art. 127, §5º, da CF/88, estabelece que caso a proposta orçamentária de que do Ministério Público for encaminhada em desacordo com os limites estipulados na lei de diretrizes orçamentárias, o Poder Executivo procederá aos ajustes necessários para fins de consolidação da proposta orçamentária anual.

RESPOSTA: Correta.

30. (MPSC/2013 / Promotor de Justiça) A destituição do Procurador-Geral da República, por iniciativa do Presidente da República, deverá ser precedida de autorização de maioria absoluta do Congresso Nacional.

► Anotações/Comentários: A destituição do Procurador-Geral da República, por iniciativa do Presidente da República, deverá ser precedida de autorização da maioria absoluta do Senado Federal (e não do Congresso Nacional), nos termos do art. 129, §2º, da CF/88.

RESPOSTA: Errada.

31. (MPSC/2013 / Promotor de Justiça) Segundo a Lei n. 8.625/93, no caso do Chefe do Poder Executivo não efetivar a nomeação do Procurador-Geral de Justiça, nos dez dias que se seguirem ao recebimento da lista tríplice, será investido automaticamente no cargo o membro do Ministério Público mais votado, para exercício do mandato.

► ***Anotações/Comentários***

Segundo prevê o art. 9º, §4º, da LONMP, na hipótese que o Chefe do Poder Executivo não tenha efetivada a nomeação do Procurador-Geral de Justiça, nos quinze dias seguintes ao recebimento da lista tríplice, será investido automaticamente no cargo o membro do Ministério Público mais votado, para exercício do mandato.

RESPOSTA: Errado.

32. (MPSC/2013 / Promotor de Justiça) Consoante a Lei n. 8.625/93, compete ao Colégio de Procuradores de Justiça julgar recurso contra decisão de vitaliciamento, ou não, de membro do Ministério Público; condenatório em procedimento administrativo disciplinar; proferida em reclamação sobre o quadro geral de antiguidade; de disponibilidade e remoção de membro do Ministério Público, por motivo de interesse público; e de recusa na indicação por antiguidade efetuada pelo Conselho Superior do Ministério Público.

► ***Anotações/Comentários***

Segundo prevê o art. 12, inc. VIII, compete ao Colégio de Procuradores julgar recurso contra: de vitaliciamento, ou não, de membro do Ministério Público (VIII, "a"); condenatória em procedimento administrativo disciplinar; (VIII, "b") proferida em reclamação sobre o quadro geral de antiguidade (VIII, "c"); de disponibilidade e remoção de membro do Ministério Público, por motivo de interesse público (VIII, "d"); de recusa na indicação por antiguidade efetuada pelo Conselho Superior do Ministério Público (VIII, "e").

RESPOSTA: Correto.

33. (MPSC/2013 / Promotor de Justiça) Acordo com a Lei n. 8.625/93 é obrigatória a abertura do concurso de ingresso quando o número de vagas atingir a um quarto dos cargos iniciais da carreira.

► ***Anotações/Comentários***

Será obrigatória a abertura do concurso de ingresso na hipótese do número de vagas atingir a um quinto (não um quarto) dos cargos iniciais da carreira. (art. 59, §1º, da LONMP).

RESPOSTA: Errado.

34. (MPSC/2013 / Promotor de Justiça) É atribuição do Corregedor-Geral do Ministério Público de Santa Catarina interpor recurso ao Colégio de Procuradores de Justiça da decisão de vitaliciamento de Promotor de Justiça proferida pelo Conselho Superior do Ministério Público, quando houver opinado contrariamente ao vitaliciamento.

▶ ***Anotações/Comentários***

O art. 41, inc. XV, da Lei Orgânica do MPSC, estabelece como uma das atribuições do Corregedor-Geral do MP "interpor recurso ao Colégio de Procuradores de Justiça da decisão de vitaliciamento de Promotor de Justiça proferida pelo Conselho Superior do Ministério Público, quando houver opinado contrariamente ao vitaliciamento".

RESPOSTA: Correto.

35. (MPAL/2012 / Promotor de Justiça) Segundo a Lei nº 8.625/93 (Lei Orgânica Nacional do Ministério Público), no tocante a Organização do Ministério Público, incluem-se dentre seus órgãos de execução

a) as Procuradorias de Justiça.

b) os Centros de Estudos e aperfeiçoamento funcional.

c) os estagiários.

d) os órgãos de apoio administrativo.

e) os Promotores de Justiça.

▶ ***Anotações/Comentários***

Os órgãos de execução estão previstos no art. 7º da LONMP, dentre eles estão os Promotores de Justiça.

RESPOSTA: E).

36. (MPAL/2012 / Promotor de Justiça) Segundo a Lei nº 8.625/93 (Lei Orgânica Nacional do Ministério Público), constitui, dentre outras, prerrogativa dos membros do Ministério Público, no exercício de sua função,

a) adotar, nos limites de suas atribuições, as providências cabíveis em face de irregularidade de que tenha conhecimento ou que ocorra nos serviços a seu cargo.

b) indicar os fundamentos jurídicos de seus pronunciamentos processuais, elaborando relatório em sua manifestação final ou recursal.

c) assistir os atos judiciais, quando obrigatória ou conveniente a sua presença.

d) receber intimação pessoal em qualquer processo e grau de jurisdição, através da entrega dos autos com vista.

e) declarar-se suspeito ou impedido, nos termos da lei.

► ***Anotações/Comentários***

Trata-se de prerrogativa de prerrogativa de membro do MP, no exercício de sua função, receber intimação pessoal em qualquer processo e grau de jurisdição, através da entrega dos autos com vista (art. 41, IV, da LONMP). As demais alternativas constituem-se em dever do membro do MP previstas no art. 43 da LONMP.

RESPOSTA: D).

37. (MPAP/2012/ Promotor de Justiça) O Procurador-Geral da República, chefe do Ministério Público da União,

a) deverá pertencer a quaisquer das carreiras do Ministério Público da União ou dos Estados.

b) será escolhido pelo Presidente da República, em lista tríplice elaborada pelo Senado Federal.

c) cumprirá mandato de dois anos, permitida a sua recondução sem limite de vezes.

d) poderá ser destituído pelo Senado Federal, mediante proposta da maioria simples da Câmara dos Deputados.

e) deverá ter no mínimo quarenta e cinco anos de idade e quinze anos de carreira.

► ***Anotações/Comentários***

O art. 128, § 1º, da CF/88, estabelece que: "O Ministério Público da União tem por chefe o Procurador-Geral da República, nomeado pelo Presidente da República dentre integrantes da carreira, maiores de trinta e cinco anos, após a aprovação de seu nome pela maioria absoluta dos membros do Senado Federal, para mandato de dois anos, permitida a recondução.". O dispositivo constitucional não estabeleceu limites para a recondução do PGR.

RESPOSTA: C).

38. (MPAP/2012/ Promotor de Justiça) Considere:

I. O Procurador-Geral de Justiça.

II. A Corregedoria-Geral do Ministério Público.

III. Os Procuradores de Justiça.

IV. As Promotorias de Justiça.

V. A Comissão de Concurso.

VI. Os Centros de apoio Operacional.

De acordo com a Lei Orgânica Nacional do Ministério Público (Lei nº 8.625/93), incluem-se dentre os Órgãos de Execução do Ministério Público, os indicados APENAS em

a) I e III.

b) III e IV.

c) II, V e VI.

d) III, IV e V.

e) I, II, III e IV.

► ***Anotações/Comentários***

São órgãos de execução, segundo dispõe o art. 7º da LONMP, o Procurador-Geral de Justiça; o Conselho Superior do Ministério Público; os Procuradores de Justiça; e os Promotores de Justiça.

RESPOSTA: A).

39. (MPPI/2012 / Promotor de Justiça) Com base na Lei Nacional Orgânica do Ministério Público (Lei n.º 8.625/1993), assinale a opção correta.

a) A propositura de ação civil para a decretação da perda do cargo de membro do MPE/PI depende de autorização prévia do seu Conselho Superior.

b) A Corregedoria-Geral qualifica-se como órgão de execução do MPE/PI.

c) Na hipótese de o chefe do Poder Executivo omitir-se no exercício de seu direito de escolher o procurador-geral de justiça, tomará posse e entrará em exercício, perante o Colégio de Procuradores de Justiça, o membro do MP mais votado na lista tríplice.

d) Ao Colégio de Procuradores de Justiça compete designar membros do MPE/PI para integrar organismos estatais afetos a sua área de atuação.

e) Compete ao procurador-geral de justiça decidir sobre o vitaliciamento de membros do MP.

► ***Anotações/Comentários***

O art. 9º, § 4º, da LONMP estabelece que: "Caso o Chefe do Poder Executivo não efetive a nomeação do Procurador-Geral de Justiça, nos quinze dias que se seguirem ao recebimento da lista tríplice, será investido automaticamente no cargo o membro do Ministério Público mais votado, para exercício do mandato.". O Colégio de Procuradores deliberará por iniciativa de um quarto de seus integrantes ou do Procurador-Geral de Justiça, que este ajuíze ação cível de decretação de perda do cargo de membro vitalício do Ministério Público (art. 12, X, da LONMP). A Corregedoria-Geral do Ministério Público é órgão da Administração Superior do Ministério Público (art. 5º, IV, da LONMP). É de atribuição do Conselho Superior do Ministério Público) não do procurador-geral de justiça) decidir sobre vitaliciamento de membros do Ministério Público (art. 15, VII, da LONMP).

RESPOSTA: C).

40. (MPCE/2011 / Promotor de Justiça) De acordo com a Lei Orgânica Nacional do Ministério Público (Lei Federal nº 8.625/93), compete ao Colégio de Procuradores, dentre outras atribuições,

a) julgar recurso contra decisão de disponibilidade e remoção de membro do Ministério Público, por motivo de interesse público.

b) decidir sobre vitaliciamento de membros do Ministério Público.

c) praticar atos e decidir questões relativas à administração geral e execução orçamentária do Ministério Público.

d) autorizar o afastamento de membro do Ministério Público para frequentar curso ou seminário de aperfeiçoamento e estudo, no País ou no exterior.

e) aprovar o quadro geral de antiguidade do Ministério Público e decidir sobre reclamações formuladas a esse respeito.

► *Anotações/Comentários*

Julgar recurso contra decisão de disponibilidade e remoção de membro do Ministério Público, por motivo de interesse público é atribuição do Colégio de Procuradores (art. 12, VIII, d), da LONMP). Decidir sobre vitaliciamento de membros do Ministério Público é atribuição odo Conselho Superior do Ministério Público (art. 15, VII, da LONMP). Praticar atos e decidir questões relativas à administração geral e execução orçamentária do Ministério Público é de atribuição do Procurador-Geral de Justiça (art. 10, V, da LONMP). Autorizar o afastamento de membro do Ministério Público para frequentar curso ou seminário de aperfeiçoamento e estudo, no País ou no exterior w aprovar o quadro geral de antiguidade do Ministério Público e decidir sobre reclamações formuladas a esse respeito são atribuições do Conselho Superior do Ministério Público (art. 15, IX e XI, da LONMP).

RESPOSTA: A).

41. (MPPB/2011 / Promotor de Justiça) Considerando as assertivas abaixo, assinale a alternativa que indique devidamente os respectivos institutos:

I - É o retomo do membro do Ministério Público ao cargo, determinado por sentença transitada em julgado, assegurado o ressarcimento dos vencimentos e vantagens não recebidos em função do afastamento.

II - É o reingresso do membro do Ministério Público aposentado, no quadro da carreira, de ofício, no caso de insubsistência dos motivos da aposentadoria.

III - É o retorno do membro do Ministério Público em disponibilidade ao exercício funcional.

IV - É o ato de não confirmação na carreira, depois de cumpridas as formalidades legais.

a) Aproveitamento, reintegração, reversão, exoneração.

b) Aproveitamento, reversão, reintegração, demissão.

c) Reversão, reintegração, aproveitamento, demissão.

d) Reintegração, reversão, aproveitamento e exoneração.

e) (Abstenção de resposta - Seção VIII, item 11, do Edital do Concurso).

► ***Anotações/Comentários***

A reintegração, que decorrerá de sentença transitada em julgado, é o retorno do membro do Ministério Público ao cargo, com ressarcimento dos vencimentos e vantagens deixados de perceber em razão do afastamento, inclusive a contagem do tempo de serviço (art. 66 da LONMP). A reversão dar-se-á na entrância em que se aposentou o membro do Ministério Público, em vaga a ser provida pelo critério de merecimento, observados os requisitos legais (art. 67 da LONMP). O aproveitamento é o retorno do membro do Ministério Público em disponibilidade ao exercício funcional (art. 68 da LONMP).

RESPOSTA: D).

42. (MPRO/2010 / Promotor de Justiça) Com base na Lei n.º 8.625/1993, que institui o MP e dispõe sobre normas gerais para organização do MP dos estados, assinale a opção correta.

a) Compete privativamente ao procurador-geral de justiça decidir sobre pedido de revisão de procedimento administrativo disciplinar.

b) Cabe ao MP propor ao Poder Executivo a criação e a extinção dos cargos de seus serviços auxiliares, bem como a fixação e o reajuste dos vencimentos de seus servidores.

c) Na hipótese de não ser efetivada a nomeação do procurador-geral de justiça pelo chefe do Poder Executivo, nos quinze dias seguintes ao recebimento da lista tríplice, o membro do MP mais votado será automaticamente investido no cargo para o exercício do mandato.

d) Compete privativamente ao procurador-geral de justiça oferecer denúncia ou propor ação civil pública nas hipóteses de não confirmação de arquivamento de inquérito policial ou civil.

e) Compete ao colégio de procuradores de justiça propor ao chefe do Poder Executivo a destituição do procurador-geral de justiça, pelo voto de dois terços de seus membros e por iniciativa da maioria absoluta de seus integrantes, nos casos de abuso de poder, conduta incompatível ou grave omissão nos deveres do cargo, assegurada ampla defesa.

► *Anotações/Comentários*

De acordo com o art. 9º, § 4º, da LONMP: "Caso o Chefe do Poder Executivo não efetive a nomeação do Procurador-Geral de Justiça, nos quinze dias que se seguirem ao recebimento da lista tríplice, será investido automaticamente no cargo o membro do Ministério Público mais votado, para exercício do mandato.". É de competência do Colégio de Procuradores decidir sobre pedido de revisão de procedimento administrativo disciplinar (art. 12, IX, da LONMP). Ao Ministério Público cabe propor ao Poder Legislativo (não ao Executivo) a criação e a extinção dos cargos de seus serviços auxiliares, bem como a fixação e o reajuste dos vencimentos de seus servidores (art. 3°, VI, da LONMP). Cabe ao Procurador-Geral de Justiça delegar suas funções administrativas para oferecer denúncia ou propor ação civil pública nas hipóteses de não confirmação de arquivamento de inquérito policial ou civil, bem como de quaisquer peças de informações. É de atribuição do Colégio de Procuradores propor ao Poder Legislativo (não ao chefe do Poder Executivo) a destituição do Procurador-Geral de Justiça, pelo voto de dois terços de seus membros e por iniciativa da maioria absoluta de seus integrantes em caso de abuso de poder, conduta incompatível ou grave omissão nos deveres do cargo, assegurada ampla defesa (art. 12, IV, da LONMP).

RESPOSTA: C).

43. (MPBA/2010 / Promotor de Justiça) Analise as assertivas abaixo, conforme as disposições da Lei nº 8.265/93

I - Os Procuradores de Justiça exercerão inspeção permanente dos serviços dos Promotores de Justiça nos autos em que oficiarem, remetendo seus relatórios à Corregedoria-Geral do Ministério Público.

II - A exclusão, inclusão ou outra modificação nas atribuições das Promotorias de Justiça ou dos cargos dos Promotores de Justiça que as integram serão efetuadas mediante proposta do Procurador-Geral de Justiça, aprovada por maioria absoluta do Conselho Superior do Ministério Público.

III - Compete ao Procurador-Geral de Justiça representar aos Tribunais locais por, inconstitucionalidade de leis ou atos normativos federais, em face da Constituição Federal.

IV - A Comissão de Concurso de ingresso na carreira, órgão auxiliar de natureza transitória, a quem incumbe realizar a seleção de candidatos ao ingresso na carreira do Ministério Público, tem seus membros eleitos pelo Conselho Superior do Ministério Público, na forma da Lei Orgânica.

V - Caso o Chefe do Poder Executivo não efetive a nomeação do Procurador-Geral de Justiça nos 15 (quinze) dias que se seguirem ao recebimento da lista tríplice, será investido automaticamente no cargo o membro do Ministério Público mais votado, para exercício do mandato.

Estão corretas as seguintes assertivas:

a) I - III - V.

b) II - IV - V.

c) I - II - IV.

d) III - IV - V.

e) I - IV - V.

▶ *Anotações/Comentários*

O art. 19, § 2º, da LONMP, estabelece que os Procuradores de Justiça exercerão inspeção permanente dos serviços dos Promotores de Justiça nos autos em que oficiem, remetendo seus relatórios à Corregedoria-Geral do Ministério Público. O art. 34, *caput*, da LONMP prevê que: "À Comissão de Concurso, órgão auxiliar de natureza transitória, incumbe realizar a seleção de candidatos ao ingresso na carreira do Ministério Público, na forma da Lei Orgânica e observado o art. 129, § 3º, da Constituição Federal.". Por sua vez, os integrantes serão eleitos pelo Conselho Superior do Ministério Público (art. 15, III, da LONMP). O art. 9º, § 4º, da LONMP, prevê que na hipótese do Caso o Chefe do Poder Executivo não efetivar a nomeação do Procurador-Geral de Justiça, nos quinze dias que se seguirem ao recebimento da lista tríplice, será investido automaticamente no cargo o membro do Ministério Público mais votado, para exercício do mandato. O art. 23, § 3º, da LONMP, estabelece que a exclusão, inclusão ou outra modificação nas atribuições das Promotorias de Justiça ou dos cargos dos Promotores de

Justiça que a integram serão efetuadas mediante proposta do Procurador-Geral de Justiça, aprovada por maioria absoluta do Colégio de Procuradores (não pelo Conselho Superior do Ministério Público). O Procurador-Geral de Justiça tem atribuição de propor ação de inconstitucionalidade de leis ou atos normativos estaduais ou municipais, em face à Constituição Estadual (art. 25, I da LONMP).

RESPOSTA: E).

44. (MPCS/2009 / Promotor de Justiça) Relativamente à carreira do Ministério Público, segundo decorre da Lei Orgânica Nacional do Ministério Público, compete

a) ao Conselho Superior do Ministério Público indicar ao Procurador-Geral de Justiça, em lista tríplice, membros da instituição enquanto candidatos a remoção ou promoção por merecimento.

b) ao Colégio de Procuradores indicar o nome do mais antigo membro do Ministério Público para remoção ou promoção por antigüidade.

c) ao Conselho Superior do Ministério Público julgar recurso contra decisão de vitaliciamento, ou não, de membro do Ministério Público.

d) ao Colégio de Procuradores de Justiça decidir sobre o vitaliciamento de membros do Ministério Público.

e) à Corregedoria-Geral do Ministério Público propor ao Colégio de Procuradores o não vitaliciamento de membro do Ministério Público.

► *Anotações/Comentários*

Ao Conselho Superior do Ministério Público compete indicar ao Procurador-Geral de Justiça, em lista tríplice, os candidatos a remoção ou promoção por merecimento (art. 15, II, da LONMP). É de atribuição do Conselho Superior do Ministério Público indicar o nome do mais antigo membro do Ministério Público para remoção ou promoção por antiguidade (art. 15, IV, da LONMP). O Colégio de Procuradores de Justiça possui a atribuição de julgar recurso contra decisão de vitaliciamento, ou não, de membro do Ministério Público (art. 12, VIII, a), da LONMP). Ao Conselho Superior do Ministério Público compete decidir sobre vitaliciamento de membros do Ministério Público (art. 15, VII, da LONMP). A Corregedoria-Geral do Ministério Público tem a atribuição de propor ao Conselho Superior do Ministério Público, na forma da Lei Orgânica, o não vitaliciamento de membro do Ministério Público (art. 17, III, da LONMP).

RESPOSTA: A).

45. **(MPCS/2009 / Promotor de Justiça)** De acordo com a Lei Orgânica Nacional do Ministério Público,

a) o Corregedor-Geral do Ministério Público será assessorado por Promotores de Justiça de qualquer entrância ou categoria, por ele indicados e designados pelo Procurador-Geral de Justiça.

b) compete ao Corregedor-Geral do Ministério Público ajuizar ação penal contra membros da instituição, nela oficiando.

c) o Corregedor-Geral do Ministério Público será eleito pelo Colégio de Procuradores, dentre todos os membros do respectivo Ministério Público, para mandato de dois anos, permitida uma recondução, observado o mesmo procedimento.

d) o Corregedor-Geral do Ministério Público é membro nato do Conselho Superior do Ministério Público, mas não do Colégio de Procuradores de Justiça.

e) a Corregedoria-Geral do Ministério Público é o órgão orientador e fiscalizador das atividades funcionais e da conduta dos membros do Ministério Público, incumbindo- lhe, dentre outras atribuições, realizar inspeções nas Procuradorias de Justiça, remetendo relatório reservado ao Colégio de Procuradores de Justiça.

▶ *Anotações/Comentários*

A Corregedoria-Geral do Ministério Público é o órgão orientador e fiscalizador das atividades funcionais e da conduta dos membros do Ministério Público, com atribuições previstas no art. 17 da LONMP, dentre elas, realizar inspeções nas Procuradorias de Justiça, remetendo relatório reservado ao Colégio de Procuradores de Justiça (art. 17, II, da LONMP). O Corregedor-Geral do Ministério Público será assessorado por Promotores de Justiça da mais elevada entrância ou categoria (não de qualquer entrância), por ele indicados e designados pelo Procurador-Geral de Justiça (art. 18 da LONMP). Não está no rol de competências do Corregedor-Geral do Ministério Público ajuizar ação penal contra membros da instituição. O Corregedor-Geral do Ministério Público será eleito pelo Colégio de Procuradores, dentre os Procuradores de Justiça (não dentre de todos os membros), para mandato de dois anos, permitida uma recondução, observado o mesmo procedimento (art. 16 da LONMP). Segundo prevê o par. Único do art. 16, o Corregedor-Geral do Ministério Público é membro nato do Colégio de Procuradores de Justiça e do Conselho Superior do Ministério Público.

RESPOSTA: E).

46. (MPCE/2009/ Promotor de Justiça) De acordo com a Lei Orgânica Nacional do Ministério Público, são deveres dos membros do Ministério Público os abaixo indicados, EXCETO

a) indicar os fundamentos jurídicos de seus pronunciamentos processuais, dispensada a elaboração de relatório em sua manifestação final ou recursal.

b) acatar, no plano administrativo, as decisões dos órgãos da Administração Superior do Ministério Público.

c) prestar informações solicitadas pelos órgãos da instituição.

d) obedecer aos prazos processuais.

e) residir, se titular, na respectiva Comarca.

► ***Anotações/Comentários***

É dever do membro do MP indicar os fundamentos jurídicos de seus pronunciamentos processuais, elaborando (não é dispensado) relatório em sua manifestação final ou recursal (art. 43, III, da LONMP). Outros deveres estão previstos no art. 43 da LONMP, além de outros previstos em Lei.

RESPOSTA: A).

47. (MPMT/2008/ Promotor de Justiça) Indique a assertiva correta, nos termos da Lei n.º 8.625/93.

a) A eleição do Corregedor-Geral do Ministério Público dar-se-á, pela classe, mediante voto plurinominal, cabendo a Chefe do Ministério Público nomeá-lo.

b) O membro vitalício do Ministério Público perderá o cargo depois de condenado, definitivamente, em processo criminal.

c) As recomendações feitas pela Corregedoria-Geral do Ministério Público aos órgãos de execução tem caráter vinculativo.

d) O Procurador-Geral de Justiça e o Conselho Superior do Ministério Público são órgãos de execução.

e) Em obediência ao Princípio do Promotor Natural, é absolutamente vedada a designação de outro Promotor de Justiça para atuar em processo ou procedimento de atribuição de outro.

► ***Anotações/Comentários***

Segundo o art. 7º, I e II, da LONMP são órgãos de execução do MP o Procurador-Geral de Justiça e o Conselho Superior do Ministério Público. O art. 16 da LONMP prevê que o Corregedor-Geral do Ministério Público será eleito pelo Colégio de Procuradores (não pela classe), dentre os Procuradores de Justiça, para mandato de dois anos, permitida uma recondução, observado o mesmo procedimento. O membro vitalício do Ministério Público somente perderá o cargo por sentença judicial transitada em julgado, proferida em ação civil própria (não em processo criminal), nos casos previstos no art. 38, § 1º, da LONMP. A Corregedoria-Geral do Ministério Público é incumbida, dentre outras atribuições, fazer recomendações, sem caráter vinculativo, a órgão de execução (art. 17, IV, da LONMP). O PGJ poderá designar membros do MP para, por ato excepcional e fundamentado, exercer as funções processuais afetas a outro membro da instituição, submetendo sua decisão previamente ao Conselho Superior do Ministério Público (art. 10, IX, g), da LONMP).

RESPOSTA: D).

48. (MPRR/2008/ Promotor de Justiça) Em relação às funções dos membros do Ministério Público, julgue os itens de 190 a 194, com fundamento nas prescrições da Lei n.º 8.625/1993.

O membro do Ministério Público pode expedir notificações para colher depoimentos a fim de instruir inquéritos civis e procedimentos administrativos e, quando a pessoa notificada não comparecer, o próprio membro do MP pode requisitar condução coercitiva pela polícia militar ou pela polícia civil, sem necessidade de recorrer ao Poder Judiciário.

▶ ***Anotações/Comentários***

No exercício de suas funções institucionais poderá o membro do MP instaurar inquéritos civis e outras medidas e procedimentos administrativos pertinentes e, para instruí-los expedir notificações para colher depoimento ou esclarecimentos e, em caso de não comparecimento injustificado, requisitar condução coercitiva, inclusive pela Polícia Civil ou Militar, ressalvadas as prerrogativas previstas em lei (art. 26, I, a), da LONMP).

RESPOSTA: Correto.

49. (MPRR/2008/ Promotor de Justiça) Dada a independência funcional dos membros do Ministério Público, qualquer um deles pode encaminhar notificações e requisições, tais como as destinadas ao governador do estado, aos membros do Poder Legislativo e aos desembargadores de justiça.

▶ ***Anotações/Comentários***

Segundo dispõe o art. 26, § 1º, da LONMP, as notificações e requisições previstas no mencionado artigo, quando tiverem como destinatários o

Governador do Estado, os membros do Poder Legislativo e os desembargadores, serão encaminhadas pelo Procurador-Geral de Justiça.

RESPOSTA: Errada.

50. (MPRR/2008/ Promotor de Justiça) O membro do Ministério Público pode dar conhecimento de faltas disciplinares aos superiores de servidores públicos para providências cabíveis, mas não pode requisitar à autoridade administrativa competente a instauração de sindicâncias.

► ***Anotações/Comentários***

É atribuição dos membros do MP no exercício de suas funções institucionais requisitar à autoridade competente a instauração de sindicância ou procedimento administrativo cabível (art. 26, III, da LONMP).

RESPOSTA: Errada.

51. (MPRR/2008 / Promotor de Justiça) O membro do Ministério Público deve requerer ao procurador-geral de justiça o pagamento dos custos referentes às requisições feitas por ele às autoridades, órgãos e entidades da administração pública direta, indireta ou fundacional, de qualquer dos poderes da União, dos estados, do DF e dos municípios.

► ***Anotações/Comentários***

O art. 26, § 3º, da LONMP estabelece que: "Serão cumpridas gratuitamente as requisições feitas pelo Ministério Público às autoridades, órgãos e entidades da Administração Pública direta, indireta ou fundacional, de qualquer dos Poderes da União, dos Estados, do Distrito Federal e dos Municípios.".

RESPOSTA: Errada.

52. (MPRR/2008/ Promotor de Justiça) O membro do Ministério Público pode sugerir ao poder competente a edição de normas e a alteração da legislação em vigor, bem como a adoção de medidas destinadas à prevenção e ao controle da criminalidade.

► ***Anotações/Comentários***

Prevê o art. 26, VII, da LONMP, a possibilidade do MP no exercício de suas funções institucionais sugerir ao Poder competente a edição de normas e a alteração da legislação em vigor, bem como a adoção de medidas propostas, destinadas à prevenção e controle da criminalidade.

RESPOSTA: Correto.

53. (MPRR/2008/ Promotor de Justiça) Acerca das atribuições dos membros do Ministério Público dos estados, julgue os itens subseqüentes.

Cabe ao Ministério Público dos estados exercer a defesa dos direitos assegurados na CF e nas constituições estaduais, sempre que se cuidar de garantir-lhe o respeito pelos poderes estaduais ou municipais, pelos órgãos da administração pública estadual ou municipal, direta ou indireta, pelos concessionários e permissionários de serviço público estadual ou municipal e pelas entidades que exerçam outra função delegada do estado ou do município, ou executem serviço de relevância pública.

▶ ***Anotações/Comentários***

De acordo com o art. 27 da LONMP, caberá ao Ministério Público exercer a defesa dos direitos assegurados nas Constituições Federal e Estadual, sempre que se cuidar de garantir-lhe o respeito pelos poderes estaduais ou municipais, pelos órgãos da Administração Pública Estadual ou Municipal, direta ou indireta, pelos concessionários e permissionários de serviço público estadual ou municipal e por entidades que exerçam outra função delegada do Estado ou do Município ou executem serviço de relevância pública.

RESPOSTA: Correto.

54. (MPRR/2008 / Promotor de Justiça) Compete aos promotores de justiça impetrar habeas corpus, inclusive perante os tribunais locais competentes, e atender a qualquer do povo.

▶ ***Anotações/Comentários***

Será de competência dos Promotores de Justiça, dentro de suas esferas de atribuições, além de outras funções cometidas nas Constituições Federal e Estadual, na Lei Orgânica e demais leis, impetrar habeas-corpus e mandado de segurança e requerer correição parcial, inclusive perante os Tribunais locais competentes e atender a qualquer do povo, tomando as providências cabíveis (art. 32, I e II, da LONMP).

RESPOSTA: Correto.

55. (MPAM/2007/ Promotor de Justiça) Marcos, Promotor de Justiça do estado X, foi intimado por oficial de justiça, em seu gabinete, de uma decisão tomada por juiz de primeiro grau de jurisdição, em um mandado de segurança. O oficial de justiça levou ao promotor, para fins de intimação, uma cópia da decisão da qual se determinou a intimação.

Com referência a essa situação hipotética, e de acordo com os ditames da Lei Complementar nº 8.625/1993, assinale a opção correta.

a) A prerrogativa de receber intimação pessoal está prevista apenas para os membros do MPU, mas não para membro de MP estadual.

b) Marcos tem o direito de invocar, por escrito, no mandado de intimação, a prerrogativa de receber a intimação pessoal tão-somente com a entrega dos autos e não mediante simples cópia da decisão da qual o Poder Judiciário quer intimá-lo.

c) A publicação da sentença no Diário de Justiça supriria a necessidade de deslocar um oficial de justiça até a sede do MP para a realização da intimação de Marcos.

d) Caso a intimação do MP tivesse ocorrido com a entrega dos autos em setor de apoio próprio do órgão, criado com a finalidade de realizar a movimentação processual, o prazo para eventual recurso só começaria a fluir a partir do momento em que Marcos abrisse os autos do processo e, efetivamente, dele tivesse conhecimento, ainda que tal momento fosse diverso da data de entrada dos autos no MP.

e) A prerrogativa de ciência pessoal é institucional e não processual, portanto, é renunciável.

► ***Anotações/Comentários***

Constituem prerrogativas dos membros do Ministério Público, além de outras previstas na Lei Orgânica, entre outras, receber intimação pessoal em qualquer processo e grau de jurisdição, através da entrega dos autos com vista (art. 41, IV, da LONMP).

REPOSTA: B).

56. (MPAM/2007/ Promotor de Justiça) No exercício de suas funções, o MP poderá

I requisitar informações e documentos a entidades privadas, para instruir procedimentos ou processos em que oficie.

II dar publicidade dos procedimentos administrativos não disciplinares que instaurar e das medidas adotadas, ressalvadas as hipóteses legais de sigilo.

III expedir notificações para colher depoimento ou esclarecimentos e, em caso de não comparecimento injustificado, requisitar condução coercitiva, inclusive pela polícia civil ou militar, ressalvadas as prerrogativas previstas em lei.

IV sugerir ao poder competente a edição de normas e a alteração da legislação em vigor, bem como a adoção de medidas propostas, destinadas à prevenção e ao controle da criminalidade.

A quantidade de itens certos é igual a

a) 0.

b) 1.

c) 2.

d) 3.

e) 4.

► ***Anotações/Comentários***

É atribuição do MP no exercício de suas funções institucionais, entre outras, requisitar informações e documentos a entidades privadas, para instruir procedimentos ou processo em que oficie (art. 26, II, da LONMP). Também encampa para fins de suas atribuições institucionais dar publicidade dos procedimentos administrativos não disciplinares que instaurar e das medidas adotadas, com exceção das situações legais de sigilo (art. 26, VI, da LONMP). Poderá o MP instaurar inquéritos civis e outras medidas e procedimentos administrativos pertinentes e, para instruí-los expedir notificações para colher depoimento ou esclarecimentos e, em caso de não comparecimento injustificado, requisitar condução coercitiva, inclusive pela Polícia Civil ou Militar, ressalvadas as prerrogativas previstas em lei (art. 26, I, a), da LONMP). Ainda poderá sugerir ao Poder competente a edição de normas e a alteração da legislação em vigor, bem como a adoção de medidas propostas, destinadas à prevenção e controle da criminalidade (art. 26, VII, da LONMP).

RESPOSTA: E).

CONCURSO PARA SERVIDORES ESTADUAIS DO MP

57. **(MPSP/2018 / Analista Jurídico)** Poliana é Promotora de Justiça, que já conta com a garantia da vitaliciedade, e praticou a advocacia durante o exercício do cargo, conduta esta que tem como pena prevista na Lei Federal n° 8.625/1993 a perda do cargo, que ocorrerá por sentença judicial transitada em julgado, proferida em ação própria. Nessa hipótese, a referida Lei estabelece que a perda do cargo de Poliana se dará, na forma da Lei Orgânica, por meio de

a) ação de improbidade administrativa proposta pelo Procurador de Justiça competente perante o Superior Tribunal de Justiça, após autorização do Conselho Nacional do Ministério Público.

b) ação civil proposta pelo Procurador-Geral de Justiça perante o Tribunal de Justiça local, após autorização do Conselho Superior do Ministério Público.

c) ação de improbidade administrativa proposta pelo Procurador-Geral de Justiça perante o juiz cível competente, após autorização do Colégio de Procuradores.

d) ação civil proposta pelo Procurador-Geral de Justiça perante o Tribunal de Justiça local, após autorização do Colégio de Procuradores.

e) ação criminal proposta pelo Procurador-Geral de Justiça perante o juízo criminal competente, após autorização do Conselho Nacional do Ministério Público.

▶ ***Anotações/Comentários***

É atribuição do Colégio de Procuradores deliberar, por iniciativa de um quarto de seus integrantes, ou do Procurador-Geral de Justiça, que este ajuíze ação cível de decretação de perda do cargo de membro vitalício do Ministério Público (art. 12, inc. X. Por sua vez, prevê o art. 38, § 2º, da LONMP que a "ação civil para a decretação da perda do cargo será proposta pelo Procurador-Geral de Justiça perante o Tribunal de Justiça local, após autorização do Colégio de Procuradores.". O membro do Ministério Público poderá perder o cargo, através de ação civil própria, dentre outros casos, na hipótese do exercício da advocacia (art. 38, § 1º, inc. II, da LONMP).

RESPOSTA: D).

58. (MPGO/2018/Secretário Auxiliar) São órgãos auxiliares do Ministério Público, exceto:

a) Os Centros de Apoio Operacional;

b) A Comissão de Concurso;

c) O Conselho Superior do Ministério Público

d) A Escola Superior do Ministério Público;

e) Os Órgãos de Apoio Técnico, Administrativo e de Assessoramento;

▶ ***Anotações/Comentários***

O art. 8º da LONMP dispõe quais são os órgãos auxiliares do MP: "I - os Centros de Apoio Operacional; II - a Comissão de Concurso; III - o

Centro de Estudos e Aperfeiçoamento Funcional; IV - os órgãos de apoio administrativo; V - os estagiários.". O Conselho Superior do MP é órgão de execução do MP (art. 7º, inc. II, da LONMP).

RESPOSTA: C).

59. **(MPGO/2018/Secretário Auxiliar)** São órgãos de execução do Ministério Público, exceto:

a) O Procurador-Geral de Justiça;

b) O Colégio de Procuradores de Justiça;

c) O Conselho Superior do Ministério Público;

d) Os Procuradores de Justiça;

e) Os Centros de Apoio Operacionais

► ***Anotações/Comentários***

Segundo o art. 7º da LONMP são órgãos de execução do MP: "I - o Procurador-Geral de Justiça; II - o Conselho Superior do Ministério Público; III - os Procuradores de Justiça; IV - os Promotores de Justiça.". Os Centros de Apoio Operacionais são órgãos auxiliares do MP, segundo previsão do art. 8º, inc. I, da LONMP.

RESPOSTA: E).

60. **(MPGO/2018/Secretário Auxiliar)** O Ministério Público da União abrange:

a) O Ministério Público Federal;

b) O Ministério Público do Trabalho;

c) O Ministério Público Militar;

d) O Ministério Público do Distrito Federal e Territórios;

e) Todas as anteriores

► ***Anotações/Comentários***

Segundo o art. 24 da LOMPU o Ministério Público da União compreende: "I - O Ministério Público Federal; II - o Ministério Público do Trabalho; III - o Ministério Público Militar; IV - o Ministério Público do Distrito Federal e Territórios.".

RESPOSTA: E).

61. (MPAL/2018 / Administrador de redes) Leia o fragmento a seguir.

"Cada membro do MP representa o órgão todo, porque o interesse do qual é titular é coletivo e não de uma individualidade concreta. Sendo indisponível o interesse representado pelo Ministério Público, a não fixação de membro (a não ser por distribuição interna e vulnerável do serviço) significa a natureza da totalidade homogênea do Órgão".

O fragmento lido trata do princípio

a) da autonomia funcional.

b) da unidade de atuação.

c) da representatividade.

d) da indivisibilidade.

e) do promotor natural.

► ***Anotações/Comentários***

Dispõe o art. 1º. Par. Único da LONMP que são princípios institucionais do Ministério Público a unidade, a indivisibilidade e a independência funcional. O princípio da indivisibilidade significa que os membros poderão ser substituídos, uns pelos outros, de acordo com critérios legais, e não de forma arbitrária. Ademais, a atuação será da instituição, e não será do membro (personalíssima), razão pela qual caso haja substituição do membro, dentro da previsão legal, não há implicação na alteração subjetiva da relação jurídica processual, tanto como órgão parte, como órgão atuante na defesa da ordem jurídica.

RESPOSTA: D).

62. (MPAL/2018 / Técnico do Ministério Público) Analise as afirmativas a seguir e assinale (V) para as verdadeiras e (F) para as falsas.

( ) Compete ao Colégio dos Procuradores de Justiça deliberar e efetivar as alterações necessárias na Lei Orgânica da Instituição.

( ) O Conselho Superior do Ministério Público é quem indica ao Procurador Geral de Justiça, em lista tríplice, os candidatos à promoção por merecimento.

( ) Cabe ao Procurador Geral de Justiça dirimir conflitos de atribuições entre membros do MP, designando quem deva oficiar no feito.

Assinale a opção que apresenta a sequência correta, segundo a ordem apresentada.

a) V –V – F.

b) F – V – V

c) F – V – F.

d) F – F – V.

e) V – F – F.

► ***Anotações/Comentários***

A Lei complementar, denominada Lei Orgânica do Ministério Público, será de iniciativa facultada aos Procuradores-Gerais de Justiça dos Estados, e estabelecerá, no âmbito de cada uma dessas unidades federativas, normas específicas de organização, atribuições e estatuto do respectivo Ministério Público (art. 2º, da LONMP). As alterações das respectivas Leis Orgânicas somente podem ser realizadas através de Lei Complementar. Prevê o art. 15, inc. II, da LONMP que é de competência do Conselho Superior do Ministério Público, indicar ao Procurador-Geral de Justiça, em lista tríplice, os candidatos a remoção ou promoção por merecimento. É de competência do Procurador-Geral de Justiça dirimir conflitos de atribuições entre membros do Ministério Público, designando quem deva oficiar no feito (art. 10, inc. X, da LONMP).

RESPOSTA: B).

63. (MPGO/2018 / Auxiliar de Administração) Marque a assertiva correta:

a) O Ministério Público é instituição permanente, essencial á função jurisdicional do Estado, incumbindo-lhe a defesa da ordem jurídica, do regime democrático e dos interesses sociais e individuais disponíveis

b) São princípios institucionais do Ministério Público a unidade, a divisibilidade e a independência funcional

c) Ao Ministério Público não é assegurada autonomia funcional e administrativa, e tampouco cabe a ele elaborar sua proposta orçamentária

d) O Ministério Público da União compreende apenas o Ministério Público federal, o Ministério Público do Trabalho e o Ministério Público Militar, dele não fazendo parte o Ministério Público do Distrito Federal e Territórios, pois este é equiparado e segue as mesmas regras do Ministério Público Estadual

e) O Ministério Público da União tem por chefe o Procurador-Geral da República, nomeado pelo Presidente da República dentre integrantes da carreira, maiores de trinta e cinco anos, após a aprovação de seu nome pela maioria absoluta dos membros do Senado Federal, para mandato de dois anos, permitida a recondução.

► ***Anotações/Comentários***

Segundo definição da CF/88 e da LONMP, em seu art. 1º, caput, o Ministério Público é instituição permanente, essencial à função jurisdicional do Estado, incumbindo-lhe a defesa da ordem jurídica, do regime democrático e dos interesses sociais e individuais indisponíveis, não os disponíveis. São princípios institucionais do Ministério Público a unidade, a indivisibilidade (e não a divisibilidade) e a independência funcional. Ao Ministério Público está assegurada autonomia funcional, administrativa e financeira, conforme art. 3º da LONMP. Segundo o art. 24 da LOMPU o Ministério Público da União compreende: "I - O Ministério Público Federal; II - o Ministério Público do Trabalho; III - o Ministério Público Militar; IV - o Ministério Público do Distrito Federal e Territórios.". Segundo o art. 128, § 1º, da CF/88: "O Ministério Público da União tem por chefe o Procurador-Geral da República, nomeado pelo Presidente da República dentre integrantes da carreira, maiores de trinta e cinco anos, após a aprovação de seu nome pela maioria absoluta dos membros do Senado Federal, para mandato de dois anos, permitida a recondução.".

RESPOSTA: E).

64. (MPGO/2018/ Auxiliar de Administração) Marque a assertiva incorreta: No exercício de suas funções, o Ministério Público poderá:

a) exercer o controle externo da atividade policial

b) fazer recomendações, visando à melhoria dos serviços públicos e dos serviços de relevância pública

c) instaurar inquéritos civis e inquéritos policiais para apurar, por exemplo, atos de improbidade administrativa e crimes de corrupção, respectivamente

d) requisitar informações e documentos a entidades privadas, para instruir procedimentos ou processos em que oficie

e) requisitar, no exercício de suas atribuições, o auxílio da força policial

▶ ***Anotações/Comentários***

O membro do Ministério Público não pode instaurar inquérito policial, pois se trata de atividade exclusiva das autoridades da Polícia Civil.

RESPOSTA: C).

65. (MPEGO/2018 / Auxiliar de Administração) Marque a assertiva incorreta:

São órgãos da Administração Superior do Ministério Público:

a) a Procuradoria-Geral de Justiça

b) o Colégio de Procuradores de Justiça

c) a Ouvidoria do Ministério Público

d) o Conselho Superior do Ministério Público

e) a Corregedoria Geral do Ministério Público

► ***Anotações/Comentários***

São órgãos da Administração Superior do Ministério Público: a Procuradoria-Geral de Justiça; o Colégio de Procuradores de Justiça; o Conselho Superior do Ministério Público; e a Corregedoria-Geral do Ministério Público, conforme estabelece o art. 5º da LONMP.

RESPOSTA: C).

66. (MPGO/2018/ Auxiliar de Administração) São órgãos de execução do Ministério Público, exceto:

a) Procurador-Geral de Justiça

b) o Corregedor-Geral do Ministério Público

c) o Conselho Superior do Ministério Público

d) os Procuradores de Justiça

e) os Promotores de Justiça

► ***Anotações/Comentários***

Segundo o art. 7º, da LONMP são órgãos de execução: o Procurador-Geral de Justiça; o Conselho Superior do Ministério Público; os Procuradores de Justiça; e os Promotores de Justiça. A Corregedoria-Geral do Ministério Público é órgão de Administração Superior do Ministério Público, conforme art. 5º, inc. IV da LONMP.

RESPOSTA: B).

67. (MPBA/2017 / Analista Técnico – Psicólogo) A Lei Orgânica Nacional do Ministério Público (Lei nº 8.625/93) dispõe sobre normas gerais para a organização do Ministério Público dos Estados.

De acordo com o citado diploma normativo, os Centros de Apoio Operacional são órgãos:

a) de execução, competindo-lhes apresentar ao Procurador-Geral de Justiça, na primeira quinzena de fevereiro, relatório com dados estatísticos sobre as atividades das Procuradorias e Promotorias de Justiça, relativas ao ano anterior;

b) de execução, incumbindo-lhes orientar e fiscalizar as atividades funcionais e da conduta dos membros do Ministério Público, podendo, para tal, realizar correições e inspeções nas Promotorias e Procuradorias de Justiça;

c) auxiliares destinados a realizar cursos, seminários, congressos, simpósios, pesquisas, atividades, estudos e publicações, visando ao aprimoramento profissional e cultural dos membros da instituição, de seus auxiliares e funcionários, bem como a melhor execução de seus serviços;

d) auxiliares da atividade funcional do Ministério Público, competindo-lhes estabelecer intercâmbio permanente com entidades ou órgãos públicos ou privados que atuem em áreas afins, para obtenção de elementos técnicos especializados necessários ao desempenho de suas funções;

e) auxiliares de natureza transitória, incumbindo-lhes realizar a seleção de candidatos ao ingresso na carreira do Ministério Público e o acompanhamento dos Promotores Substitutos durante o estágio probatório.

▶ *Anotações/Comentários*

Os Centros de Apoio Operacional são órgãos auxiliares da atividade funcional do Ministério Público, competindo-lhes, na forma da Lei Orgânica, entre outras funções de estabelecer intercâmbio permanente com entidades ou órgãos públicos ou privados que atuem em áreas afins, para obtenção de elementos técnicos especializados necessários ao desempenho de suas funções, segundo previsão do art. 33, inc. III, da LONMP. Trata-se de atribuição da Corregedoria, órgão da Administração Superior do MP, a incumbência de apresentar ao Procurador-Geral de Justiça, na primeira quinzena de fevereiro, relatório com dados estatísticos sobre as atividades das Procuradorias e Promotorias de Justiça, relativas ao ano anterior (art. 17, inc. VIII, da LONMP). É de incumbência da Corregedoria orientar e fiscalizar as atividades funcionais e da conduta dos membros do Ministério Público, podendo, para tal, realizar correições e inspeções (art. 17, caput, incisos I e II, da LONMP). O Centro de Estudos e Aperfeiçoamento Funcional, por sua vez, é órgão auxiliar do Ministério Público destinado a realizar cursos, seminários, congressos, simpósios, pesquisas, atividades, estudos e publicações visando ao aprimoramento profissional e cultural dos membros da instituição, de seus auxiliares e funcionários, bem como a melhor execução de seus serviços e racionalização de seus recursos materiais (art. 35, caput, da LONMP). A comissão de concurso é um órgão auxiliar de natureza transitória, incumbe realizar a seleção de candidatos ao ingresso na carreira do Ministério Público (art. 34 da LONMP).

RESPOSTA: D).

68. (MPGO/2018 / Secretário Auxiliar) Não constitui prerrogativa dos Membros do Ministério Público no exercício da função:

a) Receber intimação pessoal em qualquer processo ou grau de jurisdição, através da entrega dos autos com vista.

b) Gozar de inviolabilidade pelas opiniões que externar ou pelo teor de suas manifestações processuais ou procedimentais, nos limites de sua independência funcional.

c) Ter acesso ao réu ou indiciado preso, a qualquer momento, desde que não decretada a incomunicabilidade.

d) Requisitar a realização de buscas ou o fornecimento gratuito de certidões a cartórios, tabelionatos e ofícios de justiça, inclusive autenticação de documentos.

e) Ingressar e transitar livremente em qualquer edifício ou recinto em que funcione repartição judicial, policial ou estabelecimento de internação coletiva onde deva praticar ato, colher prova ou informação útil ao desempenho de suas funções.

► ***Anotações/Comentários***

Constituem prerrogativas dos membros do Ministério Público as previstas no art. 41 da LONMP, incluindo ter acesso ao indiciado preso, a qualquer momento, ainda que decretada a sua incomunicabilidade.

RESPOSTA: C).

69. (MPGO/2016 / Secretário Auxiliar) São órgãos de execução do Ministério Público o (a, os, as)

a) Centro de Apoio Operacional.

b) Conselho Superior do Ministério Público.

c) Órgãos e serviços de apoio administrativo.

d) Coordenadorias de Procuradorias de Justiças e de Promotorias de Justiça.

e) Órgãos de apoio administrativo e estagiários.

► ***Anotações/Comentários***

Segundo o art. 7º, da LONMP são órgãos de execução: o Procurador-Geral de Justiça; o Conselho Superior do Ministério Público; os Procuradores de Justiça;

e os Promotores de Justiça. A Corregedoria-Geral do Ministério Público é órgão de Administração Superior do Ministério Público, conforme art. 5º, inc. IV da LONMP.

RESPOSTA: B).

70. (MPGO/2016 / Secretário Auxiliar) São órgãos administrativos do Ministério Público:

a) o Colégio de Procuradores de Justiça, os Órgãos de Apoio Administrativo, a Secretaria Geral e a Assessoria do Gabinete do Procurador-Geral de Justiça.

b) a Procuradoria-Geral de Justiça, o Colégio de Procuradores de Justiça, o Conselho Superior do Ministério Público e a Corregedoria-Geral do Ministério Público.

c) a Procuradoria-Geral de Justiça, o Colégio de Procuradores de Justiça, o Conselho Superior do Ministério Público, a Corregedoria-Geral do Ministério Público e os Centros de Apoio Operacional.

d) a Procuradoria-Geral de Justiça, o Colégio de Procuradores de Justiça, o Conselho Superior do Ministério Público, a Corregedoria-Geral do Ministério Público, as Procuradorias de Justiça e as Promotorias de Justiça.

e) o Colégio de Procuradores de Justiça, o Conselho Superior do Ministério Público, a Corregedoria-Geral do Ministério Público e a Ouvidoria.

► ***Anotações/Comentários***

A LONMP considera como órgãos da Administração Superior do Ministério Público a Procuradoria-Geral de Justiça; o Colégio de Procuradores de Justiça; o Conselho Superior do Ministério Público; e a Corregedoria-Geral do Ministério Público (art. 7º da LONMP); e ainda órgãos da Administração do Ministério Público as Procuradorias de Justiça e as Promotorias de Justiça (art. 6º da LONMP).

RESPOSTA: D).

71. (MPGO/2016 / Secretário Auxiliar) São órgãos auxiliares do Ministério Público:

a) a Secretaria do Colégio de Procuradores de Justiça e o quadro de servidores efetivos.

b) os Centros de Apoio Operacional, a Comissão de Orçamento, o Centro de Estudos e Aperfeiçoamento Funcional e os órgãos de fiscalização e apoio administrativo.

c) os Centros de Apoio Operacional, a Comissão de Concurso, o Centro de Estudos e Aperfeiçoamento Funcional, os órgãos de apoio administrativo e os estagiários.

d) a Secretaria do Conselho Superior do Ministério Público, a Comissão de Concurso, o Centro de Estudos e Aperfeiçoamento Funcional, os órgãos de apoio administrativo e os estagiários.

e) os assessores da Corregedoria-Geral do Ministério Público, o Centro de Estudos e Aperfeiçoamento Funcional, os órgãos de apoio administrativo, financeiro e de controle e os estagiários.

▶ ***Anotações/Comentários***

São órgãos auxiliares do Ministério Público, segundo o art. 8º da LONMP, os Centros de Apoio Operacional; a Comissão de Concurso; o Centro de Estudos e Aperfeiçoamento Funcional; os órgãos de apoio administrativo; e os estagiários.

RESPOSTA: C).

72. (MPGO/2016 / Secretário Auxiliar) De acordo com a Lei Orgânica Nacional do Ministério Público, o Conselho Superior do Ministério Público

a) tem competência para aprovar o quadro geral de antiguidade do Ministério Público.

b) tem como membro nato apenas o Procurador-Geral de Justiça, sendo que todos os demais são eleitos.

c) pode ser integrado por Procuradores de Justiça afastados da carreira, desde que eleitos na forma da lei complementar estadual.

d) tem competência para eleger e destituir o Corregedor-Geral do Ministério Público.

e) tem competência para encaminhar ao Poder Legislativo os projetos de lei de iniciativa do Ministério Público.

▶ ***Anotações/Comentários***

As competências do Conselho Superior do Ministério Público estão previstas no art. 15 da LONMP, dentre elas, a prevista no inc. IX, de aprovar o quadro geral de antiguidade do Ministério Público e decidir sobre reclamações formuladas a esse respeito. Os membros natos do Conselho Superior são o Procurador-Geral de Justiça e o Corregedor-Geral do Ministério Público (art. 15, inc. I, da LONMP). Apenas serão elegíveis os Procuradores de Justiça que não estejam afastados da carreira (art. 15, inc. II, da LONMP). É de atribuição do Colégio de Procuradores destituir o Corregedor-Geral do Ministério Público, pelo voto de dois terços de seus membros, em caso de abuso de poder, conduta incompatível ou grave omissão nos deveres do cargo, por representação do Procurador-Geral de Justiça ou da maioria de seus integrantes, assegurada ampla defesa (art. 12, inc. VI, da LONMP). É atribuição do Procurador-Geral de Justiça encaminhar ao Poder Legislativo os projetos de lei de iniciativa do Ministério Público (art. 10, inc. IV, da LONMP).

RESPOSTA: A).

73. (MPGO/2016 / Secretário Auxiliar) O Ministério Público, no exercício de suas funções, NÃO poderá:

a) expedir notificações para colher depoimentos;

b) requisitar condução coercitiva daquele que não comparecer quando notificado;

c) requisitar informações, exames periciais e documentos de autoridades federais;

d) requisitar informações, exames periciais e documentos de autoridades estaduais;

e) determinar a prisão preventiva ou temporária, sempre que requerida por autoridade policial.

► ***Anotações/Comentários***

O art. 26, da LONMP prevê as providências que podem ser adotadas pelos membros do MP no exercício de suas funções. Não há possibilidade do membro do MP determinar a prisão preventiva ou ainda temporária, pois trata-se de decisão que depende de órgão judicial.

RESPOSTA: E).

74. (MPRS/2016/ Agente administrativo) A Constituição Federal e a Lei Orgânica Nacional do Ministério Público estabelecem, entre outras hipóteses, que

a) os membros do Ministério Público adquirem a vitaliciedade após três anos de exercício, não podendo perder o cargo senão por sentença judicial transitada em julgado.

b) é garantido aos membros do Ministério Público o exercício de atividade político-partidária.

c) as decisões do Ministério Público fundadas em sua autonomia funcional, administrativa e financeira, têm eficácia plena e executoriedade imediata, ressalvada a competência constitucional do Poder Judiciário e do Tribunal de Contas.

d) os Ministérios Públicos dos Estados formarão lista tríplice, dentre os Procuradores de Justiça, para a escolha de seu Procurador-Geral, sendo o mais votado nomeado pelo chefe do Poder Executivo.

e) aos membros do Ministério Público é vedado o exercício, ainda que em disponibilidade, de qualquer outra função pública, salvo duas de magistério.

▶ *Anotações/Comentários*

Segundo previsão do art. 3º, par. único da LONMP, as decisões do Ministério Público fundadas em sua autonomia funcional, administrativa e financeira, obedecidas as formalidades legais, têm eficácia plena e executoriedade imediata, ressalvada a competência constitucional do Poder Judiciário e do Tribunal de Contas. Os membros do Ministério Público gozam da garantia da vitaliciedade, após dois anos de efetivo exercício, não podendo perder o cargo senão por sentença judicial transitada em julgado (art. 17, inc. I, da LONMP). É vedado ao membro do Ministério Público exercer atividade político-partidária (art. 44, inc. V, da LONMP). Os Ministérios Públicos dos Estados formarão lista tríplice, dentre integrantes da carreira, na forma da lei respectiva, para escolha de seu Procurador-Geral, que será nomeado pelo Chefe do Poder Executivo, para mandato de dois anos, permitida uma recondução, observado o mesmo procedimento. Segundo o art. 44, inc. IV, da LONMP, é vedado ao membro do Ministério Público, exercer, ainda que em disponibilidade, qualquer outra função pública, salvo uma de Magistério.

RESPOSTA: C).

75. (MPRS/2016/ Agente administrativo) Assinale a alternativa INCORRETA quanto às prerrogativas dos membros do Ministério Público, no exercício da função:

a) ter acesso ao indiciado preso, a qualquer momento, desde que ainda não decretada a sua incomunicabilidade.

b) receber intimação pessoal em qualquer processo e grau de jurisdição, através da entrega dos autos com vista.

c) examinar, em qualquer repartição policial, autos de flagrante ou de inquérito, findos ou em andamento, ainda que conclusos à autoridade, podendo copiar peças e tomar apontamentos.

d) ingressar e transitar livremente nas salas de sessões de Tribunais, mesmo além dos limites que separam a parte reservada aos Magistrados.

e) tomar assento à direita dos Juízes de primeira instância ou do Presidente do Tribunal, Câmara ou Turma.

► ***Anotações/Comentários***

A questão traz as prerrogativas previstas na LONMP aos membros do Ministério Público. Todas as previstas na questão estão no art. 41 da LONMP, porém, a prerrogativa de ter acesso ao indiciado preso, ocorrerá a qualquer momento, ainda que decretada a sua incomunicabilidade.

RESPOSTA: A).

76. (MPRS/2016/ Agente administrativo) Não constitui órgão pertencente à Administração Superior do Ministério Público.

a) a Corregedoria-Geral do Ministério Público.

b) a Direção-Geral do Ministério Público.

c) o Conselho Superior do Ministério Público.

d) a Procuradoria-Geral de Justiça.

e) o Colégio de Procuradores de Justiça.

► ***Anotações/Comentários***

A LONMP considera como órgãos da Administração Superior do Ministério Público a Procuradoria-Geral de Justiça; o Colégio de Procuradores de Justiça; o Conselho Superior do Ministério Público; e a Corregedoria-Geral do Ministério Público (art. 7º da LONMP). A Direção-Geral do Ministério Público não está comtemplada como órgão da Administração Superior.

RESPOSTA: B).

77. (MPGO/2015 / Secretário Auxiliar) Assinale a alternativa que contém somente órgãos de execução do Ministério Público:

a) O Procurador-Geral de Justiça; o Colégio de Procuradores de Justiça; as Promotorias de Justiça.

b) O Procurador-Geral de Justiça; a Corregedoria-Geral de Justiça; os Procuradores de Justiça.

c) O Colégio de Procuradores de Justiça; os Procuradores de Justiça; os Promotores de Justiça.

d) O Colégio de Procuradores de Justiça; os Centros de Apoio Operacional; a Escola Superior do Ministério Público.

e) O Conselho Superior do Ministério Público; a Corregedoria-Geral do Ministério Público; as Procuradorias de Justiça.

▶ ***Anotações/Comentários***

Segundo dispõe o art. 7º da LONMP são órgão de execução do MP: I - o Procurador-Geral de Justiça; II - o Conselho Superior do Ministério Público; III - os Procuradores de Justiça; e IV - os Promotores de Justiça.

RESPOSTA: C).

78. (MPGO/2015/ Secretário Auxiliar) Assinale a alternativa incorreta quanto à Corregedoria-Geral do Ministério Público:

a) O Corregedor-Geral do Ministério Público será eleito pelo Colégio de Procuradores, dentre os Procuradores de Justiça, para mandato de dois anos, vedada a recondução.

b) A Corregedoria-Geral do Ministério Público poderá propor ao Conselho Superior do Ministério Público, na forma da Lei Orgânica, o não vitaliciamento do membro do Ministério Público;

c) O Corregedor-Geral do Ministério Público é membro nato do Colégio de Procuradores de Justiça e do Conselho Superior do Ministério Público.

d) A Corregedoria-Geral do Ministério Público é o órgão orientador e fiscalizador das atividades funcionais e da conduta dos membros do Ministério Público, incumbindo-lhe, entre outras atribuições, realizar correições e inspeções.

e) Compete ao Corregedor-Geral do Ministério Público aplicar aos servidores do Ministério Público as sanções de repreensão e suspensão.

▶ ***Anotações/Comentários***

Prevê o art. 16, caput, da LONMP, que o Corregedor-Geral do Ministério Público será eleito pelo Colégio de Procuradores, dentre os Procuradores de Justiça, para mandato de dois anos, porém, será permitida uma recondução, observado o mesmo procedimento. É de atribuição da Corregedoria--Geral propor ao Conselho Superior do Ministério Público, na forma da Lei Orgânica, o não vitaliciamento de membro do Ministério Público (art. 17, inc. III, da LONMP). O Corregedor-Geral do Ministério Público é membro nato do Colégio de Procuradores de Justiça e do Conselho Superior do Ministério Público, conforme preceitua o art. 16, par. único da LONMP. A Corregedoria-Geral do Ministério Público é o órgão orientador e fiscalizador das atividades funcionais e da conduta dos membros do Ministério Público (não de servidores), incumbindo-lhe, dentre outras atribuições, realizar inspeções e correições (art. 17, inc. I, da LONMP).

RESPOSTA: A).

79. (MPESP/2015 / Analista de Promotoria - Assistente Jurídico) Assinale a alternativa que corretamente discorre sobre aspecto previsto pela Lei Federal n° 8.625/93, que institui a Lei Orgânica Nacional do Ministério Público.

a) Ao cônjuge sobrevivente e, em sua falta, aos herdeiros ou dependentes de membro do Ministério Público, ainda que aposentado ou em disponibilidade, será pago o auxílio-funeral, em importância igual a dois meses de vencimentos ou proventos percebidos pelo falecido.

b) Caso o Chefe do Poder Executivo não efetive a nomeação do Procurador-Geral de Justiça, nos quinze dias que se seguirem ao recebimento da lista tríplice, será investido automaticamente no cargo o membro do Ministério Público mais velho, para exercício do mandato.

c) As atividades exercidas em organismos estatais afetos à área de atuação do Ministério Público, em Centro de Estudo e Aperfeiçoamento de Ministério Público, em entidades de representação de classe, e o exercício de cargos de confiança na sua administração e nos órgãos auxiliares constituem acumulação de cargo que deve observar os parâmetros constitucionais.

d) As decisões do Ministério Público fundadas em sua autonomia funcional, administrativa e financeira, obedecidas as formalidades legais, têm eficácia plena e executoriedade imediata, ressalvada a competência constitucional do Poder Judiciário e do Tribunal de Contas.

e) O Ministério Público elaborará sua proposta orçamentária dentro dos limites estabelecidos na Lei de Diretrizes Orçamentárias, encaminhando-a diretamente ao Presidente da Assembleia Legislativa, que a submeterá ao Poder Legislativo.

▶ *Anotações/Comentários*

As decisões do Ministério Público fundadas em sua autonomia funcional, administrativa e financeira, obedecidas as formalidades legais, têm eficácia plena e executoriedade imediata, ressalvada a competência constitucional do Poder Judiciário e do Tribunal de Contas, conforme estabelece o art. 3º, parágrafo único da LONMP. Ao cônjuge sobrevivente e, em sua falta, aos herdeiros ou dependentes de membro do Ministério Público, ainda que aposentado ou em disponibilidade, será pago o auxílio-funeral, em importância igual a um mês (não dois meses) de vencimentos ou proventos percebidos pelo falecido, de acordo com o art. 57 da LONMP. Caso o Chefe do Poder Executivo não efetive a nomeação do Procurador-Geral de Justiça, nos quinze dias que se seguirem ao recebimento da lista tríplice, será investido automaticamente no cargo o membro do Ministério Público mais votado (não o mais antigo), para exercício do mandato, de acordo com o que prevê o art. 9º, § 4º, da LONMP. Não constituem acumulação, as atividades exercidas em organismos estatais afetos à área de atuação do Ministério Público, em Centro de Estudo e Aperfeiçoamento de Ministério Público, em entidades de representação de classe e o exercício de cargos de confiança na sua administração e nos órgãos auxiliares (art. 44, parágrafo único da LONMP). O Ministério Público elaborará sua proposta orçamentária dentro dos limites estabelecidos na Lei de Diretrizes Orçamentárias, encaminhando-a diretamente ao Governador do Estado (não ao Presidente da Assembleia, que a submeterá ao Poder Legislativo (art. 4º, *caput*, da LONMP).

RESPOSTA: D).

80. (MPRS/2015 / Assessor de Docência) Assinale a alternativa que apresenta uma afirmação correta.

a) Os membros do Ministério Público, com mais de quinze anos de carreira, poderão ser indicados em lista sêxtupla para ocupar um quinto dos lugares dos Tribunais dos Estados.

b) O Procurador-Geral de Justiça será processado e julgado, originalmente, no Superior Tribunal de Justiça, pelos crimes comuns que praticar.

c) Os membros do Ministério Público serão processados e julgados, originalmente, pelo Tribunal de Justiça de seu Estado, pelos crimes comuns que praticarem.

d) O ingresso na carreira do Ministério Público far-se-á mediante concurso público de provas e títulos, assegurada a participação da Ordem dos Advogados do Brasil em sua realização, exigindo-se do advogado, no mínimo, dois anos de atividade jurídica.

e) A vitaliciedade é garantia dos membros do Ministério Público, e ela se concretiza após três anos de estágio probatório.

▶ *Anotações/Comentários*

O art. 40, inc. IV, da LONMP, estabelece que é prerrogativa do membro do Ministério Público ser processado e julgado originariamente pelo Tribunal de Justiça de seu Estado, nos crimes comuns e de responsabilidade, ressalvada exceção de ordem constitucional (art. 40, inc. IV, da LONMP). Segundo o art. 107, I, da CF/88 prevê que: "Os Tribunais Regionais Federais compõem-se de, no mínimo, sete juízes, recrutados, quando possível, na respectiva região e nomeados pelo Presidente da República dentre brasileiros com mais de trinta e menos de sessenta e cinco anos, sendo: I - um quinto dentre advogados com mais de dez anos de efetiva atividade profissional e membros do Ministério Público Federal com mais de dez anos de carreira;". O art. 59 da LONMP prevê que: "O ingresso nos cargos iniciais da carreira dependerá da aprovação prévia em concurso público de provas e títulos, organizado e realizado pela Procuradoria-Geral de Justiça, com participação da Ordem dos Advogados do Brasil.". O Procurador-geral de Justiça será processado perante o Tribunal de Justiça nos crimes comuns. O art. 38 da LONMP estabelece que os membros do Ministério Público estão sujeitos a regime jurídico especial e têm como garantia a vitaliciedade, após dois anos de exercício, não podendo perder o cargo senão por sentença judicial transitada em julgado.

RESPOSTA: C).

81. (MPRS/2015/Assessor de Docência) São Órgãos de Execução do Ministério Público dos Estados, EXCETO

a) os Promotores de Justiça.

b) o Corregedor-Geral do Ministério Público

c) o Conselho Superior do Ministério Público.

d) os Procuradores de Justiça.

e) o Procurador-Geral de Justiça.

► ***Anotações/Comentários***

Segundo o art. 5º, inc. IV da LONMP, a Corregedoria é órgão da Administração Superior do Ministério Público e não órgão de execução, estes descritos no art. 7º da LONMP.

RESPOSTA: B).

82. (MPRS/2015 / Assessor de Docência) Constituem prerrogativas do cargo de membro do Ministério Público, EXCETO

a) ser processado e julgado pelo Juiz da Comarca onde exerce as suas funções.

b) receber intimação pessoal em qualquer processo e grau de jurisdição, através da entrega dos autos com vista.

c) ser ouvido, como testemunha, em qualquer processo judicial, em dia, hora e local previamente ajustados com o Juiz.

d) ter acesso ao indiciado preso, a qualquer momento, mesmo quando decretada a sua incomunicabilidade.

e) ingressar e transitar livremente nas salas de sessões de Tribunais, mesmo além do limite que separam a parte reservada aos Magistrados.

► ***Anotações/Comentários***

Os membros do MP serão processados e julgados nos crimes comuns e nos crimes de responsabilidade pelo Tribunal de Justiça do respectivo Estado (art. 96, III, da CF/88), com exceção dos crimes eleitorais que será de competência do Tribunal Regional Eleitoral do respectivo Estado (art. 108, I e art. 96, III, da CF/88). As prerrogativas dos membros do MP estão previstas no art. 40 da LONMP.

RESPOSTA: A).

83. (MP/GO/2015/Secretário Auxiliar) Compete ao Conselho Superior do Ministério Público:

a) Editar atos de aposentadoria, exoneração e outros que importem vacância de cargos.

b) Realizar inspeções nas Promotorias e Procuradorias de Justiça, remetendo relatório reservado ao Colégio de Procuradores de Justiça.

c) Decidir sobre a vitaliciedade de membros do Ministério Público.

d) Remeter aos demais órgãos da Administração Superior do Ministério Público informações necessárias ao desempenho de suas atribuições.

e) Autorizar, por maioria absoluta de seus integrantes, que o Procurador-Geral de Justiça ajuíze ação civil de decretação de perda do cargo de membro do Ministério Público.

► ***Anotações/Comentários***

É de atribuição do Conselho Nacional do Ministério Público decidir sobre vitaliciamento de membros do Ministério Público (art. 15, VII, da LONMP). É de competência do Procurador-Geral de Justiça editar atos de aposentadoria, exoneração e outros que importem em vacância de cargos da carreira ou dos serviços auxiliares e atos de disponibilidade de membros do Ministério Público e de seus servidores (art. 10, VII, da LONMP). Como atribuição da Corregedoria-Geral do Ministério Público está prevista a de realizar inspeções nas Procuradorias de Justiça, remetendo relatório reservado ao Colégio de Procuradores de Justiça (art. 17, II, da LONMP). Ainda como atribuição da Corregedoria-Geral do Ministério Público está prevista a de remeter aos demais órgãos da Administração Superior do Ministério Público informações necessárias ao desempenho de suas atribuições (art. 17, VII, da LONMP). Incumbe ao Colégio de Procuradores deliberar por iniciativa de um quarto de seus integrantes ou do Procurador-Geral de Justiça, que este ajuíze ação cível de decretação de perda do cargo de membro vitalício do Ministério Público (art. 12, X, da LONMP).

RESPOSTA: C).

84. (MPRS/2015 / Assessor Administrativo) As afirmações abaixo constituem prerrogativas dos membros do Ministério Público, EXCETO

a) ser ouvido, como testemunha ou ofendido, em qualquer processo ou inquérito, em dia, hora e local previamente ajustados com o Juiz ou a autoridade competente.

b) ser preso somente por ordem judicial, escrita, salvo em flagrante de crime inafiançável, caso em que a autoridade fará, no prazo máximo de vinte e quatro horas, a comunicação e a apresentação do membro do Ministério Público ao Procurador-Geral de Justiça.

c) ser processado e julgado originariamente pelo Superior Tribunal de Justiça, nos crimes comuns e de responsabilidade.

d) receber o mesmo tratamento jurídico e protocolar dispensado aos membros do Poder Judiciário junto aos quais oficiem.

e) receber intimação pessoal em qualquer processo e grau de jurisdição.

▶ *Anotações/Comentários*

Constitui prerrogativa de membros do MP, entre outras, ser processado e julgado originariamente pelo Tribunal de Justiça de seu Estado (não no STJ), nos crimes comuns e de responsabilidade, ressalvada exceção de ordem constitucional (art. 40, IV, da LONMP). As demais prerrogativas estão previstas no art. 40 e 41 da LONMP.

RESPOSTA: C).

85. (MPRS/2014 / Assessor – Direito) Considere as seguintes situações.

1. Reingresso, nos quadros da carreira, do membro do Ministério Público aposentado.
2. Retorno do membro do Ministério Público em disponibilidade ao exercício funcional.
3. Retorno, por sentença transitada em julgado, do membro do Ministério Público ao cargo, com ressarcimento dos vencimentos e vantagens deixados de perceber em razão do afastamento, inclusive a contagem do tempo de serviço.

Essas situações, respectivamente, correspondem ao que se denomina

a) reingresso, retorno de disponibilidade e readmissão.

b) reversão, aproveitamento e reintegração.

c) reversão, reintegração e readmissão.

d) reintegração, reaproveitamento e readmissão.

e) aproveitamento, reversão e reintegração.

► ***Anotações/Comentários***

A reintegração, prevista no art. 66 da LONMP, decorrente de sentença transitada em julgado, é aquela em que há o retorno do membro do Ministério Público ao cargo, com ressarcimento dos vencimentos e vantagens deixados de perceber em razão do afastamento, inclusive a contagem do tempo de serviço. O aproveitamento é o retorno do membro do Ministério Público em disponibilidade ao exercício funcional (art. 68 da LONMP). Reversão dar-se-á na entrância em que se aposentou o membro do Ministério Público, em vaga a ser provida pelo critério de merecimento, observados os requisitos legais (art. 67 da LONMP).

RESPOSTA: B).

86. (MPSC/2014/ Técnico do Ministério Público) Assinale a alternativa que corresponde ao órgão que integra a Administração Superior do Ministério Público.

a) Promotoria de Justiça

b) Procuradoria de Justiça

c) Coordenadoria de Recursos

d) Secretaria Geral do Ministério Público

e) Corregedoria Geral do Ministério Público

► ***Anotações/Comentários***

São órgãos que integram a Administração Superior do MP, segundo o art. 5º, da LONMP: a Procuradoria-Geral de Justiça; o Colégio de Procuradores de Justiça; o Conselho Superior do Ministério Público; e a Corregedoria-Geral do Ministério Público.

RESPOSTA: E).

87. (MPSC/2014 / Técnico do Ministério Público)

O Ministério Público:

a) Abrange o Ministério Público Militar.

b) Tem assegurada autonomia somente funcional.

c) É órgão destinado à defesa de interesses sociais e individuais disponíveis.

d) Não se submete ao controle externo de suas atividades.

e) É entidade permanente, essencial à função jurisdicional do Estado, incumbindo-lhe a defesa da ordem jurídica e do regime democrático.

▶ ***Anotações/Comentários***

O Ministério Público é instituição permanente, essencial à função jurisdicional do Estado, incumbindo-lhe a defesa da ordem jurídica, do regime democrático e dos interesses sociais e individuais indisponíveis (não os disponíveis). Os Ministério Públicos Estaduais não abrangem o Ministério Público Militar, pois este é abrangido pelo Ministério Público da União. Ainda, ao Ministério Público é assegurada autonomia, além da funcional, a administrativa e financeira. Suas atividades são submetidas a controle externo, inclusive do CNMP.

RESPOSTA: E).

88. (MPBA/2014 / Assistente Técnico – Administrativa) As decisões do Ministério Público fundadas em sua autonomia funcional, administrativa e financeira, obedecidas as formalidades legais e ressalvada a competência constitucional do Poder Judiciário e do Tribunal de Contas do Estado, têm

a) eficácia contida e executoriedade condicionada.

b) eficácia contida e executoriedade imediata.

c) eficácia limitada e executoriedade imediata.

d) eficácia plena e executoriedade condicionada.

e) eficácia plena e executoriedade imediata.

▶ ***Anotações/Comentários***

As decisões do Ministério Público fundadas em sua autonomia funcional, administrativa e financeira, obedecidas as formalidades legais, têm eficácia plena e executoriedade imediata, ressalvada a competência constitucional do Poder Judiciário e do Tribunal de Contas, conforme prevê o art. 3º, parágrafo único da LONMP.

RESPOSTA: C).

89. (MPBA/2014 / Assistente Técnico - Administrativa) Analise as assertivas e assinale a alternativa que aponta as corretas. Os membros do Ministério Público sujeitam-se a regime jurídico especial, são independentes no exercício de suas funções, e têm as seguintes garantias:

I. vitaliciedade, após 3 (três) anos de exercício, não podendo perder o cargo senão por sentença judicial transitada em julgado.

II. inamovibilidade, salvo por motivo de interesse público.

III. irredutibilidade de vencimentos, observado, quanto à remuneração, o disposto na Constituição Federal.

IV. inimputabilidade relativa aos crimes praticados no exercício do cargo.

a) Apenas I, II e IV.

b) Apenas I, III e IV.

c) Apenas II e III.

d) Apenas I e IV.

e) I, II, III e IV.

▶ ***Anotações/Comentários***

Os membros do Ministério Público possuem as seguintes garantias: I - vitaliciedade, após dois anos (não três anos) de exercício, não podendo perder o cargo senão por sentença judicial transitada em julgado; II - inamovibilidade, salvo por motivo de interesse público; III - irredutibilidade de vencimentos, observado, quanto à remuneração, o disposto na Constituição Federal.

RESPOSTA: C).

90. (MPBA/2014 / Direito) De acordo com a Lei Federal 8625/93, analise as assertivas e assinale a alternativa que aponta as corretas. São órgãos da Administração Superior do Ministério Público:

I. a Procuradoria-Geral de Justiça.

II. o Colégio de Procuradores de Justiça.

III. o Conselho Superior do Ministério Público.

IV. a Corregedoria-Geral do Ministério Público.

a) Apenas I e II.

b) Apenas I, II e IV.

c) Apenas I, III e IV.

d) Apenas I e III.

e) I, II, III e IV.

▶ ***Anotações/Comentários***

São órgãos que integram a Administração Superior do MP, segundo o art. 5º, da LONMP: a Procuradoria-Geral de Justiça; o Colégio de Procuradores de Justiça; o Conselho Superior do Ministério Público; e a Corregedoria-Geral do Ministério Público.

RESPOSTA: E).

91. (MPBA/2014 / Direito) De acordo com a Lei Federal 8625/93, é um órgão de execução do Ministério Público

a) a Comissão de Concurso.

b) os Promotores de Justiça.

c) o Centro de Estudos e Aperfeiçoamento Funcional.

d) os órgãos de apoio administrativo.

e) os estagiários.

► ***Anotações/Comentários***

Os órgãos de execução do MP estão previstos no art. 7º da LONMP, dentre eles são os Promotores de justiça.

RESPOSTA: B).

92. (MPSP/2013 / Analista de Promotoria I) De acordo com a disciplina prevista na Lei Orgânica Nacional do Ministério Público (Lei nº 8.625/1993), são órgãos de execução do Ministério Público, EXCETO:

a) Os Promotores de Justiça.

b) Os Procuradores de Justiça.

c) O Procurador-Geral de Justiça.

d) A Corregedoria-Geral do Ministério Público.

e) O Conselho Superior do Ministério Público.

► ***Anotações/Comentários***

Os órgãos de execução do MP estão previstos no art. 7º da LONMP, dentre eles não é a Corregedoria-Geral de Justiça.

RESPOSTA: D).

93. (MPSP/ Analista de Promotoria II) Segundo as disposições da Lei Federal nº 8.625/1993, as decisões do Ministério Público fundadas em sua autonomia funcional, administrativa e financeira, obedecidas as formalidades legais, têm eficácia:

a) Contida e executoriedade relativa em virtude da competência legal do Conselho Superior do Ministério Público.

b) Imediata e executoriedade absoluta, ressalvada a competência legal do Conselho Superior do Ministério Público.

c) Plena e executoriedade imediata, ressalvada a competência constitucional do Poder Judiciário e do Tribunal de Contas.

d) Restringível e executoriedade relativa, em razão da competência constitucional do Poder Judiciário e do Tribunal de Contas.

e) Relativa e executoriedade diferida, ressalvada a competência constitucional do Poder Judiciário e do Tribunal de Contas.

► ***Anotações/Comentários***

Segundo previsão do art. 3º, parágrafo único da LONMP, todas as decisões do Ministério Público fundadas em sua autonomia funcional, administrativa e financeira, obedecidas as formalidades legais, têm eficácia plena e executoriedade imediata, ressalvada a competência constitucional do Poder Judiciário e do Tribunal de Contas.

RESPOSTA: C).

94. (MPSP/ Analista de Promotoria II) Considerando as disposições da Lei Orgânica Nacional do Ministério Público, assinale a opção INCORRETA:

a) Cabe à Corregedoria-Geral do Ministério Público rever o arquivamento de inquérito civil, na forma da lei.

b) Os Centros de Apoio Operacional são órgãos auxiliares do Ministério Público, competindo-lhes, na forma da Lei Orgânica, remeter informações técnico-jurídicas, sem caráter vinculativo, aos órgãos ligados à sua atividade.

c) O Ministério Público elaborará sua proposta orçamentária dentro dos limites estabelecidos na Lei de Diretrizes Orçamentárias, encaminhando-a diretamente ao Governador do Estado, que a submeterá ao Poder Legislativo.

d) Além de outras funções cometidas nas Constituições Federal e Estadual, na Lei Orgânica e demais leis, compete aos Promotores de Justiça, dentro de suas esferas de atribuições, atender a qualquer do povo, tomando as providências cabíveis.

e) A Corregedoria-Geral do Ministério Público é o órgão orientador e fiscalizador das atividades funcionais e da conduta dos membros do Ministério Público, incumbindo-lhe, dentre outras atribuições, fazer recomendações, sem caráter vinculativo, a órgão de execução.

► ***Anotações/Comentários***

Cabe ao Conselho Superior do Ministério Público (não a Corregedoria) rever o arquivamento de inquérito civil, na forma da lei, de acordo com o que dispõe o art. 30 da LONMP. Centros de Apoio Operacional são órgãos auxiliares da atividade funcional do Ministério Público, e possui entre outras atribuições, remeter informações técnico-jurídicas, sem caráter vinculativo, aos órgãos ligados à sua atividade (art. 33, II, da LONMP). O Ministério Público elaborará sua proposta orçamentária dentro dos limites estabelecidos na Lei de Diretrizes Orçamentárias, encaminhando-a diretamente ao Governador do Estado, que a submeterá ao Poder Legislativo (art. 4º, *caput*, da LONMP). Além de outras funções cometidas nas Constituições Federal e Estadual, na Lei Orgânica e demais leis, compete aos Promotores de Justiça, dentro de suas esferas de atribuições, atender a qualquer do povo, tomando as providências cabíveis (art. 32, II, da LONMP). A Corregedoria-Geral do Ministério Público é o órgão orientador e fiscalizador das atividades funcionais e da conduta dos membros do Ministério Público, incumbindo-lhe, dentre outras atribuições, fazer recomendações, sem caráter vinculativo, a órgão de execução.

RESPOSTA: A).

95. (MPSE/2013/ Analista – Informática) São princípios institucionais do Ministério Público:

a) a vitaliciedade, inamovibilidade e irredutibilidade de vencimentos.

b) a unidade, a indivisibilidade e a independência funcional.

c) a autonomia funcional e administrativa e a prática de atos próprios de gestão.

d) o livre provimento dos cargos da carreira e dos serviços auxiliares e a autonomia financeira e orçamentária.

e) o zelo pelos direitos assegurados na Constituição, a promoção da ação civil pública e a representação judicial dos incapazes.

► *Anotações/Comentários*

São princípios institucionais do MP, conforme previsão do art. 1º, par. único da LONMP a unidade, a indivisibilidade e a independência funcional.

RESPOSTA: B).

96. (MPSE/2013/ Analista – Informática) A Corregedoria-Geral do Ministério Público é órgão

a) fiscalizador das atribuições funcionais e da conduta dos membros do Ministério Público.

b) orientador e fiscalizador das atribuições funcionais e da conduta dos membros do Ministério Público.

c) orientador e fiscalizador das atribuições funcionais e da conduta dos Promotores de Justiça.

d) censor das atribuições funcionais e da conduta dos Promotores de Justiça.

e) orientador, fiscalizador e censor das atribuições funcionais e da conduta dos membros do Ministério Público de primeira instância.

► ***Anotações/Comentários***

A Corregedoria-Geral do Ministério Público é o órgão orientador e fiscalizador das atividades funcionais e da conduta dos membros do Ministério Público, cujas funções estão descritas no art. 17 da LONMP.

RESPOSTA: B).

---

97. (MPRS/2013 / Agente Administrativo) Assinale a alternativa correta consoante a Lei nº 8.625/93.

a) Os Ministérios Públicos dos Estados formarão lista tríplice, dentre os Procuradores de Justiça, para escolha de seu Procurador-Geral, que será nomeado pelo chefe do Poder Executivo.

b) Compete ao Procurador-Geral de Justiça encaminhar ao Poder Legislativo os projetos de lei de iniciativa do Poder Executivo.

c) A destituição do Procurador-Geral de Justiça, por iniciativa da Corregedoria-Geral do Ministério Público, deverá ser precedida de autorização de um terço dos membros da Assembleia Legislativa.

d) Ao Ministério Público é assegurada autonomia funcional, administrativa e financeira, cabendo-lhe elaborar seus regimentos internos.

e) A Corregedoria-Geral do Ministério Público tem a incumbência de orientar e fiscalizar os Promotores de Justiça, sendo-lhe, contudo, vedado inspecionar as Procuradorias de Justiça.

► ***Anotações/Comentários***

Ao Ministério Público é assegurada autonomia funcional, administrativa e financeira, cabendo-lhe, especialmente, entre outras, elaborar seus regimentos internos (art. 3º, XI, da LONMP). Os Ministérios Públicos dos Estados formarão lista tríplice, dentre integrantes da carreira (não pelos Procuradores de Justiça), na forma da lei respectiva, para escolha de seu Procurador-Geral, que será nomeado pelo Chefe do Poder Executivo (art. 9º, *caput*, da LONMP). O Procurador-Geral de Justiça possui atribuição de encaminhar ao Poder Legislativo os projetos de lei de iniciativa do Ministério Público (art.

10, IV, da LONMP). A destituição do Procurador-Geral de Justiça, por iniciativa do Colégio de Procuradores (não da Corregedoria), deverá ser precedida de autorização de um terço dos membros da Assembleia Legislativa (art. 9º, § 2º, da LONMP).

RESPOSTA: D).

98. (MPCE/2013 / Analista Ministerial - Ciências da Computação) De acordo com a Lei Orgânica Nacional do Ministério Público, compete ao Colégio de Procuradores de Justiça

a) indicar ao Procurador-Geral de Justiça Promotores de Justiça para substituição por convocação.

b) eleger o Corregedor-Geral do Ministério Público.

c) indicar ao Procurador-Geral de Justiça, em lista tríplice, os candidatos a remoção ou promoção por merecimento.

d) aprovar os pedidos de remoção por permuta entre membros do Ministério Público.

e) encaminhar ao Procurador-Geral de Justiça os processos administrativos disciplinares que, na forma da Lei Orgânica, incumba a este decidir.

► ***Anotações/Comentários***

As atribuições do Colégio de Procuradores de Justiça estão previstas no art. 12 da LONMP, entre elas a de eleger o Corregedor-Geral do Ministério Público (art. 12, V, da LONMP). Indicar ao Procurador-Geral de Justiça Promotores de Justiça para substituição por convocação é competência do Conselho Superior do Ministério Público (art. 15, V, da LONMP). Indicar ao Procurador-Geral de Justiça, em lista tríplice, os candidatos a remoção ou promoção por merecimento é competência do Conselho Superior do Ministério Público (art. 15, II, da LONMP). Aprovar os pedidos de remoção por permuta entre membros do Ministério Público também é de competência do Conselho Superior do Ministério Público (art. 15, VI, da LONMP). Por fim, encaminhar ao Procurador-Geral de Justiça os processos administrativos disciplinares que, na forma da Lei Orgânica, incumba a este decidir é de competência da Corregedoria-Geral do Ministério Público, de acordo com o disposto no art. 17, VI, da LONMP.

RESPOSTA: B).

99. (MPCE/2013/ Analista Ministerial – Direito) De acordo com a Lei Orgânica Nacional do Ministério Público, a decisão sobre vitaliciamento de membros do Ministério Público compete ao

a) Presidente da Comissão de Concurso, isoladamente.
b) Procurador-Geral de Justiça, isoladamente.
c) Corregedor-Geral do Ministério Público, isoladamente.
d) Conselho Superior do Ministério Público.
e) Colégio dos Procuradores de Justiça.

► ***Anotações/Comentários***

Será de competência do Conselho Superior do MP decidir sobre vitaliciamento de membros do Ministério Público (art. 15, VII, da LONMP).

RESPOSTA: D).

100. (MPCE/2013 / Técnico Ministerial) No tocante às Promotorias de Justiça, considere:

I. As Promotorias de Justiça poderão ser judiciais ou extrajudiciais, especializadas, gerais ou cumulativas.

II. As atribuições das Promotorias de Justiça e dos cargos dos Promotores de Justiça que a integram serão fixadas mediante proposta do Procurador-Geral de Justiça, aprovada pelo Conselho Superior do Ministério Público.

III. A exclusão, inclusão ou outra modificação nas atribuições das Promotorias de Justiça ou dos cargos dos Promotores de Justiça que a integram serão efetuadas mediante proposta do Procurador-Geral de Justiça, aprovada pelo Conselho Superior do Ministério Público.

De acordo com a Lei Orgânica Nacional do Ministério Público, está correto o que consta APENAS em

a) II.
b) II e III.
c) I e II.
d) I.
e) I e III.

► ***Anotações/Comentários***

As Promotorias de Justiça poderão ser judiciais ou extrajudiciais, especializadas, gerais ou cumulativas, conforme prevê o art. 23, § 1º, da LONMP. As atribuições das Promotorias de Justiça e dos cargos dos Promotores de Justiça que a integram serão fixadas mediante proposta do Procurador-Geral de Justiça, aprovada pelo Colégio de Procuradores de Justiça (não pelo Conselho Superior do Ministério Público), conforme estabelece o art. 23, §

2º, da LONMP. A exclusão, inclusão ou outra modificação nas atribuições das Promotorias de Justiça ou dos cargos dos Promotores de Justiça que a integram serão efetuadas mediante proposta do Procurador-Geral de Justiça, aprovada por maioria absoluta do Colégio de Procuradores (não pelo Conselho Superior do Ministério Público), nos termos do art. 23, § 3º, da LONMP.

RESPOSTA: D).

101. (MPMA/2013 / Técnico Ministerial – Administrativo)

Quanto às garantias e prerrogativas dos membros do Ministério Público, é correto afirmar que

a) devem receber o mesmo tratamento jurídico e protocolar dispensados ao Chefe do Poder Executivo Estadual.

b) podem ingressar e tramitar livremente nas sessões dos Tribunais, respeitados os limites que separam a parte reservada aos Magistrados.

c) terão porte de arma, com validade condicionada a prévio ato formal de licença ou autorização.

d) poderão ter acesso ao indiciado preso, a qualquer momento, desde que não decretada sua incomunicabilidade.

e) o membro vitalício poderá perder o cargo por sentença judicial transitada em julgado, proferida em ação própria, por exercício da advocacia.

▶ ***Anotações/Comentários***

O membro vitalício do Ministério Público somente perderá o cargo por sentença judicial transitada em julgado, proferida em ação civil própria, entre outros casos, em razão do exercício da advocacia. Constitui prerrogativa do membro do Ministério Público ingressar e transitar livremente nas salas de sessões de Tribunais, mesmo além dos limites que separam a parte reservada aos Magistrados (art. 41, VI, "a", da LONMP). Constitui prerrogativa do membro do Ministério Público receber o mesmo tratamento jurídico e protocolar dispensado aos membros do Poder Judiciário junto aos quais oficiem (art. 41, I, da LONMP). Os membros do Ministério Público terão carteira funcional, expedida na forma da Lei Orgânica, valendo em todo o território nacional como cédula de identidade, e porte de arma, independentemente, neste caso, de qualquer ato formal de licença ou autorização, de acordo com o que prevê o art. 42 da LONMP. Constitui prerrogativa do membro do Ministério Público ter acesso ao indiciado preso, a qualquer momento, mesmo quando decretada a sua incomunicabilidade (art. 41, I, da LONMP).

RESPOSTA: E).

102. (MPMA/2013/ Técnico Ministerial) A proposta de vitaliciamento de Promotor de Justiça, em estágio probatório, deve ser encaminhada ao Conselho Superior do Ministério Público

a) pelo Procurador-Geral.

b) pelo Corregedor-Geral.

c) pela Escola Superior do Ministério Público.

d) pelo Colégio de Procuradores.

e) pelo Presidente da Comissão de Concurso.

► ***Anotações/Comentários***

Será de competência do Corregedor-Geral do MP propor ao Conselho Superior do Ministério Público, na forma da Lei Orgânica, o não vitaliciamento de membro do Ministério Público (art. 17, III, da LONMP).

RESPOSTA: B).

103. (MPAC/2013 / Analista - Tecnologia da Informação) Com relação ao regime jurídico instituído pela Lei N° 8.625/93, que institui a Lei Orgânica Nacional do Ministério Público, dispõe sobre normas gerais para a organização do Ministério Público dos Estados e dá outras providências, assinale a opção correta.

a) São órgãos da Administração Superior do Ministério Público apenas a Procuradoria-Geral de Justiça e o Colégio de Procuradores de Justiça.

b) Os estagiários não são órgãos auxiliares do Ministério Público.

c) Ao Procurador-Geral de Justiça é vedado delegar suas funções administrativas.

d) O Colégio de Procuradores de Justiça é composto pelos 25 Procuradores de Justiça mais antigos.

e) Ao Conselho Superior do Ministério Público compete indicar o nome do mais antigo membro do Ministério Público para remoção ou promoção por antiguidade.

► ***Anotações/Comentários***

É de competência do Conselho Superior do Ministério Público indicar o nome do mais antigo membro do Ministério Público para remoção ou promoção por antiguidade (art. 15, IV, da LONMP). São órgãos da Administração Superior do Ministério Público, segundo o art. 5º da LONMP:

I - a Procuradoria-Geral de Justiça; II - o Colégio de Procuradores de Justiça; III - o Conselho Superior do Ministério Público; e IV - a Corregedoria-Geral do Ministério Público. Ao Procurador-Geral de Justiça compete, entre outras funções, delegar suas funções administrativas (art. 10, VIII, da LONMP). O Colégio de Procuradores de Justiça é composto por todos os Procuradores de Justiça (art. 12 da LONMP).

RESPOSTA: E).

104. (MPAC/2013 / Analista - Tecnologia da Informação) Com relação aos deveres e vedações dos Membros do Ministério Público, conforme previsto na Lei N° 8.625/93, que institui a Lei Orgânica Nacional do Ministério Público, dispõe sobre normas gerais para a organização do Ministério Público dos Estados e dá outras providências, assinale a opção INCORRETA.

a) Manter ilibada conduta pública e particular.

b) Indicar os fundamentos jurídicos de seus pronunciamentos processuais, elaborando relatório em sua manifestação final ou recursal.

c) Acatar, no plano administrativo, as decisões dos órgãos da Administração Superior do Ministério Público.

d) Exercer o comércio ou participar de sociedade comercial, inclusive como cotista ou acionista.

e) Exercer, ainda que em disponibilidade, qualquer outra função pública, salvo uma de magistério.

► ***Anotações/Comentários***

Aos membros do Ministério Público é vedado o exercício do comércio ou participar de sociedade comercial, exceto (não inclusive) como cotista ou acionista (art. 44, III, da LONMP). São deveres dos membros do Ministério Público manter ilibada conduta pública e particular (art. 43, I, da LONMP); indicar os fundamentos jurídicos de seus pronunciamentos processuais, elaborando relatório em sua manifestação final ou recursal (art. 43, III, da LONMP); acatar, no plano administrativo, as decisões dos órgãos da Administração Superior do Ministério Público (art. 43, XIV, da LONMP). Ao membro do Ministério Público é vedado exercer, ainda que em disponibilidade, qualquer outra função pública, salvo uma de Magistério (art. 44, IV, da LONMP).

RESPOSTA: D).

105. (MPMS/2013/ Técnico Administrativo) Assinale a alternativa que apresenta somente princípios institucionais do Ministério Público.

a) unidade, divisibilidade e exclusividade da ação penal.

b) unidade, indivisibilidade e independência funcional.

c) indivisibilidade, independência administrativa e executividade

d) indivisibilidade, unidade e irredutibilidade vencimental.

e) indivisibilidade, inamovibilidade e unidade

► ***Anotações/Comentários***

São princípios institucionais do Ministério Público a unidade, a indivisibilidade e a independência funcional, conforme preceitua o art. 1º, par. único da LONMP.

RESPOSTA: B).

106. (MPMS/2013/ Técnico Administrativo) São órgãos de Administração Superior do Ministério Público

a) a Procuradoria Geral de Justiça, a Corregedoria Geral do Ministério Público e o Colégio de Procuradores de Justiça

b) as Procuradorias de Justiça, as Promotorias de Justiça e o Conselho Superior do Ministério Público.

c) Procuradoria Geral de Justiça, as Procuradorias Gerais Adjuntas de Justiça e a Corregedoria Geral do Ministério Público.

d) as Procuradorias Gerais Adjuntas de Justiça, as Coordenadorias das Procuradorias de Justiça e a Secretaria Geral da Procuradoria Geral de Justiça.

e) o Colégio de Procuradores de Justiça, os Supervisores das Promotorias de Justiça e a Procuradoria Geral de Justiça.

► ***Anotações/Comentários***

São órgãos da Administração Superior, conforme estabelece o art. 5º da LONMP, a Procuradoria-Geral de Justiça; o Colégio de Procuradores de Justiça; o Conselho Superior do Ministério Público; e a Corregedoria-Geral do Ministério Público.

RESPOSTA: A).

107. (MPMS/2013/ Técnico Administrativo) Assinale a alternativa que apresenta uma das prerrogativas dos membros do Ministério Público.

a) Ser ouvido, como testemunha ou ofendido, em processos e procedimentos, em sala especial de Estado Maior ou estabelecimento congênere

b) Estar sujeito à intimação ou convocação para comparecimento, somente se expedida pelo Procurador Geral de Justiça.

c) Ser processado e julgado originariamente pelo Tribunal de Justiça, nas ações cíveis e nos crimes de responsabilidade, ressalvada a exceção de ordem constitucional

d) Ser custodiado ou recolhido à prisão domiciliar ou a estabelecimento indicado pelo Procurador Geral de Justiça, por ordem e à disposição do Tribunal competente, quando sujeito à prisão antes do julgamento final

e) Ser preso somente por ordem judicial escrita, salvo em flagrante de crime inafiançável, caso em que a autoridade fará, no prazo máximo de 24 horas, a comunicação e a apresentação do membro do Ministério Público ao Procurador Geral de Justiça

► ***Anotações/Comentários***

Constitui prerrogativa do membro do Ministério Público ser preso somente por ordem judicial escrita, salvo em flagrante de crime inafiançável, caso em que a autoridade fará, no prazo máximo de vinte e quatro horas, a comunicação e a apresentação do membro do Ministério Público ao Procurador-Geral de Justiça (art. 40, III, da LONMP). São prerrogativas também do membro do Ministério Público: ser ouvido, como testemunha ou ofendido, em qualquer processo ou inquérito, em dia, hora e local previamente ajustados com o Juiz ou a autoridade competente (art. 40, I, da LONMP); estar sujeito a intimação ou convocação para comparecimento, somente se expedida pela autoridade judiciária ou por órgão da Administração Superior do Ministério Público competente, ressalvadas as hipóteses constitucionais (art. 40, II, da LONMP); ser processado e julgado originariamente pelo Tribunal de Justiça de seu Estado, nos crimes comuns e de responsabilidade, ressalvada exceção de ordem constitucional (art. 40, IV, da LONMP); ser custodiado ou recolhido à prisão domiciliar ou à sala especial de Estado Maior, por ordem e à disposição do Tribunal competente, quando sujeito a prisão antes do julgamento final (art. 40, V, da LONMP).

RESPOSTA: E).

108. (MPMS/2013/ Técnico II - Administrativo) As alternativas a seguir apresentam deveres dos membros do Ministério Público, à exceção de uma. Assinale a.

a) Assistir aos atos judiciais, quando obrigatória ou conveniente a sua presença.

b) Residir na Comarca em que estiver exercendo suas funções, ainda que em substituição ou auxílio.

c) Prestar informações solicitadas pelos órgãos da instituição.

d) Atender aos interessados, a qualquer momento, nos casos urgentes.

e) Acatar, no plano administrativo, as decisões dos órgãos da Administração Superior do Ministério Público.

▶ ***Anotações/Comentários***

Os deveres dos membros do MP estão previstos no art. 43 da LONMP. Porém, não há o dever de residir na Comarca em que estiver exercendo suas funções, ainda que em substituição ou auxílio. A residência deverá ser na Comarca da respectiva lotação (art. 129, § 2º, da CF/88).

RESPOSTA: B).

109. (MPMS/2013/ Técnico II - Administrativo) Assinale a alternativa que indica uma atribuição do Conselho Superior do Ministério Público.

a) Aprovar o regimento interno da Corregedoria Geral do Ministério Público.

b) Editar atos de aposentadoria, exoneração e outros que importem em vacância de cargos dos serviços auxiliares e atos de disponibilidade de seus servidores.

c) Opinar nos processos que tratem de demissão de membros do Ministério Público não vitalícios.

d) Julgar recurso contra decisão que determinar o arquivamento de reclamação de qualquer pessoa sobre abusos, erros, omissões ou conduta incompatível dos servidores do Ministério Público.

e) Dirimir conflitos de atribuições entre membros do Ministério Público, designando quem deva oficiar no feito.

▶ ***Anotações/Comentários***

É atribuição do Conselho Superior do MP decidir sobre vitaliciamento de membros do Ministério Público (art. 15, VII, da LONMP). Ao Ministério Público é assegurado editar atos de aposentadoria, exoneração e outros que importem em vacância de cargos e carreira e dos serviços auxiliares, bem como os de disponibilidade de membros do Ministério Público e de seus servidores e elaborar seus regimentos internos (art. 3º, VIII e XI, da LONMP). As atribuições do Conselho Superior do MP e não consta desse rol julgar recurso contra decisão que determinar o arquivamento de reclamação de qualquer pessoa sobre abusos, erros, omissões ou conduta incompatível dos servidores do Ministério Público. É atribuição do Procurador-geral de Justiça dirimir conflitos de atribuições entre membros do Ministério Público, designando quem deva oficiar no feito (art. 10, X, da LONMP).

RESPOSTA: C).

110. (MPE-MS/2013/Técnico de Informática) Assinale a alternativa que apresenta somente princípios institucionais do Ministério Público.

a) unidade, divisibilidade e exclusividade da ação penal.

b) unidade, indivisibilidade e independência funcional.

c) indivisibilidade, independência administrativa e executividade.

d) indivisibilidade, unidade e irredutibilidade vencimental.

e) indivisibilidade, inamovibilidade e unidade.

► ***Anotações/Comentários***

São princípios institucionais do Ministério Público a unidade, a indivisibilidade e a independência funcional, de acordo com o art. 1º, parágrafo único da LONMP.

RESPOSTA: B).

111. (MPMS/ 2013 / Técnico de Informática) Em relação aos órgãos da Administração Superior do Ministério Público Estadual, assinale a afirmativa correta.

a) O Ministério Público é representado judicialmente pelo Procurador Geral do Estado e extrajudicialmente pelo Procurador Geral de Justiça.

b) O conflito de atribuições entre membros de um mesmo Ministério Público é dirimido pelo Corregedor Geral, com recurso ao Procurador Geral de Justiça.

c) A instauração de processo disciplinar em face de membros e servidores ativos cabe ao Corregedor Geral.

d) Ao Conselho Superior do Ministério Público cabe o julgamento de recurso contra decisão de arquivamento de inquérito policial determinada pelo Procurador Geral de Justiça, nos casos de sua atribuição originária.

e) Ao Colégio de Procuradores de Justiça compete propor ao Procurador Geral de Justiça a criação de cargos e serviços auxiliares, modificações na Lei Orgânica e providências relacionadas ao desempenho das funções institucionais.

► ***Anotações/Comentários***

O Colégio de Procuradores de Justiça possui competência para propor ao Procurador-Geral de Justiça a criação de cargos e serviços auxiliares, modificações na Lei Orgânica e providências relacionadas ao desempenho das funções institucionais (art. 12, II, da LONMP). O Procurador-geral de Justiça exerce a chefia do Ministério Público, representando-o judicial e extrajudicialmente (art. 10, I, da LONMP). É atribuição do Procurador-geral de Justiça dirimir conflitos de atribuições entre membros do Ministério Público, designando quem deva oficiar no feito (art. 10, X, da LONMP). A Corregedoria-Geral do Ministério Público possui atribuição de instaurar, de ofício ou por provocação dos demais órgãos da Administração Superior do Ministério Público, processo disciplinar contra membro da instituição, presidindo-o e aplicando as sanções administrativas cabíveis, na forma da Lei Orgânica (art. 17, V, da LONMP). É atribuição do Colégio de Procuradores de Justiça rever, mediante requerimento de legítimo interessado, nos termos da Lei Orgânica, decisão de arquivamento de inquérito policial ou peças de informações determinada pelo Procurador-Geral de Justiça, nos casos de sua atribuição originária (art. 12, XI, da LONMP).

RESPOSTA: E).

112. (MPMS/2013/Administrador) Em decorrência da autonomia funcional, administrativa e financeira, cabe ao Ministério Público, especialmente,

a) encaminhar ao Poder Executivo lista tríplice para escolha do Corregedor-Geral.

b) possuir quadro próprio de Procuradores do Estado, para representação processual.

c) propor ao Poder Legislativo minuta do regimento do Colégio de Procuradores de Justiça.

d) criar e extinguir seus cargos, bem como fixar os vencimentos de seus membros e servidores.

e) adquirir bens e contratar serviços, efetuando a respectiva contabilização.

► ***Anotações/Comentários***

Decorre da autonomia funcional, administrativa e financeira ao Ministério Público, adquirir bens e contratar serviços, efetuando a respectiva contabilização (art. 3º, IV, da LONMP). Decorre também elaborar seus regimentos internos, propor ao Poder Legislativo a criação e a extinção de cargos, bem como a fixação e o reajuste dos vencimentos de seus membros, propor ao Poder Legislativo a criação e a extinção dos cargos de seus serviços auxiliares, bem como a fixação e o reajuste dos vencimentos de seus servidores, compor os seus órgãos de administração, conforme se observa do art. 3° da LONMP.

RESPOSTA: E).

113. (MPMS/2013/Administrador) Ao Ministério Público é assegurada autonomia funcional, administrativa e financeira, cabendo-lhe, especialmente,

a) criar e extinguir os cargos que compõem sua estrutura institucional.

b) fixar e reajustar os vencimentos de seus membros e servidores, ativos e inativos.

c) editar atos que importem em vacância de cargos e carreiras e dos serviços auxiliares de sua estrutura institucional.

d) propor a elaboração de seus regimentos internos ao Poder Legislativo.

e) prover os cargos iniciais da carreira, bem como nas demais formas de provimento derivado, salvo a remoção por permuta.

► ***Anotações/Comentários***

Decorre da autonomia funcional, administrativa e financeira ao Ministério Público editar atos de aposentadoria, exoneração e outros que importem em vacância de cargos e carreira e dos serviços auxiliares, bem como os de disponibilidade de membros do Ministério Público e de seus servidores (art. 3º, VIII, da LONMP). Decorre também propor ao Poder Legislativo a criação e a extinção de cargos, bem como a fixação e o reajuste dos vencimentos de seus membros, propor ao Poder Legislativo a criação e a extinção dos cargos de seus serviços auxiliares, bem como a fixação e o reajuste dos vencimentos de seus servidores, elaborar seus regimentos internos, prover os cargos iniciais da carreira e dos serviços auxiliares, bem como nos casos de remoção, promoção e demais formas de provimento derivado, conforme se observa do art. 3° da LONMP.

RESPOSTA: C).

114. (MPMS/2013 / Administrador) A Lei Orgânica Nacional dispõe sobre normas gerais para a organização do Ministério Público dos Estados.

Em referência à autonomia funcional, administrativa e financeira, cabe ao Ministério Público

a) manter ilibada conduta pública e particular.

b) prestar informações solicitadas pelos órgãos da instituição.

c) obedecer aos prazos processuais.

d) propor ao Poder Legislativo a criação e a extinção de cargos, bem como a fixação e o reajuste dos vencimentos de seus membros

e) tratar com urbanidade as partes, testemunhas, funcionários e auxiliares da Justiça.

► ***Anotações/Comentários***

Ao Ministério Público é assegurada autonomia funcional, administrativa e financeira, cabendo-lhe, especialmente, entre outras, propor ao Poder Legislativo a criação e a extinção de cargos, bem como a fixação e o reajuste dos vencimentos de seus membros (art. 3º, V, da LONMP).

RESPOSTA: D).

115. (MPMS/2013/Analista – Direito) Com relação ao exercício das funções do Ministério Público, analise as afirmativas a seguir.

I. Poderá instruir inquéritos civis e outros procedimentos pertinentes, expedindo notificações para colher depoimento ou esclarecimentos e, em caso de não comparecimento injustificado, requisitar condução coercitiva, inclusive pela Polícia Civil ou Militar, ressalvadas as prerrogativas previstas em lei.

II. A falta ao trabalho, em virtude de atendimento à notificação regular para instrução de inquérito civil ou outro procedimento pertinente instaurado pelo Ministério Público, não autoriza desconto de vencimentos ou salário, considerando- se de efetivo exercício, para todos os efeitos, mediante comprovação escrita do respectivo membro.

III. Poderá requisitar informações e documentos a entidades privadas ou públicas, para instruir procedimentos ou processo em que oficie, encaminhando- se tais requisições e notificações por meio do Procurador-Geral de Justiça.

Assinale:

a) se somente a afirmativa I estiver correta.

b) se somente a afirmativa II estiver correta.

c) se somente as afirmativas I e II estiverem corretas.

d) se somente as afirmativas I e III estiverem corretas.

e) e todas as afirmativas estiverem corretas.

► ***Anotações/Comentários***

No exercício de suas funções, o Ministério Público poderá, entre outras funções, instaurar inquéritos civis e outras medidas e procedimentos administrativos pertinentes e, para instruí-los, expedir notificações para colher depoimento ou esclarecimentos e, em caso de não comparecimento injustificado, requisitar condução coercitiva, inclusive pela Polícia Civil ou Militar, ressalvadas as prerrogativas previstas em lei (art. 26, I, "a", da LONMP). De acordo com o art. 26, § 4º, da LONMP: "A falta ao trabalho, em virtude de atendimento à notificação ou requisição, na forma do inciso I deste artigo, não autoriza desconto de vencimentos ou salário, considerando-se de efetivo exercício, para todos os efeitos, mediante comprovação escrita do membro do Ministério Público.". No exercício de suas funções, o Ministério Público poderá, entre outras funções, requisitar informações e documentos a entidades privadas, para instruir procedimentos ou processo em que oficie, porém, apenas as requisições que tiverem como destinatários o Governador do Estado, os membros do Poder Legislativo e os desembargadores, serão encaminhadas pelo Procurador-Geral de Justiça (art. 26, § 1º, da LONMP).

RESPOSTA: C).

116. (MPMS/2013 / Motorista Auxiliar) Assinale a alternativa que indica a prerrogativa de um membro do Ministério Público.

a) Receber, a qualquer título e sob qualquer pretexto, percentagens ou custas processuais.

b) Exercer advocacia pública, sem cobrança de honorários e em defesa de hipossuficientes.

c) Ser ouvido como testemunha, em local, hora e dia assinalados pela autoridade judicial.

d) Exercer qualquer outra função pública, inclusive a de magistério, desde que em disponibilidade.

e) Ingressar e transitar livremente em delegacias de polícia e estabelecimento de internação coletiva.

► ***Anotações/Comentários***

As prerrogativas dos membros do Ministério Público estão previstas no art. 40 e 41 da LONMP, estando entre elas a de ingressar e transitar livremente nas salas e dependências de audiências, secretarias, cartórios, tabelionatos, ofícios da justiça, inclusive dos registros públicos, delegacias de polícia e estabelecimento de internação coletiva (art. 41, VI. "b", da LONMP).

RESPOSTA: E).

117. (MPPA/2012/ Técnico em Informática) O Procurador-Geral de Justiça é nomeado pelo Chefe do:

a) Poder Legislativo.

b) Poder Judiciário.

c) Poder Executivo.

d) Conselho Superior do Ministério Público.

► ***Anotações/Comentários***

Conforme previsão do art. 9º, caput, da LONMP: "Os Ministérios Públicos dos Estados formarão lista tríplice, dentre integrantes da carreira, na forma da lei respectiva, para escolha de seu Procurador-Geral, que será nomeado pelo Chefe do Poder Executivo, para mandato de dois anos, permitida uma recondução, observado o mesmo procedimento.".

RESPOSTA: C).

118. (MPPA/2012/ Técnico em Informática) A Procuradoria-Geral de Justiça, órgão da Administração Superior do Ministério Público, tem por chefe o(s)

a) Corregedor-Geral do Ministério Público.

b) Procurador de Justiça mais antigo na carreira do Ministério Público.

c) Procurador-Geral de Justiça.

d) Subprocuradores-Gerais de Justiça

► ***Anotações/Comentários***

A Procuradoria-Geral de Justiça é chefiada pelo Procurador-Geral de Justiça (art. 10, I, da LONMP).

RESPOSTA: C).

119. (MPPA/2012/Analista Jurídico) Constitui órgão auxiliar do Ministério Público:

a) o Conselho Superior do Ministério Público.

b) o Procurador-Geral de Justiça.

c) o Centro de Apoio Operacional.

d) os Procuradores de Justiça.

► ***Anotações/Comentários***

De acordo com o art. 8º, I da LONMP, o Centro de Apoio Operacional é órgão auxiliar do MP.

RESPOSTA: C).

120. (MPPA/2012 / Analista Jurídico) De acordo com a Lei Orgânica Nacional do Ministério Público, são considerados órgãos de administração superior do Ministério Público:

a) o Procurador-Geral de Justiça, o Colégio de Procuradores de Justiça e o Conselho Superior do Ministério Público.

b) a Corregedoria-Geral do Ministério Público, o Procurador-Geral de Justiça e o Conselho Superior do Ministério Público.

c) a Procuradoria-Geral de Justiça, o Colégio de Procuradores de Justiça e o Conselho Superior do Ministério Público.

d) a Corregedoria-Geral do Ministério Público, as Procuradorias de Justiça e o Conselho Superior do Ministério Público.

► ***Anotações/Comentários***

São órgãos da Administração Superior: I - a Procuradoria-Geral de Justiça; II - o Colégio de Procuradores de Justiça; III - o Conselho Superior do Ministério Público; e IV - a Corregedoria-Geral do Ministério Público, nos termos do art. 5º da LONMP. As Procuradorias de Justiça são órgão de Administração.

RESPOSTA: C).

121. (MPRS/2012 / Técnico de Informática) Assinale com V (verdadeiro) ou com F (falso) as afirmações abaixo, relativas ao Ministério Público.

( ) O ingresso na carreira far-se-á mediante concurso público de provas e títulos, assegurada a participação da Ordem dos Advogados do Brasil em sua realização, exigindo-se do bacharel em direito, no mínimo, três anos de atividade jurídica.

( ) O Conselho Superior do Ministério Público terá como membros natos apenas o Procurador-Geral de Justiça e o Corregedor-Geral.

( ) O Conselho Superior do Ministério Público terá como membros natos o Procurador-Geral de Justiça e os Procuradores de Justiça.

( ) A destituição do Procurador-Geral da República, por iniciativa do Presidente da República, deverá ser precedida de autorização da maioria simples do Congresso Nacional.

A sequência correta de preenchimento dos parênteses, de cima para baixo, é

a) V – V – F – F.

b) V – F – V – F.

c) F – V – V – F.

d) F – V – F – V.

e) F – F – V – V.

► *Anotações/Comentários*

O art. 129, § 3º, da CF/88, estabelece que: "O ingresso na carreira do Ministério Público far-se-á mediante concurso público de provas e títulos, assegurada a participação da Ordem dos Advogados do Brasil em sua realização, exigindo-se do bacharel em direito, no mínimo, três anos de atividade jurídica e observando-se, nas nomeações, a ordem de classificação.". O Conselho Superior terá como membros natos apenas o Procurador-Geral de Justiça e o Corregedor-Geral do Ministério Público, de acordo com o que prevê o art. 14, I, da LONMP. O art. 128, § 2º, da CF/88, prevê que: "A destituição do Procurador-Geral da República, por iniciativa do Presidente da República, deverá ser precedida de autorização da maioria absoluta do Senado Federal.".

RESPOSTA: A).

122. (MPRS/2012 / Técnico de Informática) De acordo com a Lei Orgânica Nacional do Ministério Público, NÃO compete ao Colégio de Procuradores de Justiça julgar recurso contra

a) decisão de disponibilidade e remoção de membro do Ministério Público por motivo de interesse público.

b) decisão proferida em reclamação quanto ao quadro geral de antiguidade.

c) decisão condenatória em procedimento administrativo disciplinar.

d) decisão de vitaliciamento ou não de membros do Ministério Público.

e) decisão do Conselho Superior do Ministério Público que aprovar permuta entre membros do Ministério Público.

► *Anotações/Comentários*

Não se encontra no rol de julgamentos de recursos de competência do Colégio de Procuradores a decisão do Conselho Superior do Ministério Público que aprovar permuta entre membros do Ministério Público.

RESPOSTA: E).

123. (MPRS/2012 / Técnico de Informática) De acordo com a Lei Orgânica Nacional do Ministério Público, incluem-se entre os órgãos de Administração do Ministério Público

a) os órgãos de Apoio Administrativo.

b) a Comissão de Concurso.

c) o Centro de Estudos e Aperfeiçoamento Funcional.

d) as Procuradorias de Justiça.

e) os Centros de Apoio Operacional.

► ***Anotações/Comentários***

Os órgãos de Administração estão previstos no art. 6º da LONMP são as Procuradorias de Justiça e as Promotorias de Justiça.

RESPOSTA: D).

124. (MPRS/2012/Técnico de Informática) De acordo com a Lei Orgânica Nacional do Ministério Público, incluem-se entre os órgãos de Administração do Ministério Público

a) os órgãos de Apoio Administrativo.

b) a Comissão de Concurso.

c) as Procuradorias de Justiça.

d) o Centro de Estudos e Aperfeiçoamento Funcional.

e) os Centros de Apoio Operacional.

► ***Anotações/Comentários***

São órgãos de Administração do Ministério Público: I - as Procuradorias de Justiça; e II - as Promotorias de Justiça (art. 6º, da LONMP). Os Centros de Apoio Operacional; a Comissão de Concurso; o Centro de Estudos e Aperfeiçoamento Funcional; os órgãos de apoio administrativo; e os estagiários são órgãos auxiliares do Ministério Público, conforme prevê o art. 8º da LONMP.

RESPOSTA: C).

125. (MPRS/2012 / Técnico de Informática) De acordo com a Lei Orgânica Nacional do Ministério Público, NÃO compete ao Colégio de Procuradores de Justiça julgar recurso contra

a) decisão do Conselho Superior do Ministério Público que aprovar permuta entre membros do Ministério Público.

b) decisão de disponibilidade e remoção de membro do Ministério Público por motivo de interesse público.

c) decisão proferida em reclamação quanto ao quadro geral de antiguidade.

d) decisão condenatória em procedimento administrativo disciplinar.

e) decisão de vitaliciamento ou não de membros do Ministério Público.

► ***Anotações/Comentários***

As atribuições do Colégio de Procuradores de julgamentos de recursos estão previstas no art. 12, VIII, da LONMP, sendo que não está incluída nesse dispositivo o julgamento de recursos da decisão do Conselho Superior do Ministério Público que aprovar permuta entre membros do Ministério Público.

RESPOSTA: A).

126. (MPRO/2012 / Analista) A Lei nº 8.625/93 instituiu a Lei Orgânica Nacional do Ministério Público. Tendo em vista o que a referida lei disciplina, assinale a alternativa em que NÃO consta um órgão de execução do Ministério Público.

a) Procurador-Geral de Justiça.

b) Promotores de Justiça.

c) Conselho Superior do Ministério Público.

d) Colégio de Procuradores de Justiça.

e) Procuradores de Justiça.

► ***Anotações/Comentários***

Segundo o art. 7º, da LONMP, são órgãos de execução do MP, o Procurador-Geral de Justiça; o Conselho Superior do Ministério Público; os Procuradores de Justiça; os Promotores de Justiça.

RESPOSTA: D).

127. (MPRO/2012 / Analista) O membro do Ministério Público possuiu autonomia de convicção, na medida em que não se submete a nenhum poder hierárquico no exercício do seu mister, podendo agir no processo, da maneira que melhor entender. A afirmação está discorrendo sobre qual princípio institucional do Ministério Público?

a) Promotor natural.

b) Vitaliciedade.

c) Unidade.

d) Independência funcional.

e) Indivisibilidade.

► ***Anotações/Comentários***

Pelo princípio da independência funcional, cada membro e cada órgão do Ministério Público gozam de liberdade para o exercício de suas funções em face de outros membros, sem submissão à hierarquia na atividade-fim, ou ainda em face de órgãos da mesma Instituição, bem como não poderão ser responsabilizados por atos praticados estritamente nos exercícios de suas funções.

RESPOSTA: D).

128. (MPRO/2012 / Analista) A Constituição Federal de 1988, em seu Artigo 129, disciplina que são funções institucionais do Ministério Público, EXCETO:

a) defender judicialmente os direitos e interesses das populações indígenas.

b) promover, privativamente, a ação penal pública, na forma da lei.

c) expedir notificações nos procedimentos administrativos de sua competência, requisitando informações e documentos para instruí-los.

d) exercer o controle externo da atividade policial.

e) promover o inquérito policial, indicados os fundamentos jurídicos de suas manifestações processuais.

► ***Anotações/Comentários***

As funções institucionais do MP estão previstas no art. 129 da CF/88, além das Leis Orgânicas que disciplinam a atuação da Instituição. Não é função institucional a promoção de inquérito policial pelo MP, pois não há essa previsão constitucional, sendo que as normas processuais penais que regulamentam o assunto direcionam a presidência do inquérito policial ao Delegado de Polícia. Há ainda entendimento firmado no STF e no STJ que o MP pode realizar investigação criminal de forma autônoma, porém não pode presidir inquérito policial.

RESPOSTA: E).

129. (MPAL/2012 / Técnico do Ministério Público) São deveres dos membros do Ministério Público, além de outros previstos em lei, exceto:

a) manter ilibada conduta pública, uma vez que os atos praticados na esfera particular não repercutem em sua vida funcional.

b) acatar, no plano administrativo, as decisões dos órgãos da Administração Superior do Ministério Público.

c) obedecer aos prazos processuais.

d) assistir aos atos judiciais, quando obrigatória ou conveniente a sua presença.

e) indicar os fundamentos jurídicos de seus pronunciamentos processuais, elaborando relatório em sua manifestação final ou recursal.

▶ ***Anotações/Comentários***

Os deveres de membros do Ministério Público estão previstos no art. 43 da LONMP, entre eles, é de manter ilibada conduta pública, bem como particular.

RESPOSTA: A).

130. (MPPI/ 2012 / Nível Médio) Julgue os itens a seguir, acerca da Lei Orgânica Nacional do Ministério Público (LONMP).

A LONMP insere o Ministério Público (MP) na estrutura do Poder Judiciário, por ser este essencial à função jurisdicional do Estado, assegurando-lhe a autonomia funcional, administrativa, financeira e, em especial, a competência para editar atos de aposentadoria, exoneração e outros que importem em vacância de cargos e carreiras e dos serviços auxiliares.

▶ ***Anotações/Comentários***

O Ministério Público é instituição permanente, essencial à função jurisdicional do Estado, incumbindo-lhe a defesa da ordem jurídica, do regime democrático e dos interesses sociais e individuais indisponíveis e não se insere na estrutura do Poder Judiciário, sendo uma Instituição de previsão constitucional, essencial a função jurisdicional do Estado (art. 127, da CF/88) e possuindo autonomia funcional, administrativa e financeira, com competência para editar atos de aposentadoria, exoneração e outros que importem em vacância de cargos e carreira e dos serviços auxiliares, bem como os de disponibilidade de membros do Ministério Público e de seus servidores (art. 3º. VIII, da LONMP).

RESPOSTA: Errada.

131. (MPPI/2012 / Nível Médio) Ao membro ou servidor do MP é vedado manter, sob sua chefia imediata, cônjuge, companheiro ou parente até o segundo grau civil, salvo em cargo ou função de confiança.

▶ ***Anotações/Comentários***

Ao membro ou servidor do Ministério Público é vedado manter, sob sua chefia imediata, em cargo ou função de confiança, cônjuge, companheiro, ou parente até o segundo grau civil, conforme prevê o art. 72 da LONMP.

RESPOSTA: Errada.

132. (MPPI/2012 / Nível Médio) Nos termos da LONMP, a criação de órgãos e serviços de apoio administrativo do MP do estado depende de lei específica, cuja iniciativa é exclusiva do governador do estado, desde que solicitada pelo procurador-geral de justiça.

► ***Anotações/Comentários***

Estabelece o art. 36 da LONMP: "Lei de iniciativa do Procurador-Geral de Justiça disciplinará os órgãos e serviços auxiliares de apoio administrativo, organizados em quadro próprio de carreiras, com os cargos que atendam às suas peculiaridades e às necessidades da administração e das atividades funcionais.".

RESPOSTA: Errada.

133. (MPPI/2012/Nível Médio) As funções confiadas aos promotores de justiça, nos termos expressos da LONMP, incluem o dever de atender a qualquer do povo e tomar as providências cabíveis, desde que a demanda esteja circunscrita na esfera de suas de atribuições.

► ***Anotações/Comentários***

Além de outras funções cometidas nas Constituições Federal e Estadual, na Lei Orgânica e demais leis, compete aos Promotores de Justiça, dentro de suas esferas de atribuições, atender a qualquer do povo, tomando as providências cabíveis, de acordo com o que estabelece o art. 32, II, da LONMP.

RESPOSTA: Correta.

134. (MPPI/2012 / Nível Médio) A escolha do procurador-geral de justiça poderá recair sobre qualquer membro da carreira, integrante de lista tríplice, a ser nomeado pelo chefe do Poder Executivo, para exercer a chefia do MP, com mandato de dois anos, permitida uma recondução, e para, na forma da LONMP, representar o MP judicial e extrajudicialmente.

► ***Anotações/Comentários***

Os Ministérios Públicos dos Estados formarão lista tríplice, dentre integrantes da carreira, na forma da lei respectiva, para escolha de seu Procurador-Geral, que será nomeado pelo Chefe do Poder Executivo, para mandato de dois anos, permitida uma recondução, observado o mesmo procedimento, conforme estabelece o art. 9º da LONMP. O Procurador-Geral de

Justiça possui competência, entre outras, de exercer a chefia do Ministério Público, representando-o judicial e extrajudicialmente (art. 10, I, da LONMP).

RESPOSTA: Correta.

135. (MPPI/2012 / Cargos de Nível Superior) Julgue os itens subsequentes, acerca da Lei Orgânica Nacional do Ministério Público (LONMP).

A fiscalização contábil, financeira, orçamentária, operacional e patrimonial do Ministério Público (MP), quanto à legalidade, legitimidade, economicidade, aplicação de dotações e recursos próprios e renúncia de receitas, será exercida pelo Poder Legislativo, mediante controle externo e pelo sistema de controle interno estabelecido na lei orgânica.

► ***Anotações/Comentários***

O art. 4º, § 2º, da LONMP, prevê que: "A fiscalização contábil, financeira, orçamentária, operacional e patrimonial do Ministério Público, quanto à legalidade, legitimidade, economicidade, aplicação de dotações e recursos próprios e renúncia de receitas, será exercida pelo Poder Legislativo, mediante controle externo e pelo sistema de controle interno estabelecido na Lei Orgânica.".

RESPOSTA: Correta.

136. (MPPI/2012 / Cargos de Nível Superior) A LONMP autoriza o procurador-geral de justiça a exercer, por ato excepcional e fundamentado, as funções processuais afetas a outro membro da instituição, desde que submeta sua decisão, previamente, ao Conselho Superior do Ministério Público, autorizando-o, também, a dirimir conflitos de atribuições entre membros do MP, designando quem deva oficiar no feito.

► ***Anotações/Comentários***

Compete ao Procurador-Geral de Justiça designar membros do Ministério Público para, por ato excepcional e fundamentado, exercer as funções processuais afetas a outro membro da instituição, submetendo sua decisão previamente ao Conselho Superior do Ministério Público (art. 10, IX, "g", da LONMP). Também é de sua atribuição dirimir conflitos de atribuições entre membros do Ministério Público, designando quem deva oficiar no feito (art. 10, X, da LONMP).

RESPOSTA: Correta.

137. (MPPI/2012 / Cargos de Nível Superior) Os membros do MP com exercício das funções institucionais junto à justiça eleitoral serão designados pelo procurador-geral da República, por lista encaminhada pelo procurador-geral de justiça, após aprovação do Colégio de Procuradores. Caso não ocorra designação exclusiva para os serviços eleitorais, o promotor eleitoral será o membro do MP local que oficie perante o juízo incumbido daqueles serviços.

► ***Anotações/Comentários***

O art. 73, da LONMP prevê que: "Para exercer as funções junto à Justiça Eleitoral, por solicitação do Procurador-Geral da República, os membros do Ministério Público do Estado serão designados, se for o caso, pelo respectivo Procurador-Geral de Justiça.". Por sua vez, o § 1º do mesmo dispositivo legal prevê que: "Não ocorrendo designação, exclusivamente para os serviços eleitorais, na forma do caput deste artigo, o Promotor Eleitoral será o membro do Ministério Público local que oficie perante o Juízo incumbido daqueles serviços.".

RESPOSTA: Errada.

138. (MPPI/2012 / Cargos de Nível Superior) Nos termos da LONMP, o procurador-geral de justiça possui atribuição para escolher monocraticamente o corregedor-geral do MP. A destituição deste do cargo, antes de encerrado o mandato, dependerá do referendo pelo voto de dois terços dos membros do Colégio de Procuradores de Justiça, em caso de comprovado abuso de poder, conduta incompatível ou grave omissão nos deveres do cargo.

► ***Anotações/Comentários***

Segundo previsão do art. 16 da LOMPU, o Corregedor-Geral do Ministério Público será eleito pelo Colégio de Procuradores, dentre os Procuradores de Justiça, para mandato de dois anos, permitida uma recondução, observado o mesmo procedimento. A destituição do Corregedor-Geral do Ministério Público, será de competência do Colégio de Procuradores de Justiça, pelo voto de dois terços de seus membros, em caso de abuso de poder, conduta incompatível ou grave omissão nos deveres do cargo, por representação do Procurador-Geral de Justiça ou da maioria de seus integrantes, assegurada ampla defesa (art. 12, VI, da LOMPU).

RESPOSTA: Errada.

139. (MPPI/2012 / Cargos de Nível Superior A LONMP assegura ao MP autonomia funcional, administrativa e financeira, inclusive para editar atos de aposentadoria, exoneração e outros que importem em vacância de cargos e carreira e dos serviços auxiliares, cuja eficácia depende da aprovação prévia do Poder Judiciário e do tribunal de contas do estado.

▶ ***Anotações/Comentários***

O art. 3º da LOMPU assegura a autonomia funcional, administrativa e financeira ao MP, cabendo-lhe entre outros atos, editar atos de aposentadoria, exoneração e outros que importem em vacância de cargos e carreira e dos serviços auxiliares, bem como os de disponibilidade de membros do Ministério Público e de seus servidores (art. 3º, VIII, da LONMP). Porém, o art. 3º, par. Único da LOMPU, prevê que todas as decisões do Ministério Público fundadas em sua autonomia funcional, administrativa e financeira, obedecidas as formalidades legais, têm eficácia plena e executoriedade imediata, ressalvada a competência constitucional do Poder Judiciário e do Tribunal de Contas.

REPOSTA: Errada.

140. (MPAL/2012 / Analista do Ministério Público) Dados os itens que integram a estrutura organizacional do Ministério Público, como órgãos de administração,

I. As Procuradorias de Justiça.

II. O Procurador Geral de Justiça.

III. As Promotorias de Justiça.

IV. Os Centros de Apoio Operacional.

V. Os órgãos de Apoio Técnico e Administrativo.

verifica-se que estão corretos:

a) II, III e IV, apenas.

b) I, III, IV e V.

c) I, II e V, apenas.

d) I e III, apenas.

e) III, IV e V, apenas.

▶ ***Anotações/Comentários***

São órgãos de Administração do Ministério Público: I - as Procuradorias de Justiça; e II - as Promotorias de Justiça, conforme o art. 6º da LONMP.

RESPOSTA: D).

141. (MPRJ/2011 / Técnico) NÃO se trata de prerrogativa outorgada aos membros do Ministério Público no exercício de suas funções:

a) ter acesso ao indiciado preso, a qualquer momento, mesmo quando decretada a sua incomunicabilidade

b) usar vestes talares e as insígnias privativas dos membros do Ministério Público;

c) gozar de autonomia administrativa e funcional

d) manifestar-se de acordo com seu livre convencimento, de forma fundamentada e dentro dos limites da lei;

e) ingressar em qualquer recinto público ou privado, ressalvada a garantia constitucional de inviolabilidade do domicílio.

► ***Anotações/Comentários***

Os arts. 40 e 41 da LONMP estabelecem prerrogativas dos membros do Ministério Público, não estando prevista a descrita na alternativa c).

RESPOSTA: C).

142. (MPERJ/2011/ Técnico) De acordo com a Lei Orgânica Nacional do Ministério Público, é correto afirmar que:

a) são membros natos do Conselho Superior do Ministério Público o Procurador-Geral de Justiça, o Corregedor-Geral do Ministério Público e o Secretário-Geral do Ministério Público

b) a Corregedoria-Geral do Ministério Público, além de integrar a Administração Superior, exerce, eventualmente, atividade finalística institucional

c) os Procuradores de Justiça, na forma da lei, exercem função de natureza correcional sobre o trabalho desenvolvido pelos Promotores de Justiça;

d) compete ao Colégio de Procuradores de Justiça, na qualidade de Órgão da Administração Superior, rever o arquivamento de inquérito civil, na forma da lei;

e) a fiscalização dos estabelecimentos prisionais classifica-se como atividade típica de atribuição dos órgãos auxiliares das Promotorias de Justiça.

► ***Anotações/Comentários***

O art. 19, §2º, da LONMP estabelece que: "Os Procuradores de Justiça exercerão inspeção permanente dos serviços dos Promotores de Justiça nos autos em que oficiem, remetendo seus relatórios à Corregedoria-Geral do Ministério Público.". O Conselho Superior terá como membros natos apenas o Procurador-Geral de Justiça e o Corregedor-Geral do Ministério Público, conforme previsão do art.14, II, da LONMP. A Corregedoria-Geral do Ministério Público é o órgão orientador e fiscalizador das atividades funcionais e da conduta dos membros do Ministério Público, não sendo atribuição o exercício da atividade finalística. Cabe ao Conselho Superior do Ministério Público rever o arquivamento de inquérito civil, na forma da lei, consoante prevê o art. 30 da LONMP. É função do Ministério Público exercer a fiscalização dos estabelecimentos prisionais e dos que abriguem idosos, menores, incapazes ou pessoas portadoras de deficiência (art. 25, VI, da LONMP).

RESPOSTA: C).

143. (MPRJ/2011 / Técnico) Representa atribuição do Conselho Superior do Ministério Público na qualidade de órgão de execução:

a) rever, mediante requerimento de legítimo interessado, decisão de arquivamento de Inquérito Policial ou peças de informação determinada pelo Procurador-Geral de Justiça, nos casos de sua atribuição originária;

b) deliberar sobre a propositura de ação direta de inconstitucionalidade;

c) rever o arquivamento do inquérito civil, na forma da lei;

d) decidir os recursos interpostos contra ato de indeferimento de inscrição no concurso para ingresso na carreira;

e) fiscalizar a aplicação de verbas públicas destinadas às instituições assistenciais e educacionais.

► ***Anotações/Comentários***

Cabe ao Conselho Superior do Ministério Público rever o arquivamento de inquérito civil, na forma da lei, conforme estabelece o art. 30 da LONMP.

RESPOSTA: C).

144. (MPRS/2011 / Assessor – Direito) Considere as seguintes funções.

I - Promover a representação de inconstitucionalidade para efeito de intervenção do Estado nos Municípios.

II - Requisitar à autoridade competente a instauração de sindicância ou procedimento administrativo cabível.

III - Impetrar habeas corpus e mandado de segurança e requerer correição parcial, inclusive perante os Tribunais locais competentes.

IV - Manifestar-se em qualquer fase dos processos, acolhendo solicitação do juiz, da parte ou por sua iniciativa, quando entender existente interesse em causa que justifique a intervenção.

V - Sugerir ao Poder competente a edição de normas e a alteração da legislação em vigor, bem como a adoção de medidas propostas, destinadas à prevenção e controle da criminalidade.

Quais delas constituem funções gerais ou especiais dos órgãos de execução do Ministério Público, nos termos da Lei nº 8.625, de 12 de fevereiro de 1993?

a) Apenas II e III.

b) Apenas I e IV.

c) Apenas II e V.

d) Apenas I, III, IV e V.

e) I, II, III, IV e V.

► ***Anotações/Comentários***

É função do Ministério Público promover a representação de inconstitucionalidade para efeito de intervenção do Estado nos Municípios (art. 25, II, da LONMP). É função do Ministério Público requisitar à autoridade competente a instauração de sindicância ou procedimento administrativo cabível (art. 26, III, da LONMP). É atribuição do Ministério Público impetrar habeas-corpus e mandado de segurança e requerer correição parcial, inclusive perante os Tribunais locais competentes (art. 32, I, da LONMP). É de atribuição do Ministério Público manifestar-se em qualquer fase dos processos, acolhendo solicitação do juiz, da parte ou por sua iniciativa, quando entender existente interesse em causa que justifique a intervenção (art. 26, VIII, da LONMP). Também é atribuição do Ministério Público sugerir ao Poder competente a edição de normas e a alteração da legislação em vigor, bem como a adoção de medidas propostas, destinadas à prevenção e controle da criminalidade (art. 26, VII, da LONMP).

RESPOSTA: E).

145. (MPRS/2010 / Secretário de Diligências) Nos termos da Lei Orgânica Nacional do Ministério Público (Lei n° 8.625/93), é correto afirmar:

a) O Corregedor-Geral do Ministério Público será eleito pelo Conselho Superior, dentre os Procuradores e Promotores de Justiça, para mandato de dois anos, vedada a recondução.

b) O período de afastamento da carreira para exercer cargo, emprego ou função de nível equivalente ou maior na Administração Direta ou Indireta não será considerado de efetivo exercício, exceto para remoção ou promoção por merecimento.

c) A reversão dar-se-á na instância em que se aposentou o membro do Ministério Público, em vaga a ser provida pelo critério de antiguidade, observados os requisitos legais.

d) Suspende-se, até definitivo julgamento, o exercício funcional de membro do Ministério Público quando, antes do decurso do prazo de dois anos, houver impugnação de seu vitaliciamento.

e) É obrigatória a promoção do Promotor de Justiça que figure por duas vezes consecutivas ou três alternadas em lista de merecimento.

► ***Anotações/Comentários***

Segundo o art. 60, *caput*, da LONMP: "Suspende-se, até definitivo julgamento, o exercício funcional de membro do Ministério Público quando, antes do decurso do prazo de dois anos, houver impugnação de seu vitaliciamento.". O Corregedor-Geral do Ministério Público será eleito pelo Colégio de Procuradores (art. 16 da LONMP). A reversão dar-se-á na entrância em que se aposentou o membro do Ministério Público, em vaga a ser provida pelo critério de merecimento (não antiguidade), observados os requisitos legais (art. 67 da LONMP). É obrigatória a promoção do Promotor de Justiça que figure por três vezes consecutivas ou cinco alternadas em lista de merecimento (art. 61, VI, da LONMP).

RESPOSTA: D).

146. (MPRS/2010 / Secretário de Diligências)

Conforme a Lei Orgânica Nacional do Ministério Público (Lei n° 8.625/93), a ação civil para a decretação da perda do cargo de Membro do Ministério Público será proposta pelo

a) Órgão Especial do Colégio de Procuradores de Justiça perante o Conselho Superior da Magistratura, após autorização do Procurador-Geral de Justiça, na forma da Lei Ordinária.

b) Procurador-Geral de Justiça perante o Tribunal de Justiça local, após autorização do Colégio de Procuradores.

c) Conselho Superior do Ministério Público perante o Tribunal de Justiça local, após autorização da Assembleia Legislativa, na forma da Lei Complementar.

d) Colégio de Procuradores de Justiça perante o Conselho Superior da Magistratura, após autorização do Conselho Superior do Ministério Público, na forma da Lei Estadual.

e) Corregedor-Geral do Ministério Público perante o Tribunal de Justiça local, após autorização do Conselho Superior do Ministério Público.

► ***Anotações/Comentários***

A ação civil para a decretação da perda do cargo será proposta pelo Procurador-Geral de Justiça perante o Tribunal de Justiça local, após autorização do Colégio de Procuradores, na forma da Lei Orgânica, conforme previsão do art. 38, § 2º, da LONMP.

RESPOSTA: B).

147. (MPRS/2010 / Agente Administrativo) Dentre outras atribuições, compete ao Corregedor-Geral do Ministério Público, conforme previsão da Lei Orgânica Nacional do Ministério Público (Lei nº 8.625/93),

a) indicar os membros do Ministério Público que integrarão a Comissão de Concurso de ingresso na carreira.

b) indicar ao Procurador-Geral de Justiça, em lista tríplice, os candidatos a remoção ou promoção por merecimento.

c) realizar inspeções nas Procuradorias de Justiça, remetendo relatório reservado ao Colégio de Procuradores de Justiça.

d) autorizar o afastamento de membro do Ministério Público para frequentar curso ou seminário de aperfeiçoamento e estudo, no País ou no exterior.

e) aprovar o quadro geral de antiguidade do Ministério Público e decidir sobre reclamações formuladas a esse respeito.

► ***Anotações/Comentários***

São atribuições do Colégio de Procuradores de Justiça, entre outras, realizar inspeções nas Procuradorias de Justiça, remetendo relatório reservado ao Colégio de Procuradores de Justiça (art. 17, II, da LONMP).

RESPOSTA: C).

148. (MPSP/2010 / Analista de Promotoria I) De acordo com a Lei Orgânica Nacional do Ministério Público,

a) o Corregedor-Geral é escolhido diretamente pelo Procurador-Geral de Justiça.

b) o exercício da advocacia é hipótese que pode acarretar a perda do cargo do membro do Ministério Público.

c) o Procurador-Geral de Justiça poderá, mesmo sem a concordância do Promotor de Justiça titular, designar outro Promotor para funcionar em feito determinado, de atribuição daquele.

d) no exercício das suas funções, o Ministério Público poderá determinar ao Poder competente a edição de normas e a alteração da legislação em vigor, bem como a adoção de medidas urgentes, destinadas à prevenção e ao controle da criminalidade.

e) o membro do Ministério Público, em virtude da natureza do seu cargo, não está obrigado a identificar-se em suas manifestações funcionais.

► *Anotações/Comentários*

O membro vitalício do Ministério Público somente perderá o cargo por sentença judicial transitada em julgado, proferida em ação civil própria, na hipótese do exercício de advocacia (art. 38, § 1º, II, da LONMP). O Corregedor-Geral do Ministério Público será eleito pelo Colégio de Procuradores (art. 16 da LONMP). O Procurador-Geral de Justiça poderá, com a concordância do Promotor de Justiça titular, designar outro Promotor para funcionar em feito determinado, de atribuição daquele, conforme estabelece o art. 24 da LONMP. O Ministério Público no exercício de suas funções poderá sugerir (não determinar) ao Poder competente a edição de normas e a alteração da legislação em vigor, bem como a adoção de medidas propostas, destinadas à prevenção e controle da criminalidade (art. 26, VII, da LONMP). É dever do membro do Ministério Público identificar-se em suas manifestações funcionais (art. 43 da LONMP).

RESPOSTA: B).

149. (MPSE/2010 / Analista – Direito) Compete ao Colégio de Procuradores de Justiça, além de outras atribuições,

a) aprovar os pedidos de remoção por permuta entre membros do Ministério Público.

b) aprovar a proposta orçamentária anual do Ministério Público, elaborada pela Procuradoria-Geral de Justiça, bem como os projetos de criação de cargos e serviços auxiliares.

c) indicar o nome do mais antigo membro do Ministério Público para remoção ou promoção por antiguidade.

d) autorizar o afastamento de membro do Ministério Público para frequentar curso ou seminário de aperfeiçoamento e estudo, no País ou no exterior.

e) indicar ao Procurador-Geral de Justiça, Promotores de Justiça para substituição por convocação.

► ***Anotações/Comentários***

O Colégio de Procuradores de Justiça possui as atribuições previstas no art. 12 da LONMP, entre elas, aprovar a proposta orçamentária anual do Ministério Público, elaborada pela Procuradoria-Geral de Justiça, bem como os projetos de criação de cargos e serviços auxiliares.

RESPOSTA: B).

150. (MPSE/2010 / Analista – Direito) O retorno do membro do Ministério Público ao cargo, em decorrência de sentença transitada em julgado, com ressarcimento dos vencimentos e vantagens deixados de perceber em razão do afastamento, inclusive a contagem do tempo de serviço, é chamado de

a) recondução

b) aproveitamento

c) reversão

d) reintegração

e) remoção

► ***Anotações/Comentários***

A reintegração, que decorrerá de sentença transitada em julgado, é o retorno do membro do Ministério Público ao cargo, com ressarcimento dos vencimentos e vantagens deixados de perceber em razão do afastamento, inclusive a contagem do tempo de serviço, conforme prevê o art. 66 da LONMP.

RESPOSTA: D).

151. (MPSE/2010 / Analista do Ministério Público) A destituição do Procurador-Geral de Justiça, por iniciativa

a) do Conselho Superior do Ministério Público, deverá ser precedida de autorização de dois terços dos membros do Colégio de Procuradores de Justiça.

b) do Colégio de Procuradores, deverá ser precedida de autorização de um terço dos membros da Assembleia Legislativa.

c) dos integrantes da Instituição, deverá ser precedida de autorização de metade mais um dos membros da Assembleia Legislativa Estadual.

d) do Governador do Estado, deverá ser precedida de autorização de metade mais um dos membros do Colégio de Procuradores de Justiça.

e) da Assembleia Legislativa Estadual, deverá ser precedida de autorização de dois terços dos integrantes do Órgão Especial do Colégio de Procuradores de Justiça.

▶ *Anotações/Comentários*

O art. 9º, § 2º, da LONMP prevê que a destituição do Procurador-Geral de Justiça, por iniciativa do Colégio de Procuradores, deverá ser precedida de autorização de um terço dos membros da Assembleia Legislativa.

RESPOSTA: B).

152. (MPSE/2010/ Analista do Ministério Público) Em relação ao Conselho Superior do Ministério Público, é correto afirmar:

a) Suas decisões serão motivadas e publicadas, por extrato, vedada qualquer hipótese de sigilo.

b) São elegíveis, para esse Conselho, dentre outros, os Procuradores de Justiça da ativa ou afastados da carreira.

c) Poderá recusar o membro do Ministério Público mais antigo pelo voto de um terço de seus integrantes, em votação única.

d) Terá como membros natos apenas o Procurador-Geral de Justiça e o Corregedor-Geral do Ministério Público.

e) É o órgão orientador e fiscalizador das atividades funcionais e da conduta dos membros do Ministério Público.

▶ *Anotações/Comentários*

O Conselho Superior terá como membros natos apenas o Procurador-Geral de Justiça e o Corregedor-Geral do Ministério Público, conforme preceitua o art. 14, I, da LONMP. As decisões do Conselho Superior do Ministério Público deverão sempre serem motivadas e publicadas, por extrato, salvo nas hipóteses legais de sigilo ou por deliberação da maioria de seus integrantes (art. 15, § 1º, da LONMP). Para a composição do Conselho Superior são elegíveis somente Procuradores de Justiça que não estejam afastados da carreira (art. 14, II, da LONMP). O art. 15, § 3º, da LONMP, prevê que: "Na indicação por antiguidade, o Conselho Superior do Ministério Público somente poderá recusar o membro do Ministério Público mais antigo pelo voto de dois terços de seus integrantes, conforme procedimento próprio, repetindo-se a votação até fixar-se a indicação, após o julgamento de eventual recurso interposto com apoio na alínea e do inciso VIII do art. 12 desta lei. A orientação e fiscalização das atividades funcionais e da conduta dos membros do Ministério Público é competência da Corregedoria-Geral do Ministério Público.".

REPOSTA: D).

153. (MPSE/2010/ Analista do Ministério Público) Quanto a Carreira do Ministério Público, considere:

I. É requisito para o ingresso na carreira, dentre outros, ser brasileiro.

II. É obrigatória a abertura do concurso de ingresso quando o número de vagas atingir a três quintos dos cargos da carreira.

III. Não se suspende, em qualquer hipótese, o exercício funcional de membro do Ministério Público quando, antes do decurso do prazo de 1 (um) ano, houver impugnação de sua estabilidade.

IV. A Lei Orgânica disciplinará o procedimento de impugnação de vitaliciamento, cabendo ao Conselho Superior do Ministério Público decidir, no prazo máximo de 60 (sessenta) dias, sobre o não vitaliciamento e ao Colégio de Procuradores, em 30 (trinta) dias, eventual recurso.

V. Assegurar-se-ão ao candidato aprovado a nomeação e a escolha do cargo, de acordo com a ordem de classificação no concurso.

Está correto o que consta APENAS em

a) I, IV e V.

b) II, III e V.

c) III e IV.

d) II e IV.

e) I e II.

▶ *Anotações/Comentários*

Para ingresso na carreira do MP, é requisito, entre outros, ser brasileiro (art. 59, § 3º, I, da LONMP). O art. 60, § 1º, da LONMP, estabelece que: "A Lei Orgânica disciplinará o procedimento de impugnação, cabendo ao Conselho Superior do Ministério Público decidir, no prazo máximo de sessenta dias, sobre o não vitaliciamento e ao Colégio de Procuradores, em trinta dias, eventual recurso.". O art. 59, § 2º, da LONMP prevê que será assegurado ao candidato aprovado a nomeação e a escolha do cargo, de acordo com a ordem de classificação no concurso. Segundo o art. 59, § 1º, da LONMP será obrigatória a abertura do concurso de ingresso quando o número de vagas atingir a um quinto (não três quintos) dos cargos iniciais da carreira.

O art. 60 da LONMP estabelece que: "Suspende-se, até definitivo julgamento, o exercício funcional de membro do Ministério Público quando, antes do decurso do prazo de dois anos, houver impugnação de seu vitaliciamento.".

RESPOSTA: A).

154. (MPSE/2010/ Analista do Ministério Público) Quanto às funções dos Órgãos de Execução do Ministério Público, é INCORRETO afirmar:

a) É vedado o exercício das funções do Ministério Público a pessoas a ele estranhas, sob pena de nulidade do ato praticado.

b) Toda representação ou petição formulada ao Ministério Público será distribuída entre os membros da instituição que tenham atribuições para apreciá-la, observados os critérios fixados pelo Colégio de Procuradores.

c) O membro do Ministério Público será responsável pelo uso indevido das informações e documentos que requisitar, inclusive nas hipóteses legais de sigilo.

d) Cabe ao Ministério Público exercer a defesa dos direitos assegurados nas Constituições Federal e Estadual, sempre que se cuidar de garantir-lhe o respeito, além de outros pelos concessionários e permissionários de serviço público estadual ou municipal.

e) As notificações e requisições, quando tiverem como destinatários o Governador do Estado e os membros do Poder Legislativo, serão encaminhadas diretamente pelo Membro do Ministério Público oficiante, em conjunto com o respectivo Secretário Executivo de Promotoria ou Procuradoria de Justiça.

▶ *Anotações/Comentários*

O art. 26, § 1º, da LONMP estabelece que as notificações e requisições utilizadas no exercício das funções ministeriais, quando tiverem como destinatários o Governador do Estado, os membros do Poder Legislativo e os desembargadores, serão encaminhadas pelo Procurador-Geral de Justiça. O art. 25, par. Único da LONMP, estabelece que será vedado o exercício das funções do Ministério Público a pessoas a ele estranhas, sob pena de nulidade do ato praticado. O art. 26, § 5º, da LONMP, prevê que: "Toda representação ou petição formulada ao Ministério Público será distribuída entre os membros da instituição que tenham atribuições para apreciá-la, observados os critérios fixados pelo Colégio de Procuradores.". O art. 26, § 2º, da LONMP prevê que o membro do Ministério Público será responsável pelo uso indevido das informações e documentos que requisitar, inclusive nas hipóteses legais de sigilo. O art. 27, III, da LONMP estabelece a competência do Ministério Público para exercer a defesa dos direitos assegurados nas Constituições Federal e Estadual, sempre que se cuidar de garantir-lhe o respeito pelos concessionários e permissionários de serviço público estadual ou municipal.

RESPOSTA: E).

155. (MPRN/2010 / Analista de Tecnologia da Informação - Engenharia de Software) A ação civil para a decretação da perda do cargo de Membro do Ministério Público será proposta pelo

a) Governador do Estado perante o Tribunal de Justiça do Rio Grande do Norte, após parecer do Procurador-Geral do Estado.

b) Corregedor-Geral de Justiça perante o Conselho Superior do Ministério Público do Estado do Rio Grande do Norte.

c) Secretário do Conselho Superior do Ministério Público, após delegação do Procurador-Geral de Justiça e autorização do Órgão Especial.

d) Membro mais antigo do Colégio de Procuradores de Justiça perante o Superior Tribunal de Justiça, após autorização da maioria do Conselho Superior.

e) Procurador-Geral de Justiça perante o Tribunal de Justiça do Estado do Rio Grande do Norte, após autorização da maioria do Colégio de Procuradores.

► ***Anotações/Comentários***

A ação civil para a decretação da perda do cargo será proposta pelo Procurador-Geral de Justiça perante o Tribunal de Justiça local, após autorização do Colégio de Procuradores, na forma da Lei Orgânica, segundo previsão do art. 38, § 2º, da LONMP.

RESPOSTA: E).

156. (MPAP / 2009 / Técnico Administrativo) De acordo com a Lei Orgânica Nacional do Ministério Público (Lei Federal nº 8.625/93), incluem-se dentre os órgãos de execução

a) a Procuradoria-Geral de Justiça e as Promotorias de Justiça.

b) o Procurador-Geral de Justiça e o Conselho Superior do Ministério Público.

c) o Conselho Superior do Ministério Público e as Procuradorias de Justiça.

d) a Corregedoria-Geral do Ministério Público e os Procuradores de Justiça.

e) as Promotorias de Justiça e os Promotores de Justiça.

► ***Anotações/Comentários***

São órgãos de execução segundo a LONMP: I - o Procurador-Geral de Justiça; II - o Conselho Superior do Ministério Público; III - os Procuradores de Justiça; e IV - os Promotores de Justiça. A Procuradoria-Geral de Justiça, o Conselho Superior do Ministério Público e a Corregedoria-Geral de Justiça são órgãos da Administração Superior do Ministério Público (art. 5º, da LONMP).

RESPOSTA: B).

157. (MPAP / 2009 / Técnico Administrativo) De acordo com a Lei Orgânica Nacional do Ministério Público (Lei Federal nº 8.625/93), NÃO compete ao Colégio de Procuradores de Justiça

a) propor ao Procurador-Geral de Justiça a criação de cargos e serviços auxiliares.

b) eleger o Corregedor-Geral do Ministério Público.

c) aprovar o quadro geral de antiguidade do Ministério Público e decidir sobre reclamações formuladas a esse respeito.

d) aprovar a proposta orçamentária anual do Ministério Público, elaborada pela Procuradoria-Geral de Justiça.

e) destituir o Corregedor-Geral do Ministério Público em caso de abuso de poder, conduta incompatível ou grave omissão nos deveres do cargo.

► ***Anotações/Comentários***

Será de competência do Conselho Superior do Ministério Público, aprovar o quadro geral de antiguidade do Ministério Público e decidir sobre reclamações formuladas a esse respeito, conforme art. 14, IX da LONMP. As atribuições do Colégio de Procuradores estão previstas no art. 12 da LONMP.

RESPOSTA: C).

158. (MPSE/2009 / Analista do Ministério Público – Especialidade Análise de Sistemas) Considere as seguintes afirmações sobre disposições gerais da Lei Orgânica Nacional do Ministério Público:

I. Lei complementar, denominada Lei Orgânica do Ministério Público, cuja iniciativa é facultada aos Tribunais de Justiça dos Estados, estabelecerá, no âmbito de cada uma dessas unidades federativas, normas específicas de organização, atribuições e estatuto do respectivo Ministério Público.

II. A organização, as atribuições e o estatuto do Ministério Público do Distrito Federal e Territórios serão objeto da Lei Orgânica do Ministério Público da União.

III. São princípios institucionais do Ministério Público a unidade, a indivisibilidade e a independência funcional.

IV. As decisões do Ministério Público fundadas em sua autonomia funcional, administrativa e financeira, obedecidas as formalidades legais, têm eficácia plena e executoriedade imediata, não se sujeitando o Ministério Público à competência dos Tribunais de Contas.

Está correto o que se afirma APENAS em

a) III e IV.

b) I e II.

c) I e IV.

d) II e III.

e) II e IV.

▶ ***Anotações/Comentários***

A organização, atribuições e estatuto do Ministério Público do Distrito Federal e Territórios serão objeto da Lei Orgânica do Ministério Público da União, de acordo com o que prevê o parágrafo único do art. 2º, da LONMP. São princípios institucionais do Ministério Público a unidade, a indivisibilidade e a independência funcional, de acordo com a previsão do art. 1º, parágrafo único da LONMP. A Lei complementar, denominada Lei Orgânica do Ministério Público, cuja iniciativa é facultada aos Procuradores-Gerais de Justiça dos Estados (não aos Presidentes dos Tribunais de Justiça), estabelecerá, no âmbito de cada uma dessas unidades federativas, normas específicas de organização, atribuições e estatuto do respectivo Ministério Público (art. 2º da LONMP). As decisões do Ministério Público fundadas em sua autonomia funcional, administrativa e financeira, obedecidas as formalidades legais, têm eficácia plena e executoriedade imediata, ressalvada a competência constitucional do Poder Judiciário e do Tribunal de Contas, nos termos que preceitua o art. 3º, parágrafo único da LONMP.

RESPOSTA: D).

159. (MPPI/2009 / Analista Administrativo) A Lei n. 8.625, de 12 de fevereiro de 1993, ao instituir a Lei Orgânica Nacional do Ministério Público, estabeleceu que:

a) lei ordinária, denominada Lei Orgânica do Ministério Público, cuja iniciativa é facultada aos Presidentes dos Tribunais de Justiça dos Estados, estabelecerá, no âmbito de cada uma dessas unidades federativas, normas específicas de organização, atribuições e estatuto do respectivo Ministério Público.

b) lei complementar, denominada Lei Orgânica do Ministério Público, cuja iniciativa é facultada aos Presidentes dos Tribunais de Justiça dos Estados, estabelecerá, no âmbito de cada uma dessas unidades federativas, normas específicas de organização, atribuições e estatuto do respectivo Ministério Público.

c) lei ordinária, denominada Lei Orgânica do Ministério Público, cuja iniciativa é facultada aos Procuradores-Gerais de Justiça dos Estados, estabelecerá, no âmbito de cada uma dessas unidades federativas, normas específicas de organização, atribuições e estatuto do respectivo Ministério Público.

d) lei complementar, denominada Lei Orgânica do Ministério Público, cuja iniciativa é facultada aos Procuradores-Gerais de Justiça dos Estados, estabelecerá, no âmbito de cada uma dessas unidades federativas, normas específicas de organização, atribuições e estatuto do respectivo Ministério Público.

e) lei complementar, denominada Lei Orgânica do Ministério Público, cuja iniciativa é facultada aos Governadores dos Estados, estabelecerá, no âmbito de cada uma dessas unidades federativas, normas específicas de organização, atribuições e estatuto do respectivo Ministério Público.

► *Anotações/Comentários*

Estabelece o art. 2º, *caput,* da LONMP, que a Lei complementar, denominada Lei Orgânica do Ministério Público, cuja iniciativa é facultada aos Procuradores-Gerais de Justiça dos Estados, estabelecerá, no âmbito de cada uma dessas unidades federativas, normas específicas de organização, atribuições e estatuto do respectivo Ministério Público.

RESPOSTA: D).

160. (MPRS/2008/Secretário de Diligências) De acordo com a Lei nº 8.625/93, compete ao Procurador-Geral de Justiça

a) julgar recurso contra decisão proferida em reclamação sobre o quadro geral de antiguidade.

b) eleger o Corregedor-Geral do Ministério Público.

c) julgar recurso contra decisão de vitaliciamento, ou não, de membro do Ministério Público.

d) decidir sobre pedido de revisão de procedimento administrativo disciplinar.

e) encaminhar ao Poder Legislativo os projetos de lei de iniciativa do Ministério Público.

► ***Anotações/Comentários***

É atribuição do Procurador-Geral de Justiça, entre outras, encaminhar ao Poder Legislativo os projetos de lei de iniciativa do Ministério Público (art. 10, IV, da LONMP). Julgar recurso contra decisão proferida em reclamação sobre o quadro geral de antiguidade é atribuição do Colégio de Procuradores (art. 12, VIII, c), da LONMP). Eleger o Corregedor-Geral do Ministério Público é atribuição do Colégio de Procuradores (art. 12, V, da LONMP). Julgar recurso contra decisão de vitaliciamento, ou não, de membro do Ministério Público também é atribuição do Colégio de Procuradores (art. 12, VIII, a), da LONMP). Por fim, de igual atribuição do Colégio de Procuradores a tarefa de decidir sobre pedido de revisão de procedimento administrativo disciplinar (art. 12, IX, da LONMP).

RESPOSTA: E).

161. (MPRS/2008 / Secretário de Diligências) De acordo com a Lei nº 8.625/93, o Conselho Superior do Ministério Público terá como membro(s) nato(s), APENAS

a) o Procurador-Geral de Justiça e o Corregedor-Geral do Ministério Público.

b) o Procurador-Geral de Justiça.

c) o Corregedor-Geral do Ministério Público.

d) os Procuradores de Justiça.

e) os Promotores de Justiça.

► ***Anotações/Comentários***

Conselho Superior terá como membros natos apenas o Procurador-Geral de Justiça e o Corregedor-Geral do Ministério Público, conforme dispõe o art. 14, I, da LONMP.

RESPOSTA: A).

162. (MPRS/2008 / Agente Administrativo) De acordo com a Lei Orgânica Nacional do Ministério Público, incluem-se dentre os órgãos de Administração do Ministério Público

a) os Promotores de Justiça.

b) as Comissões de Concurso.

c) os Centros de Estudos e Aperfeiçoamento Funcional.

d) as Procuradorias de Justiça.

e) os Órgãos de Apoio Administrativo.

▶ ***Anotações/Comentários***

Segundo prevê o art. 6º da LONMP são órgãos da Administração do Ministério Público as Procuradorias de Justiça e as Promotorias de Justiça. Os promotores de Justiça são órgãos de execução do Ministério Público (art. 7º, IV, da LONMP). Os Centros de Apoio Operacional, a Comissão de Concurso, o Centro de Estudos e Aperfeiçoamento Funcional, os órgãos de apoio administrativo e os estagiários são considerados órgãos auxiliares do Ministério Público (art. 8º, da LONMP).

RESPOSTA: D).

163. (MPRS/2008 / Agente Administrativo) Dentre as prerrogativas do membro do Ministério Público se inclui a de ingressar e transitar livremente:

I. nas salas de Sessões dos Tribunais, mesmo além dos limites que separam a parte reservada aos Magistrados.

II. nas salas e dependências de audiências, secretarias, cartórios e tabelionatos.

III. nas delegacias de polícia e estabelecimentos de internação coletiva.

IV. em qualquer recinto privado, em qualquer horário e independentemente de mandado judicial.

Está correto o que se afirma APENAS em

a) I, III e IV.

b) II e III.

c) I e IV.

d) I, II e III.

e) III e IV.

▶ ***Anotações/Comentários***

Prevê o art. 41, VI, que constitui prerrogativa dos membros do Ministério Público, no exercício de sua função, entre outras ingressar e transitar livremente: a) nas salas de sessões de Tribunais, mesmo além dos limites que separam a parte reservada aos Magistrados; b) nas salas e dependências de audiências, secretarias, cartórios, tabelionatos, ofícios da justiça, inclusive dos registros públicos, delegacias de polícia e estabelecimento de internação coletiva; e c) em qualquer recinto público ou privado, ressalvada a garantia constitucional de inviolabilidade de domicílio.

RESPOSTA: D).

164. (MPRS/2008 / Agente Administrativo) De acordo com a Lei Orgânica Nacional do Ministério Público, o Conselho Superior do Ministério Público

a) tem competência para aprovar o quadro geral de antiguidade do Ministério Público.

b) tem como membro nato apenas o Procurador-Geral de Justiça, sendo que todos os demais são eleitos.

c) pode ser integrado por Procuradores de Justiça afastados da carreira, desde que eleitos na forma da lei complementar estadual.

d) tem competência para eleger e destituir o Corregedor-Geral do Ministério Público.

e) tem competência para encaminhar ao Poder Legislativo os projetos de lei de iniciativa do Ministério Público.

► ***Anotações/Comentários***

É competência do Conselho Superior do Ministério Público aprovar o quadro geral de antiguidade do Ministério Público e decidir sobre reclamações formuladas a esse respeito (art. 15, IX, da LONMP). O Conselho Superior terá como membros natos apenas o Procurador-Geral de Justiça e o Corregedor-Geral do Ministério Público (art. 14, I, da LONMP). São elegíveis, para integrar ao cargo de Conselho Superior do Ministério Público, somente Procuradores de Justiça que não estejam afastados da carreira (art. 14, II, da LONMP). A destituição do Corregedor-Geral é atribuição do Colégio de Procuradores, assim como a atribuição de eleger (art. 12, V e VI, da LONMP). É competência do Procurador-Geral de Justiça encaminhar ao Poder Legislativo os projetos de lei de iniciativa do Ministério Público (art. 10, IV, da LONMP).

RESPOSTA: A).

165. (MPRS/2008 / Agente Administrativo) De acordo com a Lei Orgânica Nacional do Ministério Público, a respeito das funções do Ministério Público, é correto afirmar:

a) o membro do Ministério Público será responsável pelo uso indevido das informações e documentos que requisitar.

b) o Ministério Público, no exercício de suas funções, não poderá dar publicidade dos procedimentos administrativos não disciplinares que instaurar e das medidas adotadas.

c) incumbe ao Ministério Público promover a ação penal privada, quando a vítima ou quem tiver qualidade para representa-lá deixar de fazê-lo.

d) é permitido, no caso de falta ao serviço, o exercício das funções do Ministério Público por pessoas a ele estranhas.

e) incumbe ao Ministério Público interpor recursos, exceto ao Supremo Tribunal Federal e ao Superior Tribunal de Justiça.

► ***Anotações/Comentários***

Segundo o art. 26, §2º, da LONMP, O membro do Ministério Público será responsável pelo uso indevido das informações e documentos que requisitar, inclusive nas hipóteses legais de sigilo. No exercício de suas funções, o Ministério Público poderá dar publicidade dos procedimentos administrativos não disciplinares que instaurar e das medidas adotadas (art. 26, VI, da LONMP). Ao Ministério Público incumbe promover, privativamente, a ação penal pública, na forma da lei (art. 25, III, da LONMP). É vedado o exercício das funções do Ministério Público a pessoas a ele estranhas, sob pena de nulidade do ato praticado, nos termos do art. 25, parágrafo único da LONMP. É função do Ministério Público interpor recursos ao Supremo Tribunal Federal e ao Superior Tribunal de Justiça (art. 25, IX, da LONMP).

RESPOSTA: A).

166. (MPMG/2007 / Técnico do MP – Direito) São órgãos da administração superior do Ministério Público, EXCETO:

a) as Procuradorias de Justiça.

b) o Colégio de Procuradores de Justiça.

c) o Conselho Superior do Ministério Público.

d) a Corregedoria-Geral do Ministério Público.

► ***Anotações/Comentários***

São órgãos da Administração Superior do Ministério Público: I - a Procuradoria-Geral de Justiça; II - o Colégio de Procuradores de Justiça; III - o Conselho Superior do Ministério Público; e IV - a Corregedoria-Geral do Ministério Público. As Procuradorias de Justiça são órgãos de Administração do Ministério Público (art. 6º, I, da LONMP).

RESPOSTA: A).

167. (MPRJ/2001/Auxiliar administrativo) Segundo a Lei 8.625/93, constituem prerrogativas dos membros do Ministério Público, estejam ou não no exercício de suas funções:

a) examinar, em qualquer Juízo ou Tribunal, autos de processos findos ou em andamento;

b) ser ouvido, como testemunha ou ofendido, em qualquer processo ou inquérito, em dia, hora e local previamente ajustados;

c) usar as vestes talares e as insígnias privativas do Ministério Público;

d) ter acesso ao indiciado preso, exceto quando decretada a sua incomunicabilidade;

e) tomar assento à direita dos Juízes.

▶ ***Anotações/Comentários***

De acordo com o art. 40, I, da LONMP constitui prerrogativa do membro do MP, ser ouvido, como testemunha ou ofendido, em qualquer processo ou inquérito, em dia, hora e local previamente ajustados com o Juiz ou a autoridade competente. As demais são prerrogativas previstas no art. 41 da LONMP, tratando-se de prerrogativas somente para o exercício da função.

RESPOSTA: B).

168. (MPBA/2017/ Assistente Técnico - Administrativa) Em relação aos meios necessários para o exercício de suas funções investigatórias, a Lei Orgânica Nacional do Ministério Público (Lei nº 8.625/93) dispõe que o Ministério Público poderá:

a) expedir notificações para colher depoimento e, em caso de não comparecimento injustificado, promover condução coercitiva mediante prévia e indispensável autorização judicial;

b) exigir das autoridades, órgãos e entidades da Administração Pública Federal, Estadual e Municipal documentos, cujas despesas com as cópias serão arcadas pelo erário estadual;

c) determinar ao Poder Legislativo a edição de normas e a alteração da legislação em vigor, com vistas à prevenção e controle da criminalidade;

d) dar publicidade aos procedimentos disciplinares que instaurar, exceto aqueles que apurem prática de crime;

e) requisitar informações e documentos a entidades privadas, para instruir procedimentos ou processo em que oficie.

▶ ***Anotações/Comentários***

Os meios necessários para que o membro do Ministério Público exerça suas funções estão previstos no art. 26 da LONMP, dentre eles está de requisitar informações e documentos a entidades privadas, para instruir procedimentos ou processo em que oficie (art. 26, II, da LONMP).

RESPOSTA: E).

CONCURSO PARA SERVIDORES DO MPU

169. (MPU/2018 - Analista do Ministério Público - Especialidade Direito)
No que se refere ao procurador-geral da República, aos demais procuradores-gerais e às garantias dos membros do Ministério Público da União, julgue o item seguinte.

Um membro do Ministério Público adquire estabilidade após três anos de efetivo exercício, podendo, contudo, perder o cargo por sentença judicial transitada em julgado ou por processo administrativo específico.

► ***Anotações/Comentários***

A vitaliciedade é adquirida após dois anos de exercício, sendo que somente poderá perder o cargo por sentença judicial transitada em julgado (art. 38, inc. I, da LONMP).

REPOSTA: Errada.

170. (MPU/2018/ Técnico do Ministério Público – Área Administrativa)
No que se refere aos cargos de procurador-geral e procurador-geral da República e aos membros do Ministério Público, julgue o item que se segue.

É vedado aos membros do Ministério Público o exercício da advocacia, ainda que em causa própria.

► ***Anotações/Comentários***

Aos membros do Ministério Público veda-se, entre outros, o exercício da advocacia (art. 44, inc. II, da LONMP).

REPOSTA: Correta

171. (MPU/2018/ Analista do Ministério Público - Especialidade Direito)
Com relação ao conceito do Ministério Público, aos princípios institucionais, à autonomia funcional e administrativa, à elaboração da proposta orçamentária e aos vários ministérios públicos, julgue o item subsecutivo.

A autonomia funcional abrange todos os órgãos que compõem o Ministério Público e garante que seus membros não se submetam aos

Poderes Legislativo, Executivo e Judiciário nem a outro órgão ou autoridade pública.

▶ ***Anotações/Comentários***

Ao Ministério Público é assegurada autonomia funcional, administrativa e financeira. A autonomia funcional está relacionada com a liberdade de cada Ministério Público para que tome decisões que lhes são próprias, havendo subordinação à Constituição Federal e Estadual, bem como às Leis, e não a outros órgãos do Estado.

RESPOSTA: Correto

172. (MPU/2018 / Analista do Ministério Público - Especialidade Direito) Com relação ao conceito do Ministério Público, aos princípios institucionais, à autonomia funcional e administrativa, à elaboração da proposta orçamentária e aos vários ministérios públicos, julgue o item subsecutivo.

Dado o princípio da indivisibilidade, um membro do Ministério Público da União não pode substituir outro que exerça a mesma função, pois haverá implicações práticas nas atividades desenvolvidas.

▶ ***Anotações/Comentários***

De acordo com o princípio da indivisibilidade, os membros poderão ser substituídos, uns pelos outros, de acordo com critérios legais, e não de forma arbitrária. Ademais, a atuação será da instituição, e não será do membro (personalíssima), razão pela qual caso haja substituição do membro, dentro da previsão legal, não há implicação na alteração subjetiva da relação jurídica processual, tanto como órgão parte, como órgão atuante na defesa da ordem jurídica.

RESPOSTA: Errado.

173. (MPU/2018 / Analista do Ministério Público - Especialidade Direito) Com relação ao conceito do Ministério Público, aos princípios institucionais, à autonomia funcional e administrativa, à elaboração da proposta orçamentária e aos vários ministérios públicos, julgue o item subsecutivo.

Se o Ministério Público apresentar ao Poder Executivo proposta orçamentária em desacordo com a lei de diretrizes orçamentárias, o Poder Executivo estará vedado de realizar os ajustes necessários, devendo a proposta ser restituída ao Ministério Público para que este proceda, no prazo de trinta dias, a tais ajustes.

► ***Anotações/Comentários***

Segundo previsão do art. 127, § 4º, da CF/88, na hipótese do Ministério Público não encaminhar a respectiva proposta orçamentária dentro do prazo estabelecido na lei de diretrizes orçamentárias, o Poder Executivo poderá considerar, para fins de consolidação da proposta orçamentária anual, os valores aprovados na lei orçamentária vigente, ajustados de acordo com os limites estipulados nos na lei de diretrizes orçamentárias.

RESPOSTA: Errado.

174. (MPU/2015/ Técnico do Ministério Público) No que diz respeito aos membros do MPU e às funções exclusivas e concorrentes do MP, julgue o item subsequente.

Se, em investigação realizada pela Polícia Federal, forem constatados indícios da prática de infração penal por membro do MPU, e se a infração for da competência da justiça federal, a autoridade responsável poderá indiciar o referido membro, mas deverá informar o andamento das investigações ao procurador-geral da República e ao corregedor-geral do MPF.

► ***Anotações/Comentários***

Segundo prevê o art. 18, parágrafo único da LOMPU: "Quando, no curso de investigação, houver indício da prática de infração penal por membro do Ministério Público da União, a autoridade policial, civil ou militar, remeterá imediatamente os autos ao Procurador-Geral da República, que designará membro do Ministério Público para prosseguimento da apuração do fato.".

RESPOSTA: Errado.

175. (MPU/2004/Administrador) À luz da autonomia constitucional do Ministério Público e da legislação infraconstitucional, analise as assertivas abaixo.

I. Há três modalidades de autonomias para o Ministério Público: funcional, administrativa e financeira.

II. Todos os ramos do Ministério Público gozam da autonomia funcional, administrativa e financeira, inclusive o Ministério Público junto aos Tribunais de Contas.

III. A capacidade de gerir e aplicar os recursos orçamentários destinados à instituição destaca uma expressão da autonomia financeira do Ministério Público.

IV. Cabe exclusivamente ao Ministério Público, o projeto de criação de cargos e fixação de subsídios.

São assertivas corretas

a) II e III.

b) I e IV.

c) I e III.

d) III e IV.

e) II e IV.

► *Anotações/Comentários*

Ao Ministério Público é assegurada autonomia funcional, administrativa e financeira (art. 3º, da LONMP). Em razão de sua autonomia financeira o Ministério Público poderá praticar atos próprios de gestão, praticar atos e decidir sobre a situação funcional e administrativa do pessoal, ativo e inativo, da carreira e dos serviços auxiliares, organizados em quadros próprios, enfim, gerir e aplicar os seus recursos orçamentários. O Ministério Público poderá propor ao Poder Legislativo a criação e a extinção de cargos, bem como a fixação e o reajuste dos vencimentos de seus membros (art. 3º, V, da LONMP). O Ministério Público de Contas, por estar inserido na estrutura dos tribunais de contas não contam com autonomia administrativa, orçamentária e financeira.

RESPOSTA: C).

176. (MPU/2004/Administrador) À luz da Constituição Federal e da Lei Orgânica do Ministério Público da União, julgue os itens a seguir a respeito dos princípios institucionais do Ministério Público.

I. O pedido de arquivamento de inquérito policial pelo procurador-geral da República não pode ser objeto de retratação por novo titular do cargo.

II. O princípio da independência funcional significa, entre outras considerações, que cada membro e cada órgão do Ministério Público gozam de independência para exercer suas funções em face dos outros membros e órgãos da mesma instituição.

III. No Ministério Público, existe hierarquia funcional entre a chefia do Ministério Público e seus membros, devendo os pareceres e pronunciamentos ministeriais ser aprovados pela chefia da instituição.

IV. Pelo princípio da unidade, todo e qualquer membro do Ministério Público pode exercer quaisquer das atribuições previstas na legislação constitucional e infraconstitucional.

São assertivas incorretas

a) III e IV.

b) I e IV.

c) II e III.

d) I e III.

e) II e IV.

► ***Anotações/Comentários***

Nos atos das atividades fins dos membros do Ministério Público vige o princípio da independência funcional, ou seja, nas suas manifestações nos exercícios das suas funções não há hierarquia. O princípio da unidade (art. 127, §1º, da CF/88) estabelece que os membros do Ministério Público integram um só órgão e não devem ser identificados em sua individualidade, mas sim, como integrantes de um organismo, que é conduzido por um Chefe. Ao atuarem, os membros do Ministério Público atuam em nome da Instituição e presentam como um todo. O STF já decidiu que o arquivamento de procedimento administrativo dentro da própria Instituição, que se noticiava prática de ilícito penal, somente poderá ser desarquivado se houver novas provas, não sendo possível que a decisão administrativa possa ser substituída por nova denúncia, apresentada pelo novo Procurador-Geral (Inq 2054, Relator (a): Min. ELLEN GRACIE, Tribunal Pleno, julgado em 29/03/2006, DJ 06-10-2006). Pelo princípio da independência funcional (art. 127, §1º, da CF/88), cada membro e cada órgão do Ministério Público gozam de liberdade para o exercício de suas funções em face de outros membros, ou ainda em face de órgãos da mesma Instituição, bem como não poderão ser responsabilizados por atos praticados estritamente nos exercícios de suas funções.

RESPOSTA: A).

OUTROS CONCURSOS

177. (Câmara Legislativa do Distrito Federal/2018 / Procurador Legislativo) Nos termos da Lei federal no 8.625, de 12 de fevereiro de 1992,

a) a organização, atribuições e estatuto do Ministério Público do Distrito Federal e Territórios devem ser objeto de Lei Orgânica própria, de competência do Distrito Federal.

b) a chefia do Ministério Público do Estado é exercida pelo Procurador-Geral do Estado, nomeado pelo Chefe do Poder Executivo dentre integrantes de lista tríplice, formada por integrantes da carreira, na forma da lei respectiva.

c) caso o chefe do Ministério Público do Estado não seja nomeado, nos quinze dias que se seguirem ao recebimento da lista tríplice pelo Chefe do Poder Executivo, será investido automaticamente no cargo o membro do Ministério Público mais votado, para exercício do mandato.

d) compete ao Conselho Superior do Ministério Público editar atos de aposentadoria, exoneração e outros que importem em vacância de cargos da carreira ou dos serviços auxiliares e atos de disponibilidade de membros do Ministério Público e de seus servidores.

e) compete ao Colégio de Procuradores de Justiça eleger, na forma da Lei Orgânica, os membros do Ministério Público que integrarão a Comissão de Concurso de ingresso na carreira.

▶ *Anotações/Comentários*

Segundo o art. 9º, § 4º, da LONMP: "Caso o Chefe do Poder Executivo não efetive a nomeação do Procurador-Geral de Justiça, nos quinze dias que se seguirem ao recebimento da lista tríplice, será investido automaticamente no cargo o membro do Ministério Público mais votado, para exercício do mandato.". A organização, atribuições e estatuto do Ministério Público do Distrito Federal e Territórios serão objeto da Lei Orgânica do Ministério Público da União, conforme dispõe o art. 2º, par. Único da LONMP. A chefia do Ministério Público é do Procurador-Geral de Justiça (art. 10, inc. I, da LONMP). É de competência do Procurador-Geral de Justiça, entre outras, editar atos de aposentadoria, exoneração e outros que importem em vacância de cargos da carreira ou dos serviços auxiliares e atos de disponibilidade de membros do Ministério Público e de seus servidores (art. 10, inc. VII, da LONMP). É de atribuição do Conselho Superior do MP, entre outras, eleger, na forma da Lei Orgânica, os membros do Ministério Público que integrarão a Comissão de Concurso de ingresso na carreira (art. 15, inc. III, da LONMP).

RESPOSTA: C).

178. (TCCE/2015 / Procurador) Incumbe ao Ministério Público estadual

a) ingressar em juízo para responsabilizar os gestores do dinheiro público condenados por tribunais e conselhos de contas, desde que para tanto provocado pelo Ministério Público junto ao respectivo Tribunal de Contas.

b) receber diretamente da autoridade policial o inquérito concluído, tratando-se de infração de ação penal pública.

c) conceder prazo, quando o inquérito policial não for encerrado em trinta dias, tratando-se de indiciado solto mediante fiança ou sem ela.

d) deliberar sobre a participação em organismos estatais de defesa do meio ambiente, neste não compreendido o do trabalho.

e) manifestar-se nos processos em que sua presença seja obrigatória por lei e, ainda, sempre que cabível a intervenção, para assegurar o exercício de suas funções institucionais, não importando a fase ou o grau de jurisdição em que se encontrem os processos.

► ***Anotações/Comentários***

Está previsto no art. 25, inc. V, da LONMP, que é de atribuição do Ministério Público, manifestar-se nos processos em que sua presença seja obrigatória por lei e, ainda, sempre que cabível a intervenção, para assegurar o exercício de suas funções institucionais, não importando a fase ou grau de jurisdição em que se encontrem os processos. O art. 25, inc. VII, da LONMP, prevê que é de incumbência do Ministério Público, entre outras funções deliberar sobre a participação em organismos estatais de defesa do meio ambiente, neste compreendido o do trabalho, do consumidor, de política penal e penitenciária e outros afetos à sua área de atuação. A lei processual penal determina que ao terminar o inquérito policial a autoridade encaminhará ao juiz competente (art. 10, §1º, do CPP). Segundo previsão também da Lei Processual Penal, será o juiz que também determinará o prazo para a conclusão do inquérito policial. Nos termos do art. 25, inc. VIII, da LONMP, é de incumbência do Ministério Público, entre outras funções, ingressar em juízo, de ofício, para responsabilizar os gestores do dinheiro público condenados por tribunais e conselhos de contas.

RESPOSTA: E).

---

179. (CNMP/2015 / Analista – Direito) São princípios institucionais do Ministério Público da União:

a) A legalidade, a impessoalidade, a moralidade e a publicidade dos seus atos.

b) A defesa da ordem jurídica, do regime democrático, dos interesses sociais e dos interesses individuais indisponíveis.

c) Zelar pela observância dos princípios constitucionais e pela tutela constitucional do cidadão.

d) Zelar pelo efetivo respeito dos Poderes Públicos da União e pelos serviços de relevância pública.

e) A unidade, a indivisibilidade e a independência funcional.

► ***Anotações/Comentários***

São princípios institucionais do Ministério Público da União a unidade, a indivisibilidade e a independência funcional, conforme preceitua o art. 4º da LOMPU.

RESPOSTA: E).

180. (CNMP/2015 / Analista – Direito) Nos Estados, são órgãos de execução do Ministério Público:

a) a Corregedoria-Geral do Ministério Público, os Procuradores de Justiça e os Promotores de Justiça.

b) o Procurador-Geral de Justiça, o Conselho Superior do Ministério Público e os Promotores de Justiça.

c) o Procurador-Geral de Justiça, os Procuradores de Justiça e os Promotores de Justiça.

d) o Procurador-Geral de Justiça, o Conselho Superior do Ministério Público, os Procuradores de Justiça e os Promotores de Justiça.

e) somente os Procuradores de Justiça e os Promotores de Justiça.

► ***Anotações/Comentários***

De acordo com o art. 7º da LONMP são órgãos de execução do MP: Procurador-Geral de Justiça; o Conselho Superior do Ministério Público; os Procuradores de Justiça; e os Promotores de Justiça.

RESPOSTA: D).

181. (CNMP/2015/ Analista – Direito) Os membros do Ministério Público brasileiro têm as seguintes garantias:

a) apenas, vitaliciedade e inamovibilidade.

b) vitaliciedade, inamovibilidade e irredutibilidade de subsídios.

c) apenas, estabilidade e inamovibilidade.

d) vitaliciedade, inamovibilidade e irredutibilidade de vencimentos proporcional ao tempo de serviço.

e) estabilidade, inamovibilidade do cargo e subsídio proporcional ao dos Ministros do Supremo Tribunal Federal.

► ***Anotações/Comentários***

São garantias constitucionais conferidas aos membros do MP, conforme previsão no art. 128, § 5º, I, da CF/88: a) vitaliciedade, após dois anos de exercício, não podendo perder o cargo senão por sentença judicial transitada em julgado; b) inamovibilidade, salvo por motivo de interesse público, mediante decisão do órgão colegiado competente do Ministério Público, pelo voto da maioria absoluta de seus membros, assegurada ampla defesa; c) irredutibilidade de subsídio, fixado na forma do art. 39, § 4º, e ressalvado o disposto nos arts. 37, X e XI, 150, II, 153, III, 153, § 2º, I.

RESPOSTA: B).

182. (TCMGO/2015 / Auditor) No tocante aos membros do Ministério Público, exercer os direitos relativos à livre associação sindical constitui

a) uma prerrogativa.

b) uma vedação regimental.

c) um dever.

d) uma vedação legal.

e) uma vedação constitucional.

► ***Anotações/Comentários***

O membro do Ministério Público pode exercer a direção de associação representativa de classe, de acordo com a previsão de cada Lei Orgânica Estadual, sendo que o afastamento do membro considerado como efetivo exercício, para todos os fins, salvo o vitaliciamento.

RESPOSTA: A).

183. (TCESP/2011 / Procurador) É garantia dos membros do Ministério Público, dentre outras,

a) a irredutibilidade de vencimentos, mesmo no caso de erro da Administração quando ao disposto na Constituição Federal.

b) a inamovibilidade no cargo e nas funções, ainda que por motivo de interesse público.

c) a vitaliciedade, após cinco anos de exercício, não podendo perder o cargo senão por decisão judicial transitada em julgado.

d) ser processado, nos crimes de responsabilidade, por Tribunal Especial, constituído de acordo com a Constituição Federal.

e) a vitaliciedade, após dois anos de exercício, não podendo perder o cargo senão por decisão judicial transitada em julgado.

► ***Anotações/Comentários***

O art. 38, inc. I, da LONMP prevê que é garantia do membro do MP a vitaliciedade, após dois anos de exercício, não podendo perder o cargo senão por sentença judicial transitada em julgado. São ainda garantias dos membros do MP: inamovibilidade, salvo por motivo de interesse público e a irredutibilidade de vencimentos, observado, quanto à remuneração, o disposto na Constituição Federal.

RESPOSTA: E).

184. (TRT - 12ª Região (SC)/2010 / Analista Judiciário - Área Judiciária) O Procurador-Geral do Trabalho será nomeado pelo Procurador-Geral da República, dentre integrantes da instituição, com mais de trinta e cinco anos de idade e de cinco anos na carreira, integrante de lista tríplice escolhida mediante voto plurinominal, facultativo e secreto, pelo Colégio de Procuradores. Não ocorrendo número suficiente de candidatos com mais de cinco anos na carreira,

a) o Procurador-Geral da República deverá fornecer ao Colégio de Procuradores prazo improrrogável de 120 dias para a elaboração de lista que contenha três candidatos habilitados, independentemente do tempo de carreira.

b) deverá ser apresentada lista com dois nomes, sendo que o Procurador-Geral da República deverá optar por um deles, tendo em vista a obrigatoriedade da presença do requisito anos de carreira.

c) poderá concorrer à lista tríplice quem contar mais de dois anos na carreira.

d) poderá concorrer à lista tríplice quem contar mais de doze meses na carreira.

e) o Procurador-Geral da República deverá fornecer ao Colégio de Procuradores prazo improrrogável de 90 dias para a elaboração de lista que contenha três candidatos habilitados, independentemente do tipo de carreira.

▶ ***Anotações/Comentários***

O art. 88 da LOMPU, prevê que o Procurador-Geral do Trabalho será nomeado pelo Procurador-Geral da República, dentre integrantes da instituição, com mais de trinta e cinco anos de idade e de cinco anos na carreira, integrante de lista tríplice escolhida mediante voto plurinominal, facultativo e secreto, pelo Colégio de Procuradores para um mandato de dois anos, permitida uma recondução, observado o mesmo processo. Caso não haja número suficiente de candidatos com mais de cinco anos na carreira, poderá concorrer à lista tríplice quem contar mais de dois anos na carreira.

RESPOSTA: C).

185. (UFRJ/2009 / Administrador) O campo de atuação do Ministério Público é amplo, envolvendo além da administração pública, a infância e a juventude, o meio ambiente, o consumidor, os bens e direitos de valor cultural, artístico, estético, turístico, histórico e paisagístico. É da área de abrangência do Ministério Público:

a) atuar quando for acionada pelo legislativo e pelo tribunal de contas somente;

b) possuir iniciativa própria, devendo, contudo, acionar o Judiciário quando constatar irregularidades;

c) ser um órgão complementar da Justiça, tanto em Âmbito federal, como em âmbito estadual;

d) atuar, somente mediante a autorização do Presidente do Supremo Tribunal Federal;

e) ser o órgão responsável por estabelecer as punições nos casos de improbidade administrativa.

► ***Anotações/Comentários***

Pode o Ministério Público, de ofício, promover o inquérito civil (na esfera da própria Instituição) e a ação civil pública (na esfera judicial), na forma da lei, para a proteção, prevenção e reparação dos danos causados ao meio ambiente, ao consumidor, aos bens e direitos de valor artístico, estético, histórico, turístico e paisagístico, e a outros interesses difusos, coletivos e individuais indisponíveis e homogêneos.

RESPOSTA: B).

186. (PGCE / 2008 / Procurador do Estado) Com base na Lei Complementar n.º 75, em relação a organização, atribuições e carreira do Ministério Público da União, julgue os itens abaixo.

I O Ministério Público do Trabalho integra o Ministério Público da União.

II A carreira do Ministério Público do Trabalho compreende os cargos de procurador do trabalho, como nível inicial, procurador regional do trabalho, subprocurador-geral do trabalho e procurador-geral do Trabalho, como nível final.

III Compete ao Ministério Público do Trabalho instaurar dissídio coletivo em caso de greve, quando a defesa da ordem jurídica ou o interesse público assim o exigir.

IV O Ministério Público do Trabalho poderá atuar como árbitro em dissídios da competência da justiça do trabalho, quando assim solicitado pelas partes em litígio.

V O procurador-geral do trabalho é o chefe do Ministério Público do Trabalho, que é nomeado pelo presidente da República após escolha feita pelo procurador-geral da República entre os indicados em lista tríplice pelo Colégio de Procuradores do Trabalho.

Estão certos apenas os itens

a) I, II e III.

b) I, II e V.

c) I, III e IV.

d) II, IV e V.

e) III, IV e V.

▶ ***Anotações/Comentários***

O Ministério Público do Trabalho integra o Ministério Público da União (art. 24, inc. II, da LOMPU. É de competência do Ministério Público do Trabalho, atuar como árbitro, se assim for solicitado pelas partes, nos dissídios de competência da Justiça do Trabalho (art. 83, XI, da LOMPU). O Procurador-Geral do Trabalho é o Chefe do Ministério Público do Trabalho, nomeado pelo Procurador-Geral da República, dentre integrantes da instituição, com mais de trinta e cinco anos de idade e de cinco anos na carreira, integrante de lista tríplice escolhida mediante voto plurinominal, facultativo e secreto, pelo Colégio de Procuradores para um mandato de dois anos, permitida uma recondução, observado o mesmo processo. A carreira do Ministério Público do Trabalho será constituída pelos cargos de Subprocurador-Geral do Trabalho, Procurador Regional do Trabalho e Procurador do Trabalho, sendo que o cargo inicial da carreira é o de Procurador do Trabalho e o do último nível o de Subprocurador-Geral do Trabalho (art. 86 da LOMPU).

RESPOSTA: C).

4

QUESTÕES SOBRE A LEI ORGÂNICA DO MINISTÉRIO PÚBLICO DA UNIÃO – LOMPU

CONCURSO PARA MEMBROS DO MPU

01. (MPT/2017/ Procurador do Trabalho) Nos termos da Constituição da República e da Lei Orgânica do Ministério Público da União, em relação às atribuições do Ministério Público do Trabalho para a solução de conflitos coletivos de trabalho:

I - Compete ao Ministério Público do Trabalho propor as ações cabíveis para declaração de nulidade de cláusula de contrato, acordo coletivo ou convenção coletiva que viole as liberdades individuais ou coletivas ou os direitos individuais indisponíveis dos trabalhadores.

II - Compete ao Ministério Público do Trabalho promover ou participar da instrução e conciliação em dissídios decorrentes da paralisação de serviços de qualquer natureza, oficiando obrigatoriamente nos processos, manifestando sua concordância ou discordância, em eventuais acordos firmados antes da homologação, resguardado o direito de recorrer em caso de violação à lei e à Constituição Federal.

III - Em caso de greve em atividade essencial, com possibilidade de lesão do interesse público ou repercussão social, o Ministério Público do Trabalho deverá ajuizar dissídio coletivo, competindo à Justiça do Trabalho decidir o conflito.

Assinale a alternativa **CORRETA**:

a) Apenas a assertiva III está incorreta.

b) Apenas as assertivas II e III estão corretas.

c) Apenas a assertiva III está correta.

d) Apenas a assertiva I está correta.

e) Não respondida.

► ***Anotações/Comentários***

Compete ao Ministério Público do Trabalho propor as ações cabíveis para declaração de nulidade de cláusula de contrato, acordo coletivo ou convenção coletiva que viole as liberdades individuais ou coletivas ou os direitos individuais indisponíveis dos trabalhadores (art. 83, IV, da LOMPU). Compete ao Ministério Público do Trabalho promover ou participar da instrução e conciliação em dissídios decorrentes da paralisação de serviços de qualquer natureza, oficiando obrigatoriamente nos processos, manifestando sua concordância ou discordância, em eventuais acordos firmados antes da homologação, resguardado o direito de recorrer em caso de violação à lei e à Constituição Federal (art. 83, IX, da LOMPU). Compete ao Ministério Público do Trabalho instaurar instância em caso de greve, quando a defesa da ordem jurídica ou o interesse público assim o exigir (art. 83, VIII, da LOMPU).

RESPOSTA: A).

02. (MPT/2017/ Procurador do Trabalho) Sobre o Procurador-Geral da República, analise as proposições abaixo:

I - O Procurador-Geral da República é o chefe do Ministério Público da União, sendo nomeado pelo Presidente da República dentre integrantes da carreira, maiores de trinta e cinco anos, após a aprovação de seu nome pela maioria absoluta dos membros do Senado Federal, para mandato de dois anos, permitida a recondução.

II - A destituição do Procurador-Geral da República, por iniciativa do Presidente da República, deverá ser precedida de autorização da maioria absoluta do Senado Federal, em votação aberta.

III - O Procurador-Geral da República é processado e julgado originariamente pelo Supremo Tribunal Federal nas infrações penais comuns e nos crimes de responsabilidade.

IV - Nas hipóteses de grave violação de direitos humanos, o Procurador-Geral da República, com a finalidade de assegurar o cumprimento de obrigações decorrentes de tratados internacionais de direitos humanos dos quais o Brasil seja parte, poderá suscitar, perante o Superior Tribunal de Justiça, em qualquer fase do inquérito ou processo, incidente de deslocamento de competência para a Justiça Federal.

Assinale a alternativa **CORRETA**:

a) Todas as assertivas estão corretas.

b) Apenas as assertivas I, II e IV estão corretas.

c) Apenas as assertivas I e IV estão corretas.

d) Apenas as assertivas II e III estão corretas.

e) Não respondida.

► ***Anotações/Comentários***

O art. 25, *caput*, da LOMPU, estabelece que o "Procurador-Geral da República é o chefe do Ministério Público da União, nomeado pelo Presidente da República dentre integrantes da carreira, maiores de trinta e cinco anos, permitida a recondução precedida de nova decisão do Senado Federal.". O art. 109, §5º, da CF/88, prevê que: "Nas hipóteses de grave violação de direitos humanos, o Procurador-Geral da República, com a finalidade de assegurar o cumprimento de obrigações decorrentes de tratados internacionais de direitos humanos dos quais o Brasil seja parte, poderá suscitar, perante o Superior Tribunal de Justiça, em qualquer fase do inquérito ou processo, incidente de deslocamento de competência para a Justiça Federal.". A autorização para o Senado, por maioria absoluta, para exoneração, de ofício, do Procurador-Geral da República, por iniciativa do Presidente da República será através de votação secreta e não aberta. O Procurador-Geral da República será processado perante o Senado Federal nos crimes de responsabilidade (art. 52, inc. II, da CF/88).

RESPOSTA: C).

03. **(MPT/2017/ Procurador do Trabalho)** Acerca da composição dos órgãos internos do Ministério Público do Trabalho, analise as seguintes proposições:

I - A Câmara de Coordenação e Revisão é um órgão de coordenação, integração e revisão do exercício funcional na instituição, organizada por ato normativo, e o seu regimento interno será elaborado pelo Conselho Superior, devendo funcionar de forma unificada, sem divisões em subcâmaras.

II - Entre as atribuições não normativas do Conselho Superior, encontram-se: propor a exoneração do Procurador-Geral do Trabalho; opinar sobre a designação de membro do Ministério Público do Trabalho para integrar comissões técnicas ou científicas relacionadas às funções da Instituição; determinar realização de correições e sindicâncias e apreciar os relatórios correspondentes.

III - O Corregedor-Geral será escolhido necessariamente entre aqueles que ocupam cargo de Subprocurador-Geral do Trabalho, competindo-lhe, entre outras atribuições, instaurar inquérito contra integrante da carreira e propor ao Conselho Superior a instauração do processo administrativo consequente, bem como participar das reuniões deste Conselho.

Assinale a alternativa **CORRETA**:

a) Todas as assertivas estão corretas.

b) Apenas as assertivas I e II estão corretas.

c) Apenas as assertivas II e III estão corretas.

d) Apenas a assertiva III está correta.

e) Não respondida.

► *Anotações/Comentários*

A Câmara de Coordenação e Revisão do Ministério Público do Trabalho é um órgão de coordenação, de integração e de revisão do exercício funcional na Instituição, além de que será organizada por ato normativo, e o Regimento Interno, que disporá sobre seu funcionamento, será elaborado pelo Conselho Superior (art. 99 e 100 da LOMPU). A atribuições do Conselho Superior estão previstas no art. 98 da LOMPU, dentre elas estão a de propor a exoneração do Procurador-Geral do Trabalho (inc. III); opinar sobre a designação de membro do Ministério Público do Trabalho para integrar comissões técnicas ou científicas relacionadas às funções da Instituição (IX, b); determinar a realização de correições e sindicâncias e apreciar os relatórios correspondentes (XII). O Corregedor-Geral, nomeado pelo Procurador-Geral do Trabalho, escolhido entre os Subprocuradores-Gerais do Trabalho, integrantes de lista tríplice elaborada pelo Conselho Superior, para mandato de dois anos, renovável uma vez. As incumbências do Corregedor-Geral estão previstas no art. 105 da LOMPU, entre elas instaurar inquérito contra integrante da carreira e propor ao Conselho Superior a instauração do processo administrativo consequente e participar, sem direito a voto, das reuniões do Conselho Superior.

RESPOSTA: C).

---

04. (MPT/2017/ Procurador do Trabalho) Sobre as Coordenadorias Nacionais Temáticas e Resoluções do Conselho Superior do Ministério Público do Trabalho, analise as seguintes assertivas:

I - As Coordenadorias poderão propor a edição de orientações sobre temas que lhe são afetos, visando uma atuação coordenada e harmônica, observados os enunciados da Câmara de Coordenação e Revisão. As orientações terão caráter cogente para a atuação dos membros integrantes da respectiva coordenadoria nacional e caráter meramente diretivo, não vinculante, para a atuação dos demais membros do Ministério Público do Trabalho.

II - Ensejam distribuição por prevenção as Notícias de Fato e os demais feitos do órgão agente quando se aferirem hipóteses de conexão e/ou de pertinência temática com procedimentos anteriores, ainda que arquivados, zelando-se assim pelos princípios do promotor natural e da unidade de atuação do Ministério Público do Trabalho.

III - As Coordenadorias são órgãos auxiliares da atividade finalística do Ministério Público do Trabalho, vinculadas ao Procurador-Geral do Trabalho e com a atuação sob a orientação da Câmara de Coordenação e Revisão.

Assinale a alternativa **CORRETA**:

a) Apenas a assertiva I está incorreta.
b) Todas as assertivas estão corretas.
c) Apenas as assertivas I e II estão incorretas.
d) Apenas as assertivas II e III estão incorretas.
e) Não respondida.

► ***Anotações/Comentários***

As Coordenadorias poderão propor a edição de orientações sobre temas que lhes são afetos, visando a uma atuação coordenada e harmônica, observados os enunciados da Câmaras de Coordenação e Revisão. As orientações aprovadas pelos membros da Coordenadoria serão encaminhadas para homologação do Procurador-Geral do Trabalho (art. 29 da Resolução CSMPT n. 137/16). As Coordenadorias Temáticas Nacionais, vinculadas ao Procurador-Geral do Trabalho, são órgãos auxiliares da atividade finalística do Ministério Público do Trabalho (MPT). As Coordenadorias atuarão sob orientação da Câmara de Coordenação e Revisão (CCR) (art. 1º da Resolução CSMPT n. 137/16).

RESPOSTA: A).

05. (MPT/2015/ Procurador do Trabalho) Marque a alternativa **INCORRETA**:

a) A Câmara de Coordenação e Revisão do Ministério Público do Trabalho é um órgão de coordenação, de integração e de revisão do exercício funcional na instituição.
b) O Ministério Público Eleitoral não constitui ramo autônomo do Ministério Público, dotado de autonomia administrativa, financeira e orçamentária, sendo que as funções eleitorais do Ministério Público Federal perante os juízes e juntas eleitorais serão exercidas pelo promotor eleitoral.
c) Os Procuradores do Trabalho funcionam ordinariamente perante as Varas do Trabalho e os Tribunais Regionais do Trabalho, não carecendo de autorização extraordinária do Conselho Superior do Ministério Público do Trabalho para atuar perante estes Tribunais Regionais, já que a legislação o autoriza.
d) Os Procuradores da República oficiam ordinariamente perante os Juízes Federais e Tribunais Regionais Federais, não carecendo de autorização extraordinária do Conselho Superior do Ministério Público Federal para oficiar perante estes Tribunais Regionais, já que a legislação o autoriza.
e) Não respondida.

▶ *Anotações/Comentários*

Os Procuradores da República serão designados para oficiar junto aos Juízes Federais e junto aos Tribunais Regionais Eleitorais (não Tribunais Regionais Federais), onde não tiver sede a Procuradoria Regional da República, conforme previsão do art. 70 da LOMPU. Para fins de designação de Procurador da República para oficiar em órgãos jurisdicionais diferentes dos previstos para a categoria dependerá de autorização do Conselho Superior.

A Câmara de Coordenação e Revisão do Ministério Público do Trabalho é um órgão de coordenação, de integração e de revisão do exercício funcional na Instituição, segundo prevê o art. 99 da LOMPU.

O Ministério Público Eleitoral não é um ramo autônomo do Ministério Público. O Promotor Eleitoral será o membro do Ministério Público local que oficie junto ao Juízo incumbido do serviço eleitoral de cada Zona.

Os Procuradores do Trabalho serão designados para funcionar junto aos Tribunais Regionais do Trabalho e, na forma das leis processuais, nos litígios trabalhistas que envolvam, especialmente, interesses de menores e incapazes, nos termos do art. 112 da LOMPU, porém, para oficiar em órgãos jurisdicionais diferentes dos previstos para a categoria dependerá de autorização do Conselho Superior, de acordo com o par. único do mesmo dispositivo.

RESPOSTA: D).

---

06. (MPT/2015/ Procurador do Trabalho)

Para o exercício de suas atribuições, o Ministério Público da União poderá, nos procedimentos de sua competência, **EXCETO**:

a) Requisitar da Administração Pública serviços permanentes de seus servidores e meios materiais necessários para a realização de quaisquer atividades.

b) Notificar testemunhas e requisitar sua condução coercitiva, no caso de ausência injustificada.

c) Requisitar informações, exames, perícias e documentos de autoridades da Administração Pública direta ou indireta.

d) Requisitar informações e documentos a entidades privadas.

e) Não respondida.

▶ *Anotações/Comentários*

O Ministério Público da União, sempre que necessário ao exercício de suas funções institucionais, poderá requisitar da Administração Pública serviços temporários de seus servidores e meios materiais necessários para a realização de atividades específica (não para qualquer atividade), nos termos do art. 8º, inc. III, da LOMPU.Ainda o dispositivo referido permite ao Ministério Público da União: notificar testemunhas e requisitar sua condução coercitiva, no caso de ausência injustificada; requisitar informações, exames, perícias e documentos de autoridades da Administração Pública direta ou indireta e requisitar informações e documentos a entidades privadas.

RESPOSTA: A)

07. (MPT/2015/ Procurador do Trabalho)

Não se inclui entre as atribuições do Conselho Superior do Ministério Público do Trabalho:

a) Decidir, em grau de recurso, os conflitos de atribuição entre os órgãos do MPT.

b) Opinar sobre afastamento temporário de membro do MPT.

c) Determinar a realização de correições e sindicâncias e apreciar os relatórios correspondentes.

d) Designar a comissão de processo administrativo em que o acusado seja membro do MPT.

e) Não respondida.

▶ ***Anotações/Comentários***

As atribuições do Conselho Superior do MPT estão previstas no art. 98 da LOMPU. Não se inclui nessas atribuições a decisão, em grau de recurso, os conflitos de atribuição entre os órgãos do MPT. Trata-se de atribuição do Procurador-Geral do Trabalho, conforme previsão do art. 91, inc. VII, da LOMPU.

RESPOSTA: A)

08. (MPT/2015/ Procurador do Trabalho)

É prerrogativa processual dos membros do Ministério Público da União, conforme a Lei Complementar n. 75/1993:

a) Sentar-se no mesmo plano e imediatamente à direita dos juízes singulares ou presidentes dos órgãos judiciários perante os quais oficiem.

b) Ser preso ou detido somente por ordem escrita do tribunal competente ou em razão de flagrante de crime inafiançável, caso em que a autoridade fará imediata comunicação àquele tribunal e ao Procurador-Geral da República, sob pena de responsabilidade.

c) Ter ingresso e trânsito livres, em razão de serviço, em qualquer recinto público ou privado, respeitada a garantia constitucional da inviolabilidade do domicílio.

d) A prioridade em qualquer serviço de transporte ou comunicação, público ou privado, no território nacional, quando em serviço de caráter urgente.

e) Não respondida.

► ***Anotações/Comentários***

As prerrogativas processuais dos membros do Ministério Público da União estão previstas no art. 18 da LOMPU, podendo ser classificadas em prerrogativas institucionais e processuais. Entre as prerrogativas processuais dos membros do MPU estão a de ser preso ou detido somente por ordem escrita do tribunal competente ou em razão de flagrante de crime inafiançável, caso em que a autoridade fará imediata comunicação àquele tribunal e ao Procurador-Geral da República, sob pena de responsabilidade (art. 18, II, d), da LOMPU). As demais previstas na questão são prerrogativas institucionais.

RESPOSTA: B).

09. (MPT/2015/ Procurador do Trabalho)

Segundo o disposto no artigo 37, inciso II, da Lei Complementar n. 75/93, o Ministério Público Federal exercerá suas funções nas causas de competência de quaisquer juízes e tribunais, para defesa de direitos e interesses dos índios e das populações indígenas. Com base nessa assertiva indique a resposta **CORRETA**:

a) Trata-se de atribuição concorrente com o Ministério Público do Trabalho, haja vista que ambos pertencem ao Ministério Público da União.

b) Excetuam-se as causas em defesa dos direitos e interesses dos índios, decorrentes das relações de trabalho, de atribuição do Ministério Público do Trabalho, por expressa previsão legal.

c) O princípio da unidade institucional permite a atuação do parquet federal no juízo trabalhista, bastando uma autorização do Conselho Superior do Ministério Público do Trabalho.

d) Trata-se de situação excepcional, em que a Lei Complementar fixa atribuição exclusiva para o Ministério Público Federal tutelar os índios e as populações indígenas.

e) Não respondida.

► ***Anotações/Comentários***

Compete ao Ministério Público do Trabalho propor as ações necessárias à defesa dos direitos e interesses dos menores, incapazes e índios, decorrentes das relações de trabalho (art. 83, V, da LOMPU).

RESPOSTA: B)

10. (MPT/2013/Procurador do Trabalho) Sobre o inquérito civil, assinale a alternativa **INCORRETA:**

a) São aplicáveis ao inquérito civil, de forma subsidiária, as normas que regem o inquérito policial previstas no código de processo penal.

b) A jurisprudência majoritária do STF a respeito do direito do investigado em permanecer calado durante audiência em Comissão Parlamentar de Inquérito (CPI) é aplicável ao inquérito civil instaurado pelo Ministério Público.

c) O inquérito civil não pode ser instaurado de ofício pelo membro do Ministério Público, sob pena de violação do princípio do promotor natural.

d) O Código de Defesa do Consumidor permite a instauração de inquérito civil para a investigação de lesão a interesses individuais homogêneos.

e) não respondida

► ***Anotações/Comentários***

O inquérito civil, instrumento de atuação do Ministério Público, poderá ser instaurado de ofício para a) a proteção dos direitos constitucionais; b) a proteção do patrimônio público e social, do meio ambiente, dos bens e direitos de valor artístico, estético, histórico, turístico e paisagístico; c) a proteção dos interesses individuais indisponíveis, difusos e coletivos, relativos às comunidades indígenas, à família, à criança, ao adolescente, ao idoso, às minorias étnicas e ao consumidor; e d) outros interesses individuais indisponíveis, homogêneos, sociais, difusos e coletivos (art. 6º, VII, da LOMPU). O inquérito civil, de acordo com o art. 2º da Resolução 23/07, do CNMP, pode ser instaurado: I – de ofício; II – em face de requerimento ou representação formulada por qualquer pessoa ou comunicação de outro órgão do Ministério Público, ou qualquer autoridade, desde que forneça, por qualquer meio legalmente permitido, informações sobre o fato e seu provável autor, bem como a qualificação mínima que permita sua identificação e localização; III – por designação do Procurador-Geral de Justiça, do Conselho Superior do Ministério Público, Câmaras de Coordenação e Revisão e demais órgãos superiores da Instituição, nos casos cabíveis.

RESPOSTA: C)

11. (MPT/2013/ Procurador do Trabalho)

Em relação às atribuições do Ministério Público do Trabalho:

I – O princípio do promotor natural configura garantia ao réu de somente ser processado pelo Procurador escolhido consoante leis processuais e de organização interna previamente fixadas, sendo vedada qualquer indicação arbitrária.

II – O princípio da independência funcional permite que, no caso de substituição em processo judicial, o membro ministerial deixe de interpor recurso contra decisão desfavorável.

III – Como instituição permanente e essencial à função jurisdicional, a qual incumbe a defesa da ordem jurídica, do regime democrático e dos interesses sociais e individuais indisponíveis, é dever do membro ministerial, por disciplina judiciária, a observância da jurisprudência sumulada do TST.

IV – O princípio da indivisibilidade permite a substituição de um membro do Ministério Público por outro, sem que haja alteração subjetiva na relação jurídica processual da qual participe a instituição, seja como órgão agente, seja como órgão interveniente.

Assinale a alternativa CORRETA:

a) apenas as assertivas I, II e III estão corretas;

b) apenas as assertivas I e IV estão corretas;

c) apenas as assertivas I, II e IV estão corretas;

d) apenas as assertivas II, III e IV estão corretas;

e) não respondida.

► *Anotações/Comentários*

Segundo decisão do STJ: "(...) O Promotor ou o Procurador não pode ser designado sem obediência ao critério legal, a fim de garantir julgamento imparcial, isento. Veda-se, assim, designação de Promotor ou Procurador ad hoc no sentido de fixar prévia orientação, como seria odioso indicação singular de magistrado para processar e julgar alguém. Importante, fundamental é prefixar o critério de designação. O Réu tem direito público, subjetivo de conhecer o órgão do Ministério Público, como ocorre com o juízo natural." (RHC 8.513/BA, Rel. Ministro LUIZ VICENTE CERNICCHIARO, SEXTA TURMA, julgado em 20/05/1999, DJ 28/06/1999, p. 154). É possível que um membro do Ministério Público tenha um posicionamento diverso de outro, em razão do princípio da independência funcional: "O STF já decidiu que a pretensão de um órgão do Ministério Público não vincula os demais, garantindo-se a legitimidade para recorrer, em face do princípio da independência funcional" (ARE 725.491-AgR, rel. min. Luiz Fux, julgamento em 26-5-2015, Primeira Turma, DJE de 15-6-2015.). Segundo o princípio da **indivisibilidade (art. 127, §1º, da CF/88),** os membros poderão ser **substituídos**, uns pelos outros, de acordo com critérios legais, e não de forma arbitrária. Ademais, a atuação será da **instituição**, e não será do membro (personalíssima), razão pela qual, caso haja substituição do membro, dentro da previsão legal, não há implicação na alteração subjetiva da relação jurídica processual, tanto como órgão parte, como órgão atuante na defesa da ordem jurídica. O Ministério Público é instituição permanente, essencial à função jurisdicional do Estado, incumbindo-lhe a defesa da ordem jurídica, do regime democrático e dos interesses sociais e individuais indisponíveis, conforme prevê o art. 127, *caput,* da CF/88.

RESPOSTA: C).

12. (MPT/2013/PROCURADOR DO TRABALHO) Analise as proposições seguintes:

I - O membro do Ministério Público que exercer a administração de uma empresa estará sujeito à penalidade de censura.

II - A designação de comissão de processo administrativo em que o acusado seja membro do Ministério Público do Trabalho somente poderá ser deliberada com o voto favorável de dois terços dos membros do respectivo Conselho Superior.

III - A designação dos membros da comissão de concurso é da competência do Conselho Superior do Ministério Público do Trabalho e independe de indicação do Procurador Geral do Trabalho.

Marque a alternativa CORRETA:

a) apenas as alternativas I e II estão corretas;

b) apenas as alternativas I e III estão corretas;

c) apenas as alternativas II e III estão corretas;

d) todas as alternativas estão corretas;

e) Não respondida.

▶ *Anotações/Comentários*

Compete ao Conselho Superior do Ministério Público do Trabalho, entre outras funções, designar a comissão de processo administrativo em que o acusado seja membro do Ministério Público do Trabalho, a ser tomadas com o voto favorável de dois terços dos membros do Conselho Superior (art. 98, § 2º, da LOMPU). Segundo o art. 98, XXI, da LOMPU, é de competência do Conselho Superior do Ministério Público do Trabalho, entre outras, deliberar sobre a realização de concurso para o ingresso na carreira, designar os membros da Comissão de Concurso e opinar sobre a homologação dos resultados, independente de indicação do Procurador Geral do Trabalho. A sanção de censura será aplicada reservadamente e por escrito, em caso de reincidência em falta anteriormente punida com advertência ou de descumprimento de dever legal (art. 240, II, da LOMPU).

RESPOSTA: C).

13. (MPT/2013/ Procurador do Trabalho) Constituem prerrogativas do membro do Ministério Público do Trabalho:

I – ser ouvido, na condição de parte ou testemunha, em dia, hora e local previamente ajustados com o magistrado ou a autoridade competente.

II – ter prioridade em qualquer serviço de comunicação público ou privado, no território nacional, quando em serviço de caráter urgente.

III – ser recolhido à prisão especial ou à sala especial de Estado-Maior, com direito a privacidade e à disposição do tribunal competente para o julgamento, quando sujeito a prisão antes da decisão final.

IV - ser preso ou detido somente por ordem escrita do tribunal competente ou em razão de flagrante de crime, caso em que a autoridade fará imediata comunicação àquele tribunal e ao Procurador-Geral da República, sob pena de responsabilidade.

Assinale a alternativa CORRETA:

a) apenas as assertivas II e III estão corretas;

b) apenas as assertivas II e IV estão corretas;

c) apenas a assertiva I está correta;

d) apenas as assertivas I e III estão corretas;

e) Não respondida.

► *Anotações/Comentários*

É prerrogativa do membro do Ministério Público a prioridade em qualquer serviço de transporte ou comunicação, público ou privado, no território nacional, quando em serviço de caráter urgente (art. 18, I, “d”, da LOMPU). É prerrogativa do membro do Ministério Público ser recolhido à prisão especial ou à sala especial de Estado-Maior, com direito a privacidade e à disposição do tribunal competente para o julgamento, quando sujeito a prisão antes da decisão final; e a dependência separada no estabelecimento em que tiver de ser cumprida a pena (art. 18, II, "e", da LOMPU). É prerrogativa do membro do Ministério Público ser ouvido, como testemunhas (não como parte), em dia, hora e local previamente ajustados com o magistrado ou a autoridade competente (art. 18, II, "g", da LOMPU). É prerrogativa do membro do Ministério Público ser preso ou detido somente por ordem escrita do tribunal competente ou em razão de flagrante de crime inafiançável, caso em que a autoridade fará imediata comunicação àquele tribunal e ao Procurador-Geral da República, sob pena de responsabilidade (art. 18, II, "d", da LOMPU).

RESPOSTA: A).

14. (MPT/2013/ Procurador do Trabalho) Assinale a alternativa **CORRETA:**

a) O Procurador-Geral do Trabalho é escolhido por eleição, podendo votar todos os membros do Ministério Público do Trabalho, que comporão lista tríplice, sendo elegíveis para o cargo apenas os Subprocuradores-Gerais do Trabalho.

b) O Procurador-Geral do Trabalho é escolhido por eleição, podendo votar todos os membros do Ministério Público do Trabalho, que comporão lista tríplice, sendo elegíveis para o cargo apenas os Procuradores Regionais do Trabalho e os Subprocuradores-Gerais do Trabalho.

c) O Procurador-Geral do Trabalho é escolhido por eleição, podendo votar todos os membros do Ministério Público do Trabalho, que comporão lista tríplice, sendo elegíveis para o cargo os Procuradores do Trabalho, os Procuradores Regionais do Trabalho e os Subprocuradores-Gerais do Trabalho.

d) O Procurador-Geral do Trabalho é escolhido por eleição, podendo votar todos os membros do Ministério Público do Trabalho, que comporão lista tríplice, sendo elegíveis para o cargo apenas os Subprocuradores-Gerais do Trabalho. O Conselho Superior do Ministério Público do Trabalho poderá nomear para o cargo qualquer dos integrantes desta lista tríplice.

e) não respondida

▶ *Anotações/Comentários*

Dispõe o art. 88, caput, da LOMPU que: "O Procurador-Geral do Trabalho será nomeado pelo Procurador-Geral da República, dentre integrantes da instituição, com mais de trinta e cinco anos de idade e de cinco anos na carreira, integrante de lista tríplice escolhida mediante voto plurinominal, facultativo e secreto, pelo Colégio de Procuradores para um mandato de dois anos, permitida uma recondução, observado o mesmo processo. Caso não haja número suficiente de candidatos com mais de cinco anos na carreira, poderá concorrer à lista tríplice quem contar mais de dois anos na carreira."

RESPOSTA: C).

---

15. (MPM/2013/ Promotor de Justiça Militar) Compete ao Conselho Superior do Ministério Público Militar:

a) Elaborar lista tríplice para escolha do Corregedor-Geral do MPM;

b) Elaborar lista tríplice para escolha do membro para representar o MPM no Conselho de Assessoramento Superior do MPU;

c) Elaborar lista tríplice para escolha do Coordenador da Câmara de Coordenação e de Revisão do Ministério Público Militar;

d) Elaborar lista tríplice para escolha do Representante do MPM no Conselho Nacional do MP.

► ***Anotações/Comentários***

O Conselho Superior do MPM possui competência para elaborar a lista tríplice para Corregedor-Geral do Ministério Público Militar (art. 131, VI, da LOMPU).

RESPOSTA: A).

---

16. (MPM/2013/ Promotor de Justiça Militar) Na promoção de membro do MPU

a) Será obrigatoriamente promovido o membro que constar por três vezes consecutivas em lista para promoção por merecimento ou cinco vezes alternadas em lista para promoção por antiguidade;

b) Terá sua promoção retroativa ao trigésimo dia da ocorrência da vaga o membro não promovido naquele prazo;

c) Na promoção por merecimento só poderão concorrer os membros integrantes da primeira quinta parte da lista de antiguidade, não sendo admissível o completamento da fração;

d) Elaborada a lista tríplice para promoção por merecimento ou feita a indicação para promoção por antiguidade, os nomes serão encaminhados para promoção pelo Procurador-Geral de Justiça Militar.

► ***Anotações/Comentários***

O art. 199, § 1º, da LOMPU prevê que: "A promoção deverá ser realizada até trinta dias da ocorrência da vaga; não decretada no prazo legal, a promoção produzirá efeitos a partir do termo final dele.". O art. 200, § 3º, da LOMPU estabelece que: "Será obrigatoriamente promovido quem houver figurado por três vezes consecutivas, ou cinco alternadas, na lista tríplice elaborada pelo Conselho Superior." A elaboração da lista tríplice destinada a promoção por merecimento será do Conselho Superior do Ministério Público Militar, conforme art. 131, V, da LOMPU, que também efetuará a promoção. O art. 200, § 1º, da LOMPU prevê que: "À promoção por merecimento só poderão concorrer os membros do Ministério Público da União com pelo menos dois anos de exercício na categoria e integrantes da primeira quinta parte da lista de antigüidade, salvo se não houver com tais requisitos quem aceite o lugar vago; em caso de recusa, completar-se-á a fração incluindo-se outros integrantes da categoria, na seqüência da ordem de antigüidade.".

RESPOSTA: B).

17. (MPM/2013/ Promotor de Justiça Militar) Os processos disciplinares contra membro do MPM:

a) Uma vez encerrados serão arquivados pelo Corregedor-Geral, salvo se avocados pelo Conselho Nacional do MPM;

b) Aplicam-se subsidiariamente, ao processo disciplinar, as normas do Código de Processo Penal;

c) Os inquéritos serão instaurados por portaria pelo Procurador-Geral, que encaminhará os autos ao Corregedor-Geral para designar os demais integrantes da Comissão e proceder as investigações;

d) Concluída a apuração de infração disciplinar contra membro do MPM, os autos são remetidos ao Conselho Superior, que decidirá sobre a culpa do investigado, encaminhando os autos ao Procurador-Geral da República para a aplicação da sanção correspondente;

▶ ***Anotações/Comentários***

O processo administrativo disciplinar previsto no art. 252 e seguintes da LOMPU, prevê em seu art. 261 que é aplicado, subsidiariamente, ao processo disciplinar, as normas do Código de Processo Penal.

RESPOSTA: B).

18. (MPM/2013/ Promotor de Justiça Militar) Para o exercício de suas atribuições, o inistério Público da União poderá, nos procedimentos de sua competência:

a) Notificar testemunhas e determinar sua condução coercitiva, no caso de ausência injustificada;

b) Realizar inspeções e diligências investigatória;

c) Requisitar da Administração Pública e de entidades privadas serviços temporários de seus servidores e meios materiais necessários para a realização de atividades específicas;

d) ter acesso incondicional a qualquer banco de dados de caráter público ou privado ou relativo a serviço de relevância pública que interessem diretamente às investigações que instaurar.

► ***Anotações/Comentários***

Para o exercício das suas funções institucionais o MPU poderá realizar inspeções e diligências investigatórias (art. 8º, V, da LOMPU). Ainda poderá, com previsão no art. 8º da LOMPU: notificar testemunhas e requisitar (não determinar) sua condução coercitiva, no caso de ausência injustificada; requisitar da Administração Pública serviços temporários de seus servidores (não entidades privadas serviços temporários de seus servidores) e meios materiais necessários para a realização de atividades específicas; ter acesso incondicional a qualquer banco de dados de caráter público (mas não o privado) ou relativo a serviço de relevância pública.

RESPOSTA: B).

19. (MPT/2012/ Procurador do Trabalho) NÃO é permitido ao membro do Ministério Público do Trabalho, para o exercício de suas atribuições, nos termos legais:

a) A requisição de condução coercitiva de testemunha e do representante da parte investigada, no âmbito da instrução do inquérito civil, em caso de ausência injustificada.

b) A realização de inspeções e diligências de natureza investigatória, diretamente, ou com o acompanhamento de outros órgãos de fiscalização.

c) A requisição à administração pública de serviços temporários de seus servidores e meios materiais necessários para a realização de atividades específicas.

d) A realização de audiências públicas, para discussão de temas e coleta de informações necessárias à sua atuação.

► ***Anotações/Comentários***

Segundo o art. 8º, I da LONMP é atribuição do Ministério Público notificar testemunhas (não o representante da parte investigada) e requisitar sua condução coercitiva, no caso de ausência injustificada. No exercício de suas funções ainda poderá o Ministério Público, nos termos do art. 8º da LOMPU, realizar inspeções e diligências investigatórias, requisitar da Administração Pública serviços temporários de seus servidores e meios materiais necessários para a realização de atividades específicas. Ainda prevê o art. 1º da Resolução n. 82/12 do CNMP: "Compete aos Órgãos do Ministério Público, nos limites de suas respectivas atribuições, promover audiências públicas para auxiliar nos procedimentos sob sua responsabilidade, na identificação de demandas sociais que exijam a instauração de procedimento, para elaboração e execução de Planos de Ação e Projetos Estratégicos Institucionais ou para prestação de contas de atividades desenvolvidas.".

RESPOSTA: A).

20. (MPT/2012/ Procurador do Trabalho) Considerando-se as proposições abaixo a respeito do Ministério Público do Trabalho:

I - Compete ao Procurador-Geral do Trabalho integrar, como membro nato, e presidir o Colégio de Procuradores do Trabalho, o Conselho Superior do Ministério Público do Trabalho e a Comissão de Concurso.

II - O Conselho Superior do Ministério Público do Trabalho é órgão normativo, competindo-lhe, entre outras funções, decidir os conflitos de atribuição entre os órgãos da instituição.

III - Incumbe ao Corregedor-Geral do Ministério Público do Trabalho acompanhar o estágio probatório dos membros e decidir sobre o vitaliciamento ou a exoneração daquele que não cumprir as condições do referido estágio.

IV - Os cargos de Procurador do Trabalho, Procurador Regional do Trabalho, Subprocurador-Geral do Trabalho e Procurador-Geral do Trabalho constituem a carreira do Ministério Público do Trabalho, sendo o cargo inicial de Procurador do Trabalho e o do último nível o de Procurador-Geral do Trabalho.

Marque a alternativa **CORRETA**:

a) apenas a assertiva II está correta;

b) apenas as assertivas III e IV estão corretas;

c) apenas a assertiva III está correta;

d) apenas a assertiva I está correta;

► ***Anotações/Comentários***

Segundo o art. 9, II, da LOMPU estabelece que o Procurador-Geral do Trabalho integrará, como membro nato, e presidirá o Colégio de Procuradores do Trabalho, o Conselho Superior do Ministério Público do Trabalho e a Comissão de Concurso. É de competência da Câmara de Coordenação e Revisão do Ministério Público do Trabalho decidir os conflitos de atribuição entre os órgãos do Ministério Público do Trabalho (art. 103, VI, da LOMPU). Compete ao Conselho Superior do MPT aprovar o procedimento para avaliar o cumprimento das condições do estágio probatório (art. 98, I, f), da LOMPU. Prevê o art. 86 da LOMPU que "A carreira do Ministério Público do Trabalho será constituída pelos cargos de Subprocurador-Geral do Trabalho, Procurador Regional do Trabalho e Procurador do Trabalho." Por sua vez, o par. único do referido dispositivo prevê que o cargo inicial da carreira é o de Procurador do Trabalho e o do último nível o de Subprocurador-Geral do Trabalho.

RESPOSTA: D).

21. (MPT/2012 / Procurador do trabalho) Analise as seguintes proposições:

I - A autonomia administrativa e financeira assegurada constitucionalmente ao Ministério Público abrange a iniciativa legislativa para criação de seus cargos e serviços auxiliares e a legitimidade para elaborar a proposta financeira, mas não alcança a possibilidade de fixação da própria política remuneratória, que é estabelecida pelo Poder Executivo.

II - Os membros do Ministério Público enquadram-se na categoria geral de servidores públicos, em razão do regime jurídico que lhes é aplicado, não assumindo a condição de agentes políticos, reservada especificamente àqueles que exercem função própria e originária do Estado.

III - Constitui crime de responsabilidade do Presidente da República atentar contra o livre exercício do Ministério Público.

Marque a alternativa **CORRETA:**

a) apenas a assertiva I é correta;

b) apenas as assertivas I e II são corretas;

c) apenas as assertivas II e III são corretas;

d) apenas a assertiva III é correta;

► ***Anotações/Comentários***

São crimes de responsabilidade os atos do Presidente da República que atentem contra a Constituição Federal e, especialmente, contra o livre exercício do Poder Legislativo, do Poder Judiciário, do Ministério Público e dos Poderes constitucionais das unidades da Federação (art. 85, II, da CF/88). Os membros do Ministério Público são enquadrados como agentes políticos. O art. 127, § 2º, da CF/88 estabelece que: "Ao Ministério Público é assegurada autonomia funcional e administrativa, podendo, observado o disposto no art. 169, propor ao Poder Legislativo a criação e extinção de seus cargos e serviços auxiliares, provendo-os por concurso público de provas ou de provas e títulos, a política remuneratória e os planos de carreira; a lei disporá sobre sua organização e funcionamento.".

RESPOSTA: D.)

22. (MPT/2012 / Procurador do trabalho) Leia as seguintes assertivas sobre o Termo de Ajustamento de Conduta no âmbito das relações de trabalho:

I – É necessária a participação do membro do Ministério Público do Trabalho, como condição de sua eficácia como título executivo extrajudicial, não se admitindo seja utilizado por outro órgão legitimado para a propositura de ação civil pública.

II – Exige-se, nos termos da lei, sem exceções, a inserção de uma cominação a ser imposta em caso de descumprimento de obrigação de fazer e/ou não fazer assumidas pela parte.

III – As obrigações nele previstas poderão ter natureza preventiva, objetivando cessar a ameaça de dano, ou natureza corretiva, visando a adequar a conduta da parte às exigências legais, mas, em nenhuma hipótese, poderão ter natureza reparatória, por ser incompatível com a finalidade desse instrumento.

Marque a alternativa **CORRETA**:

a) todas as assertivas são corretas;

b) apenas as assertivas I e III são corretas;

c) apenas as assertivas II e III são corretas;

d) apenas a assertiva II é correta;

▶ ***Anotações/Comentários***

Prevê o art. 5º, § 6º, da Lei de Ação Civil Pública: Os órgãos públicos legitimados poderão tomar dos interessados compromisso de ajustamento de sua conduta às exigências legais, mediante cominações, que terá eficácia de título executivo extrajudicial. É possível que haja obrigações de natureza reparatória, segundo estabelece o art. 5º da Resolução n. 179/17 do CNMP: "As indenizações pecuniárias referentes a danos a direitos ou interesses difusos e coletivos, quando não for possível a reconstituição específica do bem lesado, e as liquidações de multas deverão ser destinadas a fundos federais, estaduais e municipais que tenham o mesmo escopo do fundo previsto no art. 13 da Lei nº 7.347/1985."

RESPOSTA: D.)

23. (MPT/2009/ Procurador do Trabalho) Assinale a alternativa CORRETA:

a) O Ministério Público do Trabalho tem por Chefe o Procurador-Geral do Trabalho, nomeado pelo Procurador-Geral da República. Em caso de vacância, exercerá o cargo o Vice-Procurador Geral do Trabalho, até o seu provimento definitivo.

b) O Procurador-Geral de Justiça é o Chefe do Ministério Público do Distrito Federal e Territórios, nomeado pelo Presidente da República e somente poderá ser destituído, antes do término do mandato, por deliberação da maioria absoluta do Senado Federal, mediante representação do Presidente da República.

c) O Ministério Público Militar oficia perante os órgãos da Justiça Militar, compostos por circunscrições de Justiça Militar da Justiça Estadual e da União e o Superior Tribunal Militar e tem por Chefe o Procurador-Geral da Justiça Militar, nomeado pelo Procurador-Geral da República.

d) O Conselho Superior dos ramos do Ministério Público da União composto de 10 (dez) Membros, é integrado pelo Procurador-Geral e pelo Vice-Procurador como Membros natos, 04 (quatro) Membros eleitos pelo Colégio de Procuradores e 04(quatro) pelos respectivos Conselhos.

e) Não respondida.

► ***Anotações/Comentários***

O Procurador-Geral de Justiça é o Chefe do Ministério Público do Distrito Federal e Territórios, sendo este nomeado pelo Presidente da República dentre integrantes de lista tríplice elaborada pelo Colégio de Procuradores e Promotores de Justiça, para mandato de dois anos, permitida uma recondução, precedida de nova lista tríplice e destituído, antes do término do mandato, por deliberação da maioria absoluta do Senado Federal, mediante representação do Presidente da República (art. 155 e 156 da LOMPU). Destituído, antes do término do mandato, por deliberação da maioria absoluta do Senado Federal, mediante representação do Presidente da República e será nomeado pelo Procurador-Geral da República, sendo que em caso de vacância, exercerá o cargo o Vice-Presidente do Conselho Superior, até o seu provimento definitivo (art. 87, 88 e 89 da LOMPU). O Procurador-Geral da Justiça Militar é o Chefe do Ministério Público Militar e será nomeado pelo Procurador-Geral da República (art. 120 e 121 da LOMPU). Compete ao Procurador-Geral da Justiça Militar exercer as funções atribuídas ao Ministério Público Militar junto ao Superior Tribunal Militar, propondo as ações cabíveis e manifestando-se nos processos de sua competência) art. 123 da LOMPU). O Conselho Superior do Ministério Público Federal, é órgão do MP, presidido pelo Procurador-Geral da República, tem a seguinte composição I - o Procurador-Geral da República e o Vice-Procurador-Geral da República, que o integram como membros natos; II - quatro Subprocuradores-Gerais da República eleitos, para mandato de dois anos, na forma do art. 53, III, permitida uma reeleição; e III - quatro Subprocuradores-Gerais da República eleitos, para mandato de dois anos, por seus pares, mediante voto plurinominal, facultativo e secreto, permitida uma reeleição (art. 54 da LOMPU).

RESPOSTA: B).

24. (MPT/2009/ Procurador do Trabalho) Assinale a resposta INCORRETA:

a) Na hipótese de ocorrer conflito de atribuições entre Membros de um Ministério Público Estadual, compete ao Procurador-Geral de Justiça dirimir o conflito.

b) Ocorrendo conflito de atribuições entre dois Membros do Ministério Público do Trabalho, compete a Câmara de Coordenação e Revisão decidir o conflito, com recurso para o Procurador-Geral do Trabalho.

c) Quando o conflito for identificado entre Membros do Ministério Público Militar, compete à Câmara de Coordenação e Revisão decidir o conflito, com recurso para o Procurador-Geral da Justiça Militar.

d) Existindo conflito de atribuições entre um Membro do Ministério Público Federal e um Membro do Ministério Público Estadual, a competência para dirimir o conflito é do Conselho Nacional do Ministério Público.

e) Não respondida.

▶ *Anotações/Comentários*

O art. 10, X, da LONMP prevê que é competência do PGJ dirimir conflitos de atribuições entre membros do Ministério Público, designando quem deva oficiar no feito. Por sua vez, será de competência da Câmara de Coordenação e Revisão do Ministério Público do Trabalho decidir os conflitos de atribuição entre os órgãos do Ministério Público do Trabalho (art. 103, VI, da LOMPU), com recurso ao Procurador-Geral do Trabalho (art. 91, VII, da LOMPU). Ainda será de competência da Câmara de Coordenação e Revisão do Ministério Público Militar decidir os conflitos de atribuição entre os órgãos do Ministério Público Militar (art. 136, VI, da LOMPU), com recurso ao Procurador-Geral da Justiça Militar (art. 124, VI, da LOMPU). Não há previsão legal para que eventual conflito de atribuições entre um Membro do Ministério Público Federal e um Membro do Ministério Público Estadual seja dirimido pelo Conselho Nacional do Ministério Público.

RESPOSTA: D).

25. (MPT/2009/ Procurador do Trabalho) Assinale a alternativa INCORRETA:

É vedado ao Membro do Ministério Público:

a) exercer a advocacia em juízo ou tribunal junto ao qual oficiou, antes de decorridos 03 (três) anos do afastamento do cargo por aposentadoria ou exoneração.

b) exercer, ainda que em disponibilidade, qualquer função pública, salvo uma de magistério.

c) receber, a qualquer título ou pretexto, auxílios ou contribuições de pessoas físicas, entidades públicas ou privadas, ressalvadas as exceções previstas em lei quanto às entidades públicas.

d) participar de sociedade comercial, na forma da lei.

e) não respondida.

► ***Anotações/Comentários***

As vedações aos membros do MPU estão previstas no art. 237 da LOMPU. Não corresponde a vedação prevista no art. 237 da LOMPU a alternativa c).

RESPOSTA: C).

26. (MPT/2008/ Procurador do Trabalho) Assinale a alternativa INCORRETA:

a) o Procurador-Geral da República é o Chefe do Ministério Público da União, podendo ser reconduzido por mais de duas vezes, sendo que, cada nova recondução deverá ser precedida de decisão do Senado Federal;

b) a exoneração, de ofício, do Procurador-Geral da República, por iniciativa do Presidente da República, deverá ser precedida de autorização da maioria simples do Senado Federal, em votação aberta;

c) é atribuição do Procurador-Geral da República, como chefe do Ministério Público da União, dirimir conflitos de atribuição entre integrantes de ramos diferentes do Ministério Público da União;

d) o Procurador-Geral da República poderá delegar aos Procuradores-Gerais a prática de atos de gestão administrativa, financeira e de pessoal;

e) não respondida.

► ***Anotações/Comentários***

A exoneração, de ofício, do Procurador-Geral da República, por iniciativa do Presidente da República, deverá ser precedida de autorização da maioria absoluta (não simples) do Senado Federal, em votação secreta, nos termos do art. 25, parágrafo único da LOMPU. É atribuição do Procurador-geral da República dirimir conflitos de atribuição entre integrantes de ramos diferentes do Ministério Público da União. O Procurador-Geral da República é o chefe do Ministério Público da União, nomeado pelo Presidente da República dentre integrantes da carreira, maiores de trinta e cinco anos, permitida a recondução (não há limitação legal) precedida de nova decisão do Senado Federal (art. 25, *caput*, da LOMPU). O Procurador-Geral da República poderá delegar aos Procuradores-Gerais as atribuições de dirimir conflitos de atribuição entre integrantes de ramos diferentes do Ministério Público da União e praticar atos de gestão administrativa, financeira e de pessoal (art. 26, § 1º, da LOMPU).

RESPOSTA: B).

27. (PGT/2008 / Procurador) Leia com atenção as assertivas abaixo:

I - o Conselho de Assessoramento Superior do Ministério Público da União é composto pelo Procurador-Geral da República, que o preside, pelo Vice- Procurador -Geral da República, pelo Procurador-Geral do Trabalho, pelo Procurador-Geral da Justiça Militar e pelo Procurador-Geral de Justiça do Distrito Federal e Territórios;

II - as reuniões do Conselho de Assessoramento Superior do Ministério Público da União serão convocadas pelo Procurador-Geral da República, podendo solicitá-las qualquer de seus membros;

III - o Conselho de Assessoramento Superior do Ministério Público da União deverá opinar, dentre outras matérias, sobre a organização e o funcionamento da Diretoria-Geral e dos serviços da Secretaria do Ministério Público da União;

Assinale a alternativa CORRETA:

a) todas as assertivas estão corretas;

b) todas as assertivas estão incorretas;

c) apenas as assertivas I e II estão corretas;

d) apenas a assertiva I está correta;

e) não respondida.

► ***Anotações/Comentários***

O Conselho de Assessoramento Superior do Ministério Público da União, sob a presidência do Procurador-Geral da República será integrado pelo Vice-Procurador-Geral da República, pelo Procurador-Geral do Trabalho, pelo Procurador-Geral da Justiça Militar e pelo Procurador-Geral de Justiça do Distrito Federal e Territórios, nos termos do art. 28 da LOMPU. As reuniões do Conselho de Assessoramento Superior do Ministério Público da União serão convocadas pelo Procurador-Geral da República, podendo solicitá-las qualquer de seus membros, de acordo com o que consta no art. 29 da LOMPU. O Conselho de Assessoramento Superior do Ministério Público da União deverá opinar sobre as matérias de interesse geral da Instituição, e em especial sobre a organização e o funcionamento da Diretoria-Geral e dos Serviços da Secretaria do Ministério Público da União (art. 30, II, da LOMPU).

RESPOSTA: A).

28. (PGT/2008 / Procurador) Assinale a alternativa CORRETA:

a) o Procurador-Geral de Justiça do Distrito Federal e Territórios será nomeado pelo Procurador-Geral da República dentre os integrantes de lista tríplice elaborada pelo Colégio de Procuradores e Promotores de Justiça, para um mandato de dois anos;

b) o Procurador-Geral da Justiça Militar será nomeado pelo Presidente da República, dentre integrantes da instituição, com mais de trinta e cinco anos de idade e de cinco anos na carreira, escolhido em lista tríplice elaborada mediante voto plurinominal, facultativo e secreto, pelo Conselho Superior do Ministério Público Militar, para um mandato de dois anos, observado o mesmo processo;

c) o Procurador-Geral da República será nomeado pelo Presidente da República, dentre integrantes do último grau da carreira, com mais de trinta e cinco anos de idade, integrantes de lista tríplice escolhida mediante voto plurinominal, facultativo e secreto, pelo Colégio de Procuradores para um mandato de dois anos;

d) o Procurador-Geral do Trabalho será nomeado pelo Procurador-Geral da República, dentre integrantes da instituição, com mais de trinta e cinco anos de idade e de cinco anos na carreira, integrantes de lista tríplice escolhida mediante voto plurinominal, facultativo e secreto, pelo Colégio de Procuradores para um mandato de dois anos;

e) não respondida.

► *Anotações/Comentários*

O Procurador-Geral do Trabalho será nomeado pelo Procurador-Geral da República, dentre integrantes da instituição, com mais de trinta e cinco anos de idade e de cinco anos na carreira, integrante de lista tríplice escolhida mediante voto plurinominal, facultativo e secreto, pelo Colégio de

Procuradores para um mandato de dois anos, permitida uma recondução, observado o mesmo processo. Caso não haja número suficiente de candidatos com mais de cinco anos na carreira, poderá concorrer à lista tríplice quem contar mais de dois anos na carreira, conforme previsão do art. 88 da LOMPU.

RESPOSTA: D).

29. PGT/2008 / Procurador) Leia com atenção as assertivas abaixo:

I - o Conselho Superior do Ministério Público do Trabalho é composto somente por Subprocuradores-Gerais do Trabalho, eleitos para um mandado de dois anos;

II - o Conselho Superior do Ministério Público do Trabalho é composto: pelo Procurador-Geral do Trabalho e o Vice-Procurador-Geral do Trabalho, como membros natos; por quatro Subprocuradores-Gerais do Trabalho eleitos pelo Colégio de Procuradores do Trabalho e por quatro Subprocuradores-Gerais do Trabalho eleitos por seus pares, para um mandato de dois anos, mediante voto plurinominal, facultativo e secreto, permitida uma reeleição;

III - o Presidente do Conselho Superior indicará o seu Vice-Presidente, que o substituirá em seus impedimentos e em caso de vacância;

Assinale a alternativa CORRETA:

a) todas as assertivas estão corretas;

b) todas as assertivas estão incorretas;

c) apenas a assertiva II está correta;

d) apenas a assertiva III está correta;

e) não respondida.

▶ ***Anotações/Comentários***

O Conselho Superior do Ministério Público do Trabalho, presidido pelo Procurador-Geral do Trabalho, tem a seguinte composição, de acordo com o que prescreve o art. 95 da LOMPU: I - o Procurador-Geral do Trabalho e o Vice-Procurador-Geral do Trabalho, que o integram como membros natos; II - quatro Subprocuradores-Gerais do Trabalho, eleitos para um mandato de dois anos, pelo Colégio de Procuradores do Trabalho, mediante voto plurinominal, facultativo e secreto, permitida uma reeleição; e III - quatro Subprocuradores-Gerais do Trabalho, eleitos para um mandato de dois anos, por seus pares, mediante voto plurinominal, facultativo e secreto, permitida uma reeleição. O Conselho Superior elegerá o seu Vice-Presidente, que substituirá o Presidente em seus impedimentos e em caso de vacância, de acordo com o que dispõe o art. 95, § 2º, da LOMPU.

RESPOSTA: C).

30. (PGT/2008 / Procurador) Assinale a alternativa CORRETA:

a) a Câmara de Coordenação e Revisão do Ministério Público do Trabalho é organizada por ato normativo, cumprindo-lhe dispor sobre seu funcionamento em regimento interno;

b) a Câmara de Coordenação e Revisão do Ministério Público do Trabalho é composta por três membros do Ministério Público do Trabalho, todos eles indicados pelo Conselho Superior, juntamente com os seus suplentes, para um mandato de dois anos, sempre que possível dentre integrantes do último grau da carreira;

c) o Coordenador da Câmara de Coordenação e Revisão do Ministério Público do Trabalho é designado pelo Procurador-Geral do Trabalho, dentre os Subprocuradores-Gerais do Trabalho;

d) incumbe ao Coordenador da Câmara de Coordenação e Revisão do Ministério Público do Trabalho participar, sem direito a voto, das reuniões do Conselho Superior do Ministério Público do Trabalho;

e) não respondida.

▶ ***Anotações/Comentários***

Cabe aos Subprocuradores-Gerais do Trabalho, privativamente, o exercício das funções de Coordenador da Câmara de Coordenação e Revisão do Ministério Público do Trabalho (art. 108, II da LOMPU), suja designação será de competência do Procurador-Geral do Trabalho (art. 91, IV, da LOMPU). A Câmara de Coordenação e Revisão do Ministério Público do Trabalho será organizada por ato normativo, e o Regimento Interno, que disporá sobre seu funcionamento, será elaborado pelo Conselho Superior (art. 100 da LOMPU). Câmara de Coordenação e Revisão do Ministério Público do Trabalho será composta por três membros do Ministério Público do Trabalho, sendo um indicado pelo Procurador-Geral do Trabalho e dois pelo Conselho Superior do Ministério Público do Trabalho, juntamente com seus suplentes, para um mandato de dois anos, sempre que possível, dentre integrantes do último grau da carreira, conforme estabelecido no art. 101 da LOMPU.

RESPOSTA: C).

31. (PGT/2008 / Procurador) Leia com atenção as assertivas abaixo:

I - a Corregedoria do Ministério Público do Trabalho, dirigida pelo Corregedor- Geral, é o órgão de coordenação, de integração e de revisão do exercício funcional na instituição;

II - o Corregedor-Geral é nomeado pelo Procurador-Geral do Trabalho, dentre os Subprocuradores-Gerais do Trabalho, integrantes de lista tríplice elaborada pelo Conselho Superior, para mandato de dois anos, renovável uma vez;

III - O Corregedor-Geral poderá ser destituído, por iniciativa do Procurador-Geral do Trabalho, antes do término do mandato, pelo voto de dois terços dos membros do Conselho Superior.

Assinale a alternativa CORRETA:

a) todas as assertivas estão corretas;

b) todas as assertivas estão incorretas;

c) apenas a assertiva I está correta;

d) apenas as assertivas II e III estão corretas;

e) não respondida.

▶ *Anotações/Comentários*

Nos termos do art. 105 da LOMPU, o Corregedor-Geral será nomeado pelo Procurador-Geral do Trabalho dentre os Subprocuradores-Gerais do Trabalho, integrantes de lista tríplice elaborada pelo Conselho Superior, para mandato de dois anos, renovável uma vez. Segundo previsão do art. 105, § 3º, da LOMPU: "O Corregedor-Geral poderá ser destituído, por iniciativa do Procurador-Geral, antes do término do mandato, pelo voto de dois terços dos membros do Conselho Superior.". O art. 104 da LOMPU estabelece que: "A Corregedoria do Ministério Público do Trabalho, dirigida pelo Corregedor-Geral, é o órgão fiscalizador das atividades funcionais e da conduta dos membros do Ministério Público.".

RESPOSTA: D).

32. (MPT/2007/ Procurador do Trabalho) Assinale a alternativa **INCORRETA**:

a) o Conselho de Assessoramento Superior do Ministério Público da União é composto apenas pelo Procurador-Geral da República, que o preside, pelo Procurador-Geral do Trabalho, pelo Procurador-Geral da Justiça Militar e pelo Procurador-Geral de Justiça do Distrito Federal e Territórios;

b) qualquer dos membros do Conselho de Assessoramento Superior do Ministério Público da União poderá solicitar reuniões;

c) o Conselho de Assessoramento Superior do Ministério Público da União deverá opinar, dentre outras matérias, sobre a organização e o funcionamento da Diretoria-Geral e dos Serviços da Secretaria do Ministério Público da União;

d) o Conselho de Assessoramento Superior do Ministério Público da União poderá propor aos Conselhos Superiores dos diferentes ramos do Ministério Público da União medidas para uniformizar os atos decorrentes de seu poder normativo;

e) não respondida

► *Anotações/Comentários*

Segundo o art. 28 da LOMPU, o Conselho de Assessoramento Superior do Ministério Público da União será presidido pelo Procurador-Geral da República e será composto pelo Vice-Procurador-Geral da República, pelo Procurador-Geral do Trabalho, pelo Procurador-Geral da Justiça Militar e pelo Procurador-Geral de Justiça do Distrito Federal e Territórios. Quaisquer dos membros poderão solicitar uma reunião (art. 29 da LOMPU). O Conselho de Assessoramento Superior do Ministério Público da União opinará sobre as matérias de interesse geral da Instituição, e em especial sobre, entre outros, a organização e o funcionamento da Diretoria-Geral e dos Serviços da Secretaria do Ministério Público da União (art. 30, II, da LOMPU). Ainda o Conselho de Assessoramento Superior poderá propor aos Conselhos Superiores dos diferentes ramos do Ministério Público da União medidas para uniformizar os atos decorrentes de seu poder normativo (art. 31 da LOMPU).

RESPOSTA: A).

33. (MPT/2007/ Procurador do Trabalho) Leia com atenção as assertivas abaixo:

I - A ação penal pública contra o Procurador-Geral da República, quando no exercício do cargo, caberá ao Subprocurador-Geral da República mais antigo na carreira;

II - O Procurador-Geral da República poderá delegar a Coordenador de Câmara de Coordenação e Revisão a atribuição de coordenação das atividades do Ministério Público Federal;

III - O Conselho Superior do Ministério Público Militar é formado pelo Procurador-Geral da Justiça Militar, pelo Vice-Procurador-Geral da Justiça Militar, por quatro Subprocuradores-Gerais da Justiça Militar eleitos pelo Colégio de Procuradores da Justiça Militar e por quatro Subprocuradores-Gerais da Justiça Militar eleitos por seus pares;

Assinale a alternativa **CORRETA**:

a) todas as assertivas estão corretas;

b) todas as assertivas estão incorretas;

c) apenas as assertivas I e III estão corretas;

d) apenas a assertiva II está correta;

e) não respondida.

► ***Anotações/Comentários***

O art. 50, I, prevê que poderão ser objeto de delegação das atribuições do PGR a Coordenador de Câmara de Coordenação e Revisão a atribuição de coordenar as atividades do Ministério Público Federal. Segundo prevê o art. 51 da LOMPU, a ação penal pública contra o Procurador-Geral da República, quando no exercício do cargo, caberá ao Subprocurador-Geral da República que for designado pelo Conselho Superior do Ministério Público Federal. Segundo o art. 128 da LOMPU, o Conselho Superior do Ministério Público Militar será presidido pelo Procurador-Geral da Justiça Militar e será composto pelo Procurador-Geral da Justiça Militar e o Vice-Procurador-Geral da Justiça Militar, além dos Subprocuradores-Gerais da Justiça Militar.

RESPOSTA: D).

34. (MPT/2007/ Procurador do Trabalho) Assinale a alternativa **CORRETA**:

a) para entrar no exercício do cargo de Procurador do Trabalho, o candidato empossado terá o prazo de 30 dias, improrrogáveis;

b) as promoções dos membros integrantes dos quatro ramos do Ministério Público da União deverão ser realizadas até trinta dias da ocorrência da vaga;

c) a pena de advertência será aplicada ao membro do Ministério Público do Trabalho de forma pública e por escrito;

d) equipara-se ao abandono do cargo de Procurador do Trabalho a ausência do membro ao exercício de suas funções, sem causa justificada, por mais de quarenta e cinco dias intercalados, no período de doze meses;

e) não respondida

► ***Anotações/Comentários***

Prevê o art. 199. § 1º, da LOMPU que as promoções serão alternadas, por antiguidade e merecimento, sendo que a promoção deverá ser realizada até trinta dias da ocorrência da vaga. Não decretada no prazo legal, a promoção produzirá efeitos a partir do termo final dele. O art. 196 da LOMPU estabelece que para entrar no exercício do cargo, o empossado terá o prazo de trinta dias, prorrogável por igual período, mediante comunicação, antes de findo o prazo inicial. O art. 240, I da LOMPU prevê que a sanção de advertência será aplicada reservadamente e por escrito, em caso de negligência no exercício das funções. Prevê o art. 240, § 4º, da LOMPU que equipara-se ao abandono de cargo a falta injustificada por mais de sessenta dias intercalados, no período de doze meses.

RESPOSTA: B).

35. (MPT/2007/ Procurador do Trabalho) Assinale a alternativa **INCORRETA**:

a) além de um dos membros da Câmara de Coordenação e Revisão do Ministério Público do Trabalho, o Procurador-Geral do Trabalho tem por atribuição designar o respectivo Coordenador;

b) é atribuição do Procurador-Geral do Trabalho decidir, em grau recursal, os conflitos de atribuição entre os órgãos do Ministério Público do Trabalho;

c) é atribuição do Procurador-Geral do Trabalho determinar o afastamento do exercício de suas funções, de membro do Ministério Público do Trabalho indiciado ou acusado em processo disciplinar, e o seu retorno;

d) é atribuição do Procurador-Geral do Trabalho dar posse aos membros do Ministério Público do Trabalho;

e) não respondida.

► ***Anotações/Comentários***

É de competência do Conselho Superior do Ministério Público do Trabalho (não do Procurador-Geral do Trabalho) determinar o afastamento do exercício de suas funções, de membro do Ministério Público do Trabalho, indiciado ou acusado em processo disciplinar, e o seu retorno (art. 98, XIV, da LOMPU). As outras alternativas preveem as atribuições do Procurador-Geral do Trabalho, conforme o art. 91 da LOMPU.

RESPOSTA: C).

36. (MPT/2007/ Procurador do Trabalho) Leia com atenção as assertivas abaixo:

I - A sindicância é o procedimento que tem por objetivo a coleta sumária de dados para instauração, se necessário, de inquérito administrativo.

II - O Conselho Superior do Ministério Público do Trabalho poderá, caso não acolha a proposta de arquivamento do inquérito administrativo formulada pela Comissão, encaminhá-la ao Corregedor-Geral para formular a súmula de acusação.

III - Havendo prova da infração e indícios suficientes de sua autoria, o Conselho Superior poderá determinar, fundamentadamente, o afastamento preventivo do indiciado em Processo Administrativo, enquanto sua permanência for inconveniente ao serviço ou prejudicial à apuração dos fatos.

Assinale a alternativa **CORRETA**:

a) todas as assertivas estão corretas;

b) apenas a assertiva I está correta;

c) apenas as assertivas I e III estão corretas;

d) apenas as assertivas II e III estão corretas.

e) não respondida

► ***Anotações/Comentários***

A sindicância, conforme previsão no art. 246 da LOMPU, é o procedimento que tem por objeto a coleta sumária de dados para instauração, se necessário, de inquérito administrativo. O inquérito será submetido à deliberação do Conselho Superior, que poderá encaminhá-lo ao Corregedor-Geral, para formular a súmula da acusação, caso não acolha a proposta de arquivamento (art. 251, §2º, inc. IV, da LOMPU). O art. 260, caput, da LOMPU, estabelece que havendo prova da infração e indícios suficientes de sua autoria, o Conselho Superior poderá determinar, fundamentadamente, o afastamento preventivo do indiciado, enquanto sua permanência for inconveniente ao serviço ou prejudicial à apuração dos fatos.

RESPOSTA: A).

37. (MPT/2007/ Procurador do Trabalho) Assinale a alternativa **CORRETA**:

a) cabe aos Subprocuradores-Gerais do Trabalho, privativamente, apenas o exercício das funções de membros do Conselho Superior do Ministério Público do Trabalho, Corregedor-Geral do Ministério Público do Trabalho e Coordenador da Câmara de Coordenação e Revisão do Ministério Público do Trabalho;

b) é atribuição do Procurador-Geral do Trabalho decidir processo disciplinar contra membro da carreira, aplicando as sanções que sejam de sua competência;

c) é atribuição do Conselho Superior do Ministério Público do Trabalho elaborar a proposta orçamentária do Ministério Público do Trabalho;

d) é atribuição do Procurador-Geral do Trabalho elaborar a lista tríplice destinada à promoção por merecimento.

e) não respondida.

► ***Anotações/Comentários***

É de atribuição do Procurador-Geral do Trabalho, entre outras, decidir processo disciplinar contra membro da carreira ou servidor dos serviços auxiliares, aplicando as sanções que sejam de sua competência (art. 91, X, da LOMPU). Segundo o art. 108 da LOMPU, cabem aos Subprocuradores-Gerais do Trabalho, privativamente, o exercício das funções de Corregedor-Geral do Ministério Público do Trabalho; e Coordenador da Câmara de Coordenação e Revisão do Ministério Público do Trabalho. É de atribuição do Procurador-Geral do Trabalho, entre outras, elaborar a proposta orçamentária do Ministério Público do Trabalho, submetendo-a, para aprovação, ao Conselho Superior (art. 91, XVIII, da LOMPU). Compete ao Conselho Superior do Ministério Público do Trabalho, entre outras atribuições, elaborar a lista tríplice destinada à promoção por merecimento (art. 98, V, da LOMPU).

RESPOSTA: B).

38. (MPT/2006/ Procurador do Trabalho) Quanto aos Órgãos do Ministério Público do Trabalho:

I - o Procurador-Geral do Trabalho será nomeado pelo Procurador-Geral da República, dentre integrantes da instituição, com mais de trinta e cinco anos de idade e de cinco anos na carreira, integrantes de lista tríplice escolhida mediante voto plurinominal, obrigatório e secreto, pelo Colégio de Procuradores, para um mandato de dois anos, permitida a recondução, observado o mesmo processo;

II - o Conselho Superior do Ministério Público do Trabalho é composto pelo Procurador-Geral do Trabalho e pelo Vice-Procurador-Geral do Trabalho, como membros natos; por quatro Subprocuradores-Gerais do Trabalho, eleitos para um mandato de dois anos, pelo Colégio de Procuradores, mediante voto plurinominal, facultativo e secreto, permitida a reeleição; e por mais quatro Subprocuradores- Gerais do Trabalho, eleitos para um mandato de dois anos, pelos Procuradores do Trabalho de todo Brasil, mediante voto plurinominal, facultativo e secreto, permitida a reeleição. Referido órgão é presidido pelo Procurador-Geral do Trabalho;

III - a Câmara de Coordenação e Revisão do Ministério Público do Trabalho é composta por três Membros do Ministério Público do Trabalho, sendo um indicado pelo Procurador-Geral do Trabalho e dois pelo Conselho Superior do Ministério Público do Trabalho, juntamente com seus suplentes, para um mandato de dois anos, sempre que possível, dentre integrantes do último grau da carreira.

Analisando-se as asserções acima, pode-se afirmar que:

a) todas estão corretas;

b) todas estão incorretas;

c) apenas a de número II está incorreta;

d) apenas as de números I e II estão incorretas;

e) não respondida.

▶ *Anotações/Comentários*

O art. 88 da LOMPU prevê que o Procurador-Geral do Trabalho será nomeado pelo PGR, dentre integrantes da instituição, com mais de trinta e cinco anos de idade e de cinco anos na carreira, integrante de lista tríplice escolhida mediante voto plurinominal, facultativo (não obrigatório) e secreto, pelo Colégio de Procuradores para um mandato de dois anos, permitida uma recondução, observado o mesmo processo. O Conselho Superior do Ministério Público do Trabalho, presidido pelo Procurador-Geral do Trabalho (art. 95 da LOMPU) e possui em sua composição: o Procurador-Geral do Trabalho e o Vice-Procurador-Geral do Trabalho, que o integram como membros natos; quatro Subprocuradores-Gerais do Trabalho, eleitos para um mandato de dois anos, pelo Colégio de Procuradores do Trabalho, mediante voto plurinominal, facultativo e secreto, permitida uma (e não a) reeleição; quatro Subprocuradores-Gerais do Trabalho, eleitos para um mandato de dois anos, por seus pares, mediante voto plurinominal, facultativo e secreto, permitida (e não a) uma reeleição. Prevê o art. 101 da LOMPU que: "A Câmara de Coordenação e Revisão do Ministério Público do Trabalho será composta por três membros do Ministério Público do Trabalho, sendo um indicado pelo Procurador-Geral do Trabalho e dois pelo Conselho Superior do Ministério Público do Trabalho, juntamente com seus suplentes, para um mandato de dois anos, sempre que possível, dentre integrantes do último grau da carreira.".

RESPOSTA: D).

39. (MPT/2006/ Procurador do Trabalho) Assinale a alternativa **CORRETA**. Em caso de vacância, o cargo de Procurador- Geral do Trabalho será exercido pelo:

a) Vice-Procurador-Geral do Trabalho;

b) Vice-Presidente do Conselho Superior do Ministério Público do Trabalho;

c) Coordenador da Câmara de Coordenação e Revisão do Ministério Público do Trabalho;

d) Corregedor-Geral do Ministério Público do Trabalho, se a vacância ocorrer na primeira metade do mandato do Procurador-Geral do Trabalho, até a realização de novo processo de nomeação; e pelo Vice-Presidente do Conselho Superior do Ministério Público do Trabalho, se a vacância ocorrer na segunda metade do mandato do Procurador-Geral do Trabalho, até seu termo final;

e) não respondida.

► ***Anotações/Comentários***

Em caso de vacância, segundo previsão do art. 89 da LOMPU, exercerá o cargo o Vice-Presidente do Conselho Superior, até o seu provimento definitivo.

RESPOSTA: B).

40. **(MPT/2006/ Procurador do Trabalho)** Sobre a possibilidade de Membro do Ministério Público do Trabalho ser designado, excepcionalmente, para exercer atribuições processuais perante juízos, tribunais ou ofícios diferentes dos estabelecidos para cada categoria, assinale a alternativa **CORRETA**:

a) não é possível, em hipótese alguma;

b) é possível, se assim o exigir a necessidade de serviço, independentemente da anuência do designado, desde que autorizado pelo Conselho Superior do Ministério Público do Trabalho, cuja deliberação deverá ser tomada com o voto favorável de dois terços dos Membros Conselheiros;

c) é possível, se houver interesse do serviço e anuência do designado, bem como autorização do Conselho Superior do Ministério Público do Trabalho, cuja deliberação deverá ser tomada com o voto favorável de dois terços dos Membros Conselheiros;

d) é possível, desde que autorizado pelo Conselho Superior do Ministério Público do Trabalho, cuja deliberação deverá ser tomada com o voto favorável de dois quintos dos Membros Conselheiros, apenas para as hipóteses de atuação no primeiro grau de jurisdição, considerando-se a repercussão social das ações coletivas;

e) não respondida.

► ***Anotações/Comentários***

Prevê o art. 214, par. Único da LOMPU que: "A designação para o exercício de funções diferentes das previstas para cada classe, nas respectivas carreiras, somente será admitida por interesse do serviço, exigidas a anuência do designado e a autorização do Conselho Superior.". Por sua vez, o art. 98, XI da LOMPU prevê que é competência do Conselho Superior do Ministério Público do Trabalho, entre outras, autorizar a designação, em caráter excepcional, de membros do Ministério Público do Trabalho, para exercício de atribuições processuais perante juízos, tribunais ou ofícios diferentes dos estabelecidos para cada categoria, mediante voto favorável de dois terços dos membros do Conselho Superior (art. 98, par. Único da LOMPU).

RESPOSTA: C).

41. (MPT/2006/ Procurador do Trabalho) Quanto às prerrogativas processuais, o Membro do Ministério Público da União tem assegurado:

I - nos crimes comuns e de responsabilidade, o seu processamento e julgamento no Superior Tribunal de Justiça, se oficiar perante Tribunais;

II - nos crimes comuns e de responsabilidade, o seu processamento e julgamento nos Tribunais Regionais Federais, ressalvada a competência da Justiça Eleitoral, se oficiar perante juízos de primeira instância;

III - o recebimento de intimação pessoal, nos autos, em qualquer processo e grau de jurisdição nos feitos em que tiver que oficiar.

Analisando-se as asserções acima, pode-se afirmar que:

a) todas estão corretas;

b) todas estão incorretas;

c) apenas a de número I é correta;

d) apenas as de números I e III estão corretas;

e) não respondida.

▶ *Anotações/Comentários*

Trata-se de prerrogativa do membro do Ministério Público da União que oficie perante tribunais, ser processado e julgado, nos crimes comuns e de responsabilidade, pelo Superior Tribunal de Justiça e do membro do Ministério Público da União que oficie perante juízos de primeira instância, ser processado e julgado, nos crimes comuns e de responsabilidade, pelos Tribunais Regionais Federais, ressalvada a competência da Justiça Eleitoral, conforme art. 18, II, b) e c) da LOMPU. É também prerrogativa receber intimação pessoalmente nos autos em qualquer processo e grau de jurisdição nos feitos em que tiver que oficiar (art. 18, II, h) da LOMPU).

RESPOSTA: A).

42. (MPT/2006/ Procurador do Trabalho) No exercício de suas atribuições, o Membro do Ministério Público da União poderá:

I - ter acesso incondicional a qualquer banco de dados de caráter público ou relativo a serviço de relevância pública;

II - requisitar informações e documentos a entidades privadas, sendo que, na hipótese de usá-los de forma indevida, poderá ser responsabilizado civil e criminalmente e eventual ação penal poderá ser proposta também pelo ofendido, subsidiariamente, na forma da lei processual penal;

III - notificar testemunhas e requisitar sua condução coercitiva, no caso de ausência, ainda que por motivo de força maior, considerando-se a relevância social das investigações ministeriais.

Analisando-se as asserções acima, pode-se afirmar que:

a) todas estão corretas;

b) todas estão incorretas;

c) apenas as de números II e III estão incorretas;

d) apenas a de número III está incorreta;

e) não respondida.

► *Anotações/Comentários*

No exercício de suas funções o membro do MPU poderá notificar testemunhas e requisitar sua condução coercitiva, no caso de ausência injustificada (art. 8º, I, da LOMPU). Ainda incumbirá ao membro do MPU ter acesso incondicional a qualquer banco de dados de caráter público ou relativo a serviço de relevância pública (art. 8º, VIII, da LOMPU) e requisitar informações e documentos a entidades privadas (art. 8º, IV, da LOMPU). Ainda segundo o art. 8º § 1º, da LOMPU: "O membro do Ministério Público será civil e criminalmente responsável pelo uso indevido das informações e documentos que requisitar; a ação penal, na hipótese, poderá ser proposta também pelo ofendido, subsidiariamente, na forma da lei processual penal.".

RESPOSTA: D).

CONCURSO PARA MEMBROS DO MP

43. (MPSC/2016/PROMOTOR DE JUSTIÇA) O Presidente da República nomeia o Procurador-Geral da República e o Procurador-Geral de Justiça do Ministério Público do Distrito Federal e Territórios. Por sua vez, o Procurador-Geral da República nomeia o Procurador-Geral da Justiça Militar e o Procurador-Geral do Trabalho.

► *Anotações/Comentários*

Presidente da República nomeará o Procurador-Geral da República e o Procurador-Geral de Justiça do Ministério Público do Distrito Federal e

Territórios (art. 26, inc. V da LOMPU). É de atribuição do Procurador-Geral da República, como Chefe do Ministério Público da União nomear e dar posse ao Procurador-Geral do Trabalho e ao Procurador-Geral da Justiça Militar (art. 25, inc. IV, da LOMPU).

RESPOSTA: Correto.

44. (MPSC/2016/PROMOTOR DE JUSTIÇA) Compete às Câmaras de Coordenação e Revisão decidir os conflitos de atribuição entre os órgãos do Ministério Público Federal.

▶ ***Anotações/Comentários***

É de competência das Câmaras de Coordenação e Revisão decidir os conflitos de atribuições entre os órgãos do Ministério Público Federal (art. 62, inc. VII, da LOMPU).

RESPOSTA: Correta.

45. (MPAC/2014/PROMOTOR DE JUSTIÇA) Considere que um promotor de justiça de determinado estado da Federação tenha requisitado a instauração de inquérito policial e que, no curso da investigação, o delegado constate indício de que membro do MPU tenha cometido infração penal. Nessa situação, com base na Lei Complementar n.º 75/1993,

a) os autos deverão ser remetidos ao procurador-geral da República para as providências pertinentes.

b) o membro do MPU deverá ser indiciado, e o delegado continuará a investigação.

c) o promotor de justiça deverá continuar a investigação.

d) o procurador de justiça do estado deverá dar continuidade à investigação.

e) o procurador regional da República deverá dar continuidade à investigação

▶ ***Anotações/Comentários***

O art. 18, parágrafo único da LOMPU prevê que quando, no curso de investigação, houver indício da prática de infração penal por membro do Ministério Público da União, a autoridade policial, civil ou militar, remeterá imediatamente os autos ao Procurador-Geral da República, que designará membro do Ministério Público para prosseguimento da apuração do fato.

RESPOSTA: A).

46. (MPSC/2013/PROMOTOR DE JUSTIÇA) Segundo a Lei Complementar n. 75/93, o Ministério Público da União exercerá o controle externo da atividade policial por meio de medidas judiciais e extrajudiciais podendo, entre outras medidas, ter livre ingresso em estabelecimentos policiais ou prisionais e ter acesso a quaisquer documentos relativos à atividade-meio policial.

► ***Anotações/Comentários***

Para fins do exercício do controle externo da atividade policial o Ministério Público por meio de medidas judiciais e extrajudiciais poderá ter livre ingresso em estabelecimentos policiais ou prisionais e ainda ter acesso a quaisquer documentos relativos à atividade-fim policial (e não atividade--meio), entre outros (art. 9º, inc. I e II, da LOMPU).

RESPOSTA: Errada.

47. (MPSC/2013/PROMOTOR DE JUSTIÇA) O membro do Ministério Público da União detém prerrogativa de não ser indiciado em inquérito policial.

► ***Anotações/Comentários***

Dentre as prerrogativas chamadas de processuais dos membros do Ministério Público da União está a de não ser indiciado em inquérito policial (art. 18, inc. II, "f", da LOMPU). A mesma previsão contém aos membros do Ministério Público, conforme o art. 213, inc. XVIII, da Lei Orgânica do MPSC.

RESPOSTA: Correta.

48. (MPSC/2013/PROMOTOR DE JUSTIÇA) De acordo com a Lei Complementar n. 75/93, o Vice-Procurador-Geral da República é membro nato do Conselho Superior do Ministério Público.

► ***Anotações/Comentários***

Conforme estabelece o art. 54, inc. I, da LOMPU, o vice-Procurador-Geral da República integra o Conselho Superior do MPF como membro nato.

RESPOSTA: Correta.

49. (MPAP/2012/PROMOTOR DE JUSTIÇA) De acordo com a Lei Complementar nº 75/93, que dispõe sobre a organização, as atribuições e o estatuto do Ministério Público da União, inclui-se dentre as prerrogativas institucionais dos membros do Ministério Público da União

a) tornar-se vitalício, após dois anos de efetivo exercício, não podendo perder o cargo senão por sentença judicial transitada em julgado.

b) ser processado e julgado, nos crimes comuns e de responsabilidade, pelo Superior Tribunal de Justiça, quando estiver oficiando perante tribunais.

c) sentar-se no mesmo plano e imediatamente à direita dos juízes singulares ou presidentes dos órgãos judiciários perante os quais oficiem.

d) ser preso ou detido somente por ordem escrita do tribunal competente ou em razão de flagrante de crime inafiançável, caso em que a autoridade fará imediata comunicação àquele tribunal e ao Procurador-Geral da República, sob pena de responsabilidade.

e) ser ouvido, como testemunha, em dia, hora e local previamente ajustados com o magistrado ou a autoridade competente.

► *Anotações/Comentários*

Trata-se de prerrogativa institucional do membro do MPU (art. 18, I, a), da LOMPU) sentar-se no mesmo plano e imediatamente à direita dos juízes singulares ou presidentes dos órgãos judiciários perante os quais oficiem. As demais tratam-se de prerrogativas processuais previstas no art. 18, II, da LOMPU.

RESPOSTA: C).

50. (MPCE/2011/PROMOTOR DE JUSTIÇA) De acordo com a Lei Complementar nº 75/1993, que dispõe sobre a organização, as atribuições e o estatuto do Ministério Público da União, é INCORRETO afirmar:

a) Nenhuma autoridade poderá opor ao Ministério Público da União, sob qualquer pretexto, a exceção de sigilo, sem prejuízo da subsistência do caráter sigiloso da informação, do registro, do dado ou do documento que lhe seja fornecido.

b) A lei assegurará a participação do Ministério Público da União nos órgãos colegiados estatais, federais ou do Distrito Federal, constituídos para defesa de direitos e interesses relacionados com as funções da Instituição.

c) O membro do Ministério Público da União será civil e criminalmente responsável pelo uso indevido das informações e documentos que requisitar.

d) Para o exercício de suas atribuições, o Ministério Público da União não poderá, nos procedimentos de sua competência, requisitar da Administração Pública serviços temporários de seus servidores e meios materiais necessários para a realização de atividades específicas.

e) Compete ao Ministério Público da União, dentre outras atribuições, propor as ações cabíveis para declaração de nulidade de cláusula contratual que contrarie direito do consumidor.

► *Anotações/Comentários*

Incumbe ao Ministério Público da União, sempre que necessário ao exercício de suas funções institucionais, requisitar da Administração Pública serviços temporários de seus servidores e meios materiais necessários para a realização de atividades específicas (art. 7º, III, da LOMPU). Nenhuma autoridade poderá opor ao Ministério Público, sob qualquer pretexto, a exceção de sigilo, sem prejuízo da subsistência do caráter sigiloso da informação, do registro, do dado ou do documento que lhe seja fornecido, conforme estabelece o art. 7º, § 2º, da LOMPU. O art. 6º, § 2º, da LOMPU, prevê que: "A lei assegurará a participação do Ministério Público da União nos órgãos colegiados estatais, federais ou do Distrito Federal, constituídos para defesa de direitos e interesses relacionados com as funções da Instituição.". O art. 8º, § 1º, da LOMPU, prevê que o membro do Ministério Público será civil e criminalmente responsável pelo uso indevido das informações e documentos que requisitar; a ação penal, na hipótese, poderá ser proposta também pelo ofendido, subsidiariamente, na forma da lei processual penal. Compete ao Ministério Público da União, nos termos do art. 6º, XVII, "e", da LOMPU, propor as ações civis para declaração de nulidade de cláusula contratual que contrarie direito do consumidor.

RESPOSTA: D).

51. (MPRO/2010/PROMOTOR DE JUSTIÇA) Com base no que dispõe a lei sobre a organização, as atribuições e o estatuto do MPU, assinale a opção correta.

a) No caso de recusa à execução de lei federal, compete ao procurador-geral da República propor ao STJ a representação para intervenção federal nos estados e no DF, sendo vedada a delegação da competência.

b) Compete ao corregedor-geral do Ministério Público Federal o ajuizamento de ação penal pública contra o procurador-geral da República em exercício do cargo.

c) Os órgãos de defesa dos direitos constitucionais do cidadão não podem promover em juízo a defesa de direitos individuais lesados.

d) É indelegável a atribuição conferida ao procurador-geral da República para dirimir conflitos de atribuição entre integrantes de ramos diferentes do MPU.

e) O procurador-geral da República designa o vice-procurador-geral da República, que o substitui em seus impedimentos e o sucede em caso de vacância.

► ***Anotações/Comentários***

É vedado aos órgãos de defesa dos direitos constitucionais do cidadão promover em juízo a defesa de direitos individuais lesados, conforme previsão do art. 15 da LOMPU. É de atribuição do PGR propor perante o Superior Tribunal de Justiça a representação para intervenção federal nos Estados e no Distrito Federal, no caso de recusa à execução de lei federal, porém esta poderá ser delegada a Subprocurador-Geral da República (art. 48, par. único da LOMPU). O art. 51 da LOMPU estabelece que: "A ação penal pública contra o Procurador-Geral da República, quando no exercício do cargo, caberá ao Subprocurador-Geral da República que for designado pelo Conselho Superior do Ministério Público Federal.". É possível o PGR delegar aos Procuradores-Gerais a atribuição de dirimir conflitos de atribuição entre integrantes de ramos diferentes do Ministério Público da União (art. 26, § 1º, da LOMPU). O Vice-Procurador-Geral da República, substituirá O PGR em seus impedimentos, porém, no caso de vacância, exercerá o cargo o Vice-Presidente do Conselho Superior do Ministério Público Federal, até o provimento definitivo do cargo (art. 27 da LOMPU).

RESPOSTA: C).

52. (MPDFT/2009/Promotor de Justiça) Sobre o Ministério Público, assinale a alternativa incorreta.

a) O Ministério Público do Distrito Federal e dos Territórios é instituição que integra o Ministério Público Federal, ao lado dos Ministérios Públicos do Trabalho, Militar e de Contas.

b) São princípios institucionais do Ministério Público: a unidade, a indivisibilidade e a independência funcional.

c) É considerado crime de responsabilidade os atos do Presidente da República atentatórios ao livre exercício do Ministério Público.

d) A promoção do inquérito civil e da ação civil pública em defesa do meio ambiente e de outros interesses difusos e coletivos era possível antes da vigência da Constituição Federal de 1988.

e) A vitaliciedade e a inamovibilidade são garantias dos membros do Ministério Público.

► ***Anotações/Comentários***

O Ministério Público do Distrito Federal e dos Territórios é instituição que integra o Ministério Público da União, que também compreende: a) o Ministério Público Federal; b) o Ministério Público do Trabalho; e o c) o Ministério Público Militar (art. 128, I, da CF/88). São princípios institucionais do Ministério Público da União a unidade, a indivisibilidade e a independência funcional, conforme art. 4º da LOMPU. São crimes de responsabilidade os atos do Presidente da República que atentem contra a Constituição Federal e, especialmente, contra o livre exercício do Poder Legislativo, do Poder Judiciário, do Ministério Público e dos Poderes constitucionais das unidades da Federação (art. 85, II, da CF/88). A Lei de Ação Civil Pública, Lei n. 7.347/85, portanto, antes da Constituição Federal de 1988, já permitia ao Ministério Público a possibilidade de instaurar inquérito civil e propor ação civil pública para a proteção do meio ambiente e outros direitos difusos São garantias que gozam os membros do Ministério Público: vitaliciedade, após dois anos de efetivo exercício, não podendo perder o cargo senão por sentença judicial transitada em julgado e inamovibilidade, salvo por motivo de interesse público, mediante decisão do Conselho Superior, por voto de dois terços de seus membros, assegurada ampla defesa (art. 17, I e II, da LOMPU).

RESPOSTA: A).

53. (MPRR/2008/PROMOTOR DE JUSTIÇA) De acordo com o regime jurídico do MP, poderá ser homologada pelo procurador-geral da República, chefe do Ministério Público Federal, solicitação de promotor de justiça do estado da Bahia que deseje permutar seu cargo público com procurador da República lotado em Brasília, desde que ambos concordem com a mudança de trabalho.

► ***Anotações/Comentários***

A remoção por permuta possui previsão tanto na CF/88, como na LONMP. O **art. 64 da LONMP** permite a remoção por permuta entre membros do Ministério Público da mesma entrância ou categoria. A LOMPU também prevê a remoção por permuta no art. 213. Não há disposição legal que permita a permuta entre um promotor de justiça do estado da Bahia com um procurador da República lotado em Brasília.

RESPOSTA: Errada.

54. (MPRR/2008/PROMOTOR DE JUSTIÇA) Por serem parte do Ministério Público da União, o Ministério Público Federal, o do Trabalho, o Militar e o do DF e Territórios devem ser presididos por um integrante do Ministério Público do DF, por ser o DF sede do poder federal.

► ***Anotações/Comentários***

O Procurador-Geral da República é o Chefe do Ministério Público Federal (art. 45 da LOMPU). O Procurador-Geral do Trabalho é o Chefe do Ministério Público do Trabalho (art. 87 da LOMPU). O Procurador-Geral da Justiça Militar é o Chefe do Ministério Público Militar (art. 120 da LOMPU). O Procurador-Geral de Justiça é o Chefe do Ministério Público do Distrito Federal e Territórios (art. 155 da LOMPU).

RESPOSTA: Errada.

CONCURSO PARA SERVIDORES DO MP

55. (MPU/2018/ Analista do Ministério Público - Especialidade Direito) No que se refere ao procurador-geral da República, aos demais procuradores-gerais e às garantias dos membros do Ministério Público da União, julgue o item seguinte.

O procurador-geral do Distrito Federal e Territórios deverá ser nomeado pelo chefe do Poder Executivo, e seu mandato será de dois anos, sendo permitida somente uma recondução.

► ***Anotações/Comentários***

O Procurador-Geral de Justiça é o Chefe do Ministério Público do Distrito Federal e Territórios. Este será nomeado pelo Presidente da República dentre integrantes de lista tríplice elaborada pelo Colégio de Procuradores e Promotores de Justiça, para mandato de dois anos, permitida uma recondução, precedida de nova lista tríplice (art. 156 da LOMPU).

REPOSTA: Correta.

56. (MPU/2018/ Analista do Ministério Público - Especialidade Direito) Com relação ao conceito do Ministério Público, aos princípios institucionais, à autonomia funcional e administrativa, à elaboração da proposta orçamentária e aos vários ministérios públicos, julgue o item subsecutivo.

Ao Ministério Público, órgão essencial à função jurisdicional do Estado, incumbe a defesa dos interesses sociais e individuais disponíveis e indisponíveis.

► ***Anotações/Comentários***

O Ministério Público da União é instituição permanente, essencial à função jurisdicional do Estado, incumbindo-lhe a defesa da ordem jurídica, do regime democrático, dos interesses sociais e dos interesses individuais indisponíveis, porém não os disponíveis (art. 1º, caput, da LOMPU).

RESPOSTA: Errada.

57. (MPU/2018/ Analista do Ministério Público - Especialidade Direito) No que se refere à Lei Complementar n.º 75/1993, julgue o item a seguir.

No exercício do controle externo da atividade policial, o Ministério Público pode ter acesso a qualquer documento produzido pelo órgão da polícia, bem como ter livre ingresso em estabelecimentos policiais ou prisionais.

► ***Anotações/Comentários***

Segundo o art. 9º da LOMPU o Ministério Público exercerá o controle externo da atividade policial por meio de medidas judiciais e extrajudiciais podendo, dentre outras, ter livre ingresso em estabelecimentos policiais ou prisionais e ter acesso a quaisquer documentos relativos à atividade-fim policial, portanto, não há o acesso a qualquer documento produzido.

RESPOSTA: Correta.

58. (MPU/2018/ Analista do Ministério Público - Especialidade Direito) No que se refere à Lei Complementar n.º 75/1993, julgue o item a seguir.

Membro do Ministério Público da União poderá renunciar à promoção, em qualquer tempo, se houver vaga na categoria imediatamente anterior.

► ***Anotações/Comentários***

O LOMPU, em seu art. 199, § 4º, prevê a faculdade do membro do Ministério Público em renunciar à promoção, em qualquer tempo, desde que haja vaga na categoria imediatamente anterior.

RESPOSTA: Correta.

59. (MPU/2018/ Analista do Ministério Público - Especialidade Direito) Com relação ao conceito do Ministério Público, aos princípios institucionais, à autonomia funcional e administrativa, à elaboração da proposta orçamentária e aos vários ministérios públicos, julgue o item subsecutivo.

Tanto o Ministério Público do Trabalho quanto o Ministério Público do Distrito Federal e Territórios integram o Ministério Público da União.

► ***Anotações/Comentários***

Ministério Público abrange, segundo o art. 24 da LOMPU, a) o Ministério Público Federal; b) o Ministério Público do Trabalho; c) o Ministério Público Militar; d) o Ministério Público do Distrito Federal e Territórios. O mesmo teor dispõe o art. 128 da CF/88.

RESPOSTA: Correta.

60. (MPU/2018/ Analista do Ministério Público - Especialidade Direito) No que se refere à Lei Complementar n.º 75/1993, julgue o item a seguir.

Quando um membro do Ministério Público da União comete alguma falta disciplinar, a consequente instauração de processo administrativo deve interromper o prazo prescricional para aplicação da sanção.

► ***Anotações/Comentários***

Segundo o art. 245, par. Único da LOMPU: "Interrompem a prescrição a instauração de processo administrativo e a citação para a ação de perda do cargo.".

RESPOSTA: Correta

61. (MPU/2018/ Analista do Ministério Público - Especialidade Direito) No que se refere à Lei Complementar n.º 75/1993, julgue o item a seguir.

Conflito de atribuição de determinado caso envolvendo um membro do Ministério Público Federal e um membro do Ministério Público Militar deverá ser submetido à Câmara de Coordenação e Revisão do Ministério Público Federal, e por ela decidido.

► ***Anotações/Comentários***

Compete ao Procurador-Geral da República, como chefe do MPU, dirimir conflitos de atribuição entre integrantes de ramos diferentes do Ministério Público da União.

RESPOSTA: Errada.

62. (MPU/2018 / Técnico do Ministério Público – Área Administrativa) Julgue o item subsecutivo à luz da Lei Complementar n.º 75/1993, que dispõe sobre a organização, as atribuições e o estatuto do Ministério Público da União (MPU).

Autorização para que membro do MPU se afaste das suas funções para comparecer a congresso no exterior é emitida pelo procurador-geral da República, sendo dispensada, nesse caso, manifestação do Conselho Superior do órgão.

▶ ***Anotações/Comentários***

O membro do Ministério Público da União poderá afastar-se do exercício de suas funções para, dentre outras, comparecer a seminários ou congressos, no País ou no exterior. É de atribuição do Procurador-Geral da República, dentre outras, autorizar o afastamento de membros do Ministério Público Federal, depois de ouvido o Conselho Superior, nas hipóteses previstas em lei (art. 49, inc. XIII, da LOMPU).

RESPOSTA: Errada.

63. (MPU/2018 / Técnico do Ministério Público – Área Administrativa) Julgue o item subsecutivo à luz da Lei Complementar n.º 75/1993, que dispõe sobre a organização, as atribuições e o estatuto do Ministério Público da União (MPU).

O controle da atividade policial exercido pelo MPU visa tanto prevenir quanto corrigir ilegalidades e abuso de poder.

▶ ***Anotações/Comentários***

O Ministério Público da União no exercício do controle externo da atividade policial por meio de medidas judiciais e extrajudiciais podendo, dentre outros atos, representar à autoridade competente pela adoção de providências para sanar a omissão indevida, ou para prevenir ou corrigir ilegalidade ou abuso de poder (art. 9º, inc. III da LOMPU).

RESPOSTA: Errada.

64. (MPU/2018 / Técnico do Ministério Público – Área Administrativa) Julgue o item subsecutivo à luz da Lei Complementar n.º 75/1993, que dispõe sobre a organização, as atribuições e o estatuto do Ministério Público da União (MPU).

O diretor-geral da Secretaria do MPU é nomeado pelo procurador-geral da República para um mandato de dois anos, sendo permitida uma única recondução.

▶ ***Anotações/Comentários***

Segundo prevê o art. 35 da LOMPU, a Secretaria do Ministério Público da União é dirigida pelo seu Diretor-Geral de livre escolha do

Procurador-Geral da República e demissível ad nutum, incumbindo-lhe os serviços auxiliares de apoio técnico e administrativo à Instituição.

RESPOSTA: Errada.

65. (MPU/2018 / Técnico do Ministério Público – Área Administrativa) No que se refere aos cargos de procurador-geral e procurador-geral da República e aos membros do Ministério Público, julgue o item que se segue.

Somente integrantes de carreira do MPU podem ser nomeados para o cargo de procurador-geral da República e, assim como a nomeação, a destituição do cargo de procurador-geral da República depende de autorização do Senado Federal.

► ***Anotações/Comentários***

De acordo com a previsão do art. 25, caput, da LOMPU. O Procurador-Geral da República é o chefe do Ministério Público da União e será nomeado pelo Presidente da República dentre integrantes da carreira, maiores de trinta e cinco anos, permitida a recondução, sempre precedida de nova decisão do Senado Federal. Por sua vez, o par. Único do referido dispositivo estabelece que a exoneração, de ofício, do Procurador-Geral da República, por iniciativa do Presidente da República, deverá ser precedida de autorização da maioria absoluta do Senado Federal, em votação secreta.

RESPOSTA: Correta.

66. (MPU/2018 / Técnico do Ministério Público – Área Administrativa) Julgue o item subsecutivo à luz da Lei Complementar n.º 75/1993, que dispõe sobre a organização, as atribuições e o estatuto do Ministério Público da União (MPU).

A sanção disciplinar de advertência para membro do MPU que tenha cometido ato ímprobo no exercício de suas funções deverá ser aplicada oralmente, em ambiente reservado.

► ***Anotações/Comentários***

Estabelece o art. 240, inc. I, da LOMPU, que a sanção de advertência aos membros do Ministério Público deverá ser aplicada reservadamente e por escrito, em caso de negligência no exercício das funções.

RESPOSTA: Errada.

67. **(MPU/2015 / Analista do Ministério Público)** Em cada um dos itens a seguir, é apresentada uma situação hipotética, seguida de uma assertiva a ser julgada com relação ao Ministério Público e suas funções.

Um procurador da República está atuando em determinado processo criminal sobre tráfico ilícito de drogas. Nessa situação, conforme o princípio da indivisibilidade, poderá haver substituição do procurador.

► ***Anotações/Comentários***

Segundo o princípio da **indivisibilidade (art. 127, §1º, da CF/88)**, os membros poderão ser **substituídos**, uns pelos outros, de acordo com critérios legais, e não de forma arbitrária. Ademais, a atuação será da **instituição**, e não será do membro (personalíssima), razão pela qual, caso haja substituição do membro, dentro da previsão legal, não há implicação na alteração subjetiva da relação jurídica processual, tanto como órgão parte, como órgão atuante na defesa da ordem jurídica.

RESPOSTA: Correta.

68. **(MPU/2015 / Analista do Ministério Público)** Em cada um dos itens a seguir, é apresentada uma situação hipotética, seguida de uma assertiva a ser julgada com relação ao Ministério Público e suas funções.

Em uma operação das Forças Armadas em área urbana, um militar disparou sua arma de fogo e o projétil atingiu e feriu um transeunte civil. No desenrolar das investigações, foi suscitado conflito de atribuição entre um promotor de justiça militar e um procurador da República. Nessa situação, caberá à Câmara de Coordenação e Revisão do Ministério Público Federal decidir acerca do conflito.

► ***Anotações/Comentários***

É atribuição do Procurador-Geral de Justiça dirimir conflitos de atribuição entre integrantes de ramos diferentes do Ministério Público da União (art. 26, VII, da LOMPU).

RESPOSTA: Errada.

69. **(MPU/2015 / Analista do Ministério Público)** Com relação ao MPU e aos Ministérios Públicos dos entes federados, julgue o próximo item.

A nomeação e a posse do procurador-geral de justiça do Distrito Federal e dos territórios e do procurador-geral da justiça militar são de responsabilidade do procurador-geral da República.

► ***Anotações/Comentários***

É função do Procurador-Geral da República nomear e dar posse ao Procurador-Geral da Justiça Militar, porém dará somente a posse ao Procurador-Geral de Justiça do Distrito Federal e Territórios, pois a nomeação ficará a cargo do Presidente da República, após o encaminhamento da lista tríplice.

RESPOSTA: Errada.

70. (MPU/2015 / Analista do Ministério Público) Com relação ao MPU e aos Ministérios Públicos dos entes federados, julgue o próximo item.

O procurador-geral da República é a maior autoridade na hierarquia do MPU, e sua nomeação, pelo presidente da República, está condicionada à aprovação de seu nome pela maioria simples do Congresso Nacional.

► ***Anotações/Comentários***

O art. 25 da LOMPU estabelece que: "O Procurador-Geral da República é o chefe do Ministério Público da União, nomeado pelo Presidente da República dentre integrantes da carreira, maiores de trinta e cinco anos, permitida a recondução precedida de nova decisão do Senado Federal.".

RESPOSTA: Errada.

71. (MPU/2015 / Analista do Ministério Público) Com relação ao MPU e aos Ministérios Públicos dos entes federados, julgue o próximo item.

Cabe ao procurador-geral da República apresentar a proposta de orçamento do MPU, que é feita com base na compatibilização dos anteprojetos originários dos diferentes ramos da instituição, e é objeto de avaliação obrigatória do Conselho de Assessoramento Superior do MPU.

► ***Anotações/Comentários***

Dentre as atribuições do PGR está a de apresentar a proposta de orçamento do Ministério Público da União, compatibilizando os anteprojetos dos diferentes ramos da Instituição, na forma da lei de diretrizes orçamentárias (art. 26, III, da LOMPU). O Conselho de Assessoramento Superior do Ministério Público da União deverá opinar sobre as matérias de interesse geral da Instituição, e em especial sobre, projetos de lei de interesse comum do Ministério Público da União, neles incluídos, a proposta de orçamento do Ministério Público da União (art. 30, I, b).

RESPOSTA: Correta.

72. **(MPU/2015 / Analista do Ministério Público)** No que diz respeito aos procuradores-gerais de justiça e aos membros do MPU, julgue o item seguinte.

Para que um procurador da República que esteja afastado da carreira para exercer outro cargo público possa ser promovido por merecimento, é necessária a aprovação pelo Conselho Superior do Ministério Público Federal.

► ***Anotações/Comentários***

Não poderá concorrer à promoção por merecimento, até um dia após o regresso, o membro do Ministério Público da União afastado da carreira para: exercer cargo eletivo ou a ele concorrer; e exercer outro cargo público permitido por lei, conforme art. 201 a LOMPU.

RESPOSTA: Errada.

73. **(MPU/2015 / Analista do Ministério Público)** Com relação à Lei Orgânica do MPU, bem como às funções, aos princípios institucionais e à autonomia funcional e administrativa do Ministério Público (MP), julgue o item a seguir.

Caso um indivíduo tenha sido preso em flagrante delito por ter cometido crime de competência da justiça federal, o membro do Ministério Público Federal (MPF) que atuar no caso terá independência funcional irrestrita

RESPOSTA: Errada.

74. **(MPU/2015 / Analista do Ministério Público)** Com relação à Lei Orgânica do MPU, bem como às funções, aos princípios institucionais e à autonomia funcional e administrativa do Ministério Público (MP), julgue o item a seguir.

Se o MP elaborar proposta orçamentária em desacordo com os limites estabelecidos na lei de diretrizes orçamentárias, o Poder Executivo procederá aos ajustes necessários para fins de consolidação da proposta orçamentária anual.

► ***Anotações/Comentários***

O Ministério Público elaborará sua proposta orçamentária dentro dos limites estabelecidos na lei de diretrizes orçamentárias. Caso o Ministério Público não encaminhar a respectiva proposta orçamentária dentro do prazo estabelecido na lei de diretrizes orçamentárias, o Poder Executivo considerará, para fins de consolidação da proposta orçamentária anual, os valores aprovados na lei orçamentária vigente, ajustados de acordo com os limites previstos na lei de diretrizes orçamentárias (art. 127, §3º, da CF/88).

RESPOSTA: Correta.

75. (MPU/2015/ Técnico do Ministério Público) Com relação à Lei Orgânica do MPU, bem como às funções, aos princípios institucionais e à autonomia funcional e administrativa do Ministério Público (MP), julgue o item a seguir.

Se um membro do MP, no exercício do controle externo da atividade policial, comparecer a determinado estabelecimento policial, a ele deverá ser dado acesso a todo documento que esteja na instituição.

► ***Anotações/Comentários***

No exercício do controle externo da atividade policial, o membro do Ministério Público poderá ter acesso a quaisquer documentos relativos à atividade-fim policial (não há quaisquer documentos), conforme art. 9º, inc. II, da LOMPU.

RESPOSTA: Errada.

76. (MPU/2015/ Técnico do Ministério Público) Com relação à Lei Orgânica do MPU, bem como às funções, aos princípios institucionais e à autonomia funcional e administrativa do Ministério Público (MP), julgue o item a seguir.

É função institucional do MP promover o inquérito civil e a ação civil pública para proteger patrimônio público e social que sofra ameaça de lesão.

► ***Anotações/Comentários***

É de competência do Ministério Público da União promover o inquérito civil e a ação civil pública para a proteção do patrimônio público e social, do meio ambiente, dos bens e direitos de valor artístico, estético, histórico, turístico e paisagístico (art. 6º, inc. VII, "a", da LOMPU).

RESPOSTA: Correta

77. (MPU/2015/ Técnico do Ministério Público) No que se refere aos vários MPs, ao procurador-geral da República e aos demais procuradores-gerais, julgue o próximo item.

O procurador-geral da República pode ser exonerado por iniciativa do presidente da República depois de autorização da maioria absoluta dos membros do Senado Federal, em votação secreta.

► ***Anotações/Comentários***

A exoneração, de ofício, do Procurador-Geral da República, por iniciativa do Presidente da República, deverá ser precedida de autorização da maioria absoluta do Senado Federal, em votação secreta, conforme preceitua o art. 25, par. único da LOMPU.

RESPOSTA: Correta.

78. (MPU/2015/ Técnico do Ministério Público) No que se refere aos vários MPs, ao procurador-geral da República e aos demais procuradores-gerais, julgue o próximo item.

Com carreiras independentes entre si e com organizações próprias, o MP junto ao TCU e o MPF integram o MPU.

► ***Anotações/Comentários***

O MPF integra o MPU conforme dispõe o art. 128, I, a), da LOMPU.

RESPOSTA: Errada.

79. (MPU/2015/ Técnico do Ministério Público) No que diz respeito aos membros do MPU e às funções exclusivas e concorrentes do MP, julgue o item subsequente.

Um membro do MPU que tenha sido promovido pode, a qualquer tempo, renunciar à promoção se houver vaga na categoria imediatamente anterior

► ***Anotações/Comentários***

O art. 199, § 4º, da LOMPU, prevê que: "É facultada a renúncia à promoção, em qualquer tempo, desde que haja vaga na categoria imediatamente anterior.".

RESPOSTA: Correta.

80. (MPU/2015/ Técnico do Ministério Público) No que diz respeito aos membros do MPU e às funções exclusivas e concorrentes do MP, julgue o item subsequente.

Se a exploração de atividade econômica de uma empresa causar lesão ao meio ambiente, o MP poderá propor ação civil pública para protegê-lo. Entretanto, a legitimação do MP para propor a ação não impedirá a de terceiros

► ***Anotações/Comentários***

É atribuição do MP a propositura de ação civil pública para a proteção ao meio ambiente (art. 129, III, da CF/88). Contudo a legitimação do MP para essa ação não exclui a de terceiros (art. 129, § 1º, da CF/88).

RESPOSTA: Correta.

81. (MPU/2013/Nível Médio) No que se refere ao MPU, julgue o item a seguir.

O procurador-geral da República exerce as funções do Ministério Público, nas ações cabíveis, perante o Supremo Tribunal Federal e o Superior Tribunal de Justiça.

► ***Anotações/Comentários***

O PGR possui tem como atribuição exercer as funções do MP, nas ações cabíveis perante o STF e o STJ, podendo designar Subprocuradores-Gerais da República para exercerem tais funções, por delegação (art. 47, *caput*, da LOMPU).

RESPOSTA: Correta.

82. (MPU/2013/Nível Médio) No que se refere ao MPU, julgue o item a seguir.

A destituição, pelo presidente da República, do procurador-geral da República depende de autorização da maioria absoluta do Congresso Nacional.

► ***Anotações/Comentários***

O art. 25, parágrafo único da LOMPU, estabelece que a exoneração, de ofício, do Procurador-Geral da República, por iniciativa do Presidente da República, deverá ser precedida de autorização da maioria absoluta do Senado Federal (não do Congresso Nacional), em votação secreta.

RESPOSTA: Errada.

83. (MPU/2013/Nível Médio) Considerando a Lei Complementar n.º 75/1993 e os princípios institucionais do MP, julgue o item a seguir.

O procurador-geral da República é também o procurador-geral eleitoral.

▶ ***Anotações/Comentários***

O art. 73, caput, da LOMPU prevê que Procurador-Geral Eleitoral é o Procurador-Geral da República.

RESPOSTA: Correta.

84. (MPU/2013/Nível Médio) No que se refere aos Ministérios Públicos, julgue o item a seguir.

Competirá à correspondente Câmara de Coordenação e Revisão dirimir o conflito de atribuição entre órgãos do MP Federal no caso de haver divergência acerca do oferecimento da denúncia causada pelo fato de determinada infração penal ter se iniciado em local diverso do de sua consumação.

▶ ***Anotações/Comentários***

Entre as competências das Câmaras de Coordenação e Revisão, encontra-se a de decidir os conflitos de atribuições entre os órgãos do Ministério Público Federal (art. 62, VII, da LOMPU).

RESPOSTA: Correta.

85. (MPU/2013/ Técnico - Tecnologia da Informação e Comunicação) No que se refere ao MPU, julgue os itens a seguir.

O procurador- geral da República exerce as funções do Ministério Público, nas ações cabíveis, perante o Supremo Tribunal Federal e o Superior Tribunal de Justiça.

▶ ***Anotações/Comentários***

O Procurador-Geral da República exerce as funções do Ministério Público junto ao Supremo Tribunal Federal (STF) e no Superior Tribunal de Justiça (STJ), podendo delegar essas funções junto aos subprocuradores (as)-gerais da República (art. 66 da LOMPU).

RESPOSTA: Certo.

86. (MPU/2013/ Técnico - Tecnologia da Informação e Comunicação) A destituição, pelo presidente da República, do procurador-geral da República depende de autorização da maioria absoluta do Congresso Nacional.

► ***Anotações/Comentários***

A exoneração, de ofício, do Procurador-Geral da República, por iniciativa do Presidente da República, deverá ser precedida de autorização da maioria absoluta do Senado Federal (não do Congresso Nacional), em votação secreta, conforme preceitua o art. 25, parágrafo único da LOMPU.

RESPOSTA: Errado.

87. (MPU/2013/ Técnico - Tecnologia da Informação e Comunicação) Considerando a Lei Complementar n.º 75/1993 e os princípios institucionais do MP, julgue os itens a seguir.

O procurador-geral da República é também o procurador-geral eleitoral.

► ***Anotações/Comentários***

O Procurador-Geral Eleitoral é o Procurador-Geral da República, nos termos do art. 73 da LOMPU.

RESPOSTA: Correta.

88. (MPU/2013/ Técnico - Tecnologia da Informação e Comunicação) Cabe ao governador do Distrito Federal nomear e empossar o procurador-geral de justiça do Distrito Federal e Territórios.

► ***Anotações/Comentários***

O PGR possui atribuição de dar posse ao Procurador-Geral de Justiça do Distrito Federal e Territórios, conforme disposição do art. 26, IV, da LOMPU. Contudo, a nomeação será efetuada pelo Presidente da República (art. 26, V, da LOMPU).

RESPOSTA: Errada.

89. (MPU/2013 / Técnico - Tecnologia da Informação e Comunicação) No que se refere aos Ministérios Públicos, julgue os itens a seguir.

Competirá à correspondente Câmara de Coordenação e Revisão dirimir o conflito de atribuição entre órgãos do MP Federal no caso de haver divergência acerca do oferecimento da denúncia causada pelo fato de determinada infração penal ter se iniciado em local diverso do de sua consumação.

▶ ***Anotações/Comentários***

Compete às Câmaras de Coordenação e Revisão decidir os conflitos de atribuições entre os órgãos do Ministério Público Federal (art. 62, VII, da LOMPU).

RESPOSTA: Correta.

---

90. (MPCE/2013/Ciência da Computação) De acordo com a Lei Complementar Federal nº 75/93, é prerrogativa processual do Procurador-Geral da República ser processado e julgado, nos crimes comuns

a) pelo Supremo Tribunal Federal e nos crimes de responsabilidade pelo Congresso Nacional.

b) e nos crimes de responsabilidade pelo Supremo Tribunal Federal.

c) pelo Superior Tribunal de Justiça e nos crimes de responsabilidade pelo Supremo Tribunal Federal.

d) pelo Supremo Tribunal Federal e nos crimes de responsabilidade pelo Senado Federal.

e) e nos crimes de responsabilidade pelo Senado Federal.

▶ ***Anotações/Comentários***

O PGR será processado e julgado, nos crimes comuns, pelo Supremo Tribunal Federal e pelo Senado Federal, nos crimes de responsabilidade, conforme estabelece o art. 17, II, a), da LOMPU.

RESPOSTA: D).

---

91. (MPCE/2013 / Técnico Ministerial) O porte de arma, independentemente de autorização, e o não indiciamento em inquérito policial são prerrogativas dos membros do Ministério Público da União

a) administrativas em caráter temporário.

b) processuais.

c) processual e institucional, respectivamente.

d) institucionais.

e) institucional e processual, respectivamente.

▶ ***Anotações/Comentários***

Trata-se de prerrogativa dos membros do Ministério Público da União o porte de arma, independentemente de autorização, conforme prevê o art. 18, I, "e", da LOMPU.

RESPOSTA: D).

92. (MPCE/2013/ Analista Ministerial) Considere:

I. Vice-Procurador-Geral da República.

II. Procurador-Geral do Trabalho.

III. Procurador-Geral da Justiça Militar.

IV. Vice-Procurador-Geral da Justiça Militar.

V. Procurador-Geral de Justiça do Distrito Federal.

VI. Procurador Geral do Estado do Ceará.

De acordo com a Lei Complementar Federal nº 75/93, NÃO integram o Conselho de Assessoramento Superior do Ministério Público da União os indicados APENAS em

a) III e V.

b) I, IV e VI.

c) IV e VI.

d) IV, V e VI.

e) I, II e III.

► ***Anotações/Comentários***

O Conselho de Assessoramento Superior do Ministério Público da União, sob a presidência do Procurador-Geral da República será integrado pelo: 1) Vice-Procurador-Geral da República, 2) Procurador-Geral do Trabalho, 3) Procurador-Geral da Justiça Militar e 4) Procurador-Geral de Justiça do Distrito Federal e Territórios.

RESPOSTA: C).

93. (MPU/2013/ Analista – Direito) No que se refere aos direitos, às garantias e às prerrogativas dos membros do MPU, julgue os itens seguintes.

Ressalvados os membros do MPDFT, os membros do MPU que integravam a carreira na data da promulgação da CF podem exercer a advocacia, desde que estejam regularmente inscritos na OAB.

► ***Anotações/Comentários***

O exercício da advocacia é vedado ao membro do Ministério Público, pois trata-se de atividade incompatível com o exercício de suas funções (art. 128, §5º, II, b), da CF/88). Ainda, a Resolução nº 08/2006 do CNMP, estabelece em seu art. 1º que somente "poderão exercer a advocacia com respaldo no § 3º do art. 29 do ADCT da Constituição de 1988, os membros do Ministério Público da União que integravam a carreira na data da sua promulgação e que, desde então, permanecem regularmente inscritos na Ordem dos Advogados do Brasil.". Por fim, o art. 2º dispõe que, além "dos impedimentos e vedações previstos na legislação que regula o exercício da advocacia pelos membros do Ministério Público, estes não poderão fazê-lo nas causas em que, por força de lei ou em face do interesse público, esteja prevista a atuação do Ministério Público, por qualquer dos seus órgãos e ramos.". Por sua vez, o Estatuto da OAB, em seu art. 83, prevê a não incompatibilidade do exercício da advocacia aos membros do Ministério Público que, na data de promulgação da Constituição, se incluam na previsão do art. 29, § 3º, do seu Ato das Disposições Constitucionais Transitórias.

RESPOSTA: Correta.

94. **(MPU/2013/ Analista – Direito)** No que se refere aos direitos, às garantias e às prerrogativas dos membros do MPU, julgue os itens seguintes.

Membro do MPU pode se candidatar ao cargo de prefeito, desde que cumpra os requisitos previstos na legislação eleitoral e esteja no gozo de licença não remunerada.

► ***Anotações/Comentários***

A Emenda Constitucional nº 45/2004 **proibiu** o membro do Ministério Público de **todo e qualquer** exercício de atividade político-partidária. Proíbe-se ao membro do Ministério Público exercer **atividade político-partidária**, ou seja, fundar ou filiar-se a partido político, pertencer a órgãos de direção partidária ou ainda concorrer em eleições, com exceção ao disposto no art. 29, §3º, do ADCT. O art. 29, §3º do ADCT criou uma figura do MP híbrida recaindo sobre suas funções no presente, porém regida por regime jurídico do passado. Assim, o membro do MP que tenha ingressado antes da CF/88 poderá optar pelo regime jurídico anterior, aplicando integralmente as garantias, as vantagens e vedações. O **art. 281 da LOMPU**, por sua vez, prevê que os "membros do Ministério Público da União, nomeados antes de 5 de outubro de 1988, poderão optar entre o novo regime jurídico e o anterior à promulgação da Constituição Federal, quanto às garantias, vantagens e vedações do cargo.". O art. 1º da Resolução nº 05/2006 do CNMP: "Estão proibidos de exercer atividade político-partidária os membros do Ministério Público que ingressaram na carreira após a publicação da Emenda nº 45/2004.".

RESPOSTA: Errada.

95. (MPRS/2010 / Secretário de Diligências) Conforme a Lei Complementar nº 75/93, que dispõe sobre a organização, as atribuições e o estatuto do Ministério Público da União, é INCORRETO afirmar:

a) É prerrogativa do Procurador-Geral da República, dentre outras, ser processado e julgado, nos crimes de responsabilidade, pelo Supremo Tribunal Federal e pelo Superior Tribunal de Justiça, nos crimes comuns.

b) O Procurador-Geral da República é o chefe do Ministério Público da União, nomeado pelo Presidente da República dentre integrantes da carreira, maiores de trinta e cinco anos, permitida a recondução precedida de nova decisão do Senado Federal.

c) São princípios institucionais do Ministério Público da União a unidade, a indivisibilidade e a independência funcional.

d) A lei assegurará a participação do Ministério Público da União nos órgãos colegiados estatais, federais ou do Distrito Federal, constituídos para defesa de direitos e interesses relacionados com as funções da Instituição.

e) As garantias e prerrogativas dos membros do Ministério Público da União são inerentes ao exercício de suas funções e irrenunciáveis.

► ***Anotações/Comentários***

É prerrogativa processual do Procurador-Geral da República, ser processado e julgado, nos crimes comuns, pelo Supremo Tribunal Federal e pelo Senado Federal (não pelo STJ), nos crimes de responsabilidade (art. 18, II, "a", da LOMPU). O Procurador-Geral da República é o chefe do Ministério Público da União, nomeado pelo Presidente da República dentre integrantes da carreira, maiores de trinta e cinco anos, permitida a recondução precedida de nova decisão do Senado Federal, conforme estabelece o art. 25 da LOMPU. O art. 4º, da LOMPU prevê os princípios institucionais do Ministério Público da União, que são: a unidade, a indivisibilidade e a independência funcional. O art. 6º, § 2º, da LOMPU estabelece que: "A lei assegurará a participação do Ministério Público da União nos órgãos colegiados estatais, federais ou do Distrito Federal, constituídos para defesa de direitos e interesses relacionados com as funções da Instituição.". As garantias e prerrogativas dos membros do Ministério Público da União são inerentes ao exercício de suas funções e irrenunciáveis, de acordo com o que prevê o art. 21 da LOMPU.

RESPOSTA: A).

96. (MPRS/2010 / Agente Administrativo) Determinado membro do Ministério Público da União é reincidente em falta anteriormente punida com advertência. Assim, conforme previsão da Lei Complementar nº 75/93, que dispõe sobre a organização, as atribuições e o estatuto do Ministério Público da União, estará sujeito à pena disciplinar de

a) remoção.
b) censura.
c) demissão.
d) suspensão.
e) disponibilidade.

► ***Anotações/Comentários***

A sanção de censura será aplicada, reservadamente e por escrito, em caso de reincidência em falta anteriormente punida com advertência ou de descumprimento de dever legal (art. 240, II, da LOMPU).

RESPOSTA: B).

97. (MPU/2010 / Analista de banco de dados) Considerando a organização, a estrutura e os princípios que orientam as atribuições do Ministério Público da União (MPU), julgue os itens a seguir.

Pelo princípio da indivisibilidade, há possibilidade de um procurador substituir outro no exercício de suas funções.

► ***Anotações/Comentários***

Segundo o princípio da **indivisibilidade (art. 127, §1º, da CF/88)**, os membros poderão ser **substituídos**, uns pelos outros, de acordo com critérios legais, e não de forma arbitrária. Ademais, a atuação será da **instituição**, e não será do membro (personalíssima), razão pela qual, caso haja substituição do membro, dentro da previsão legal, não há implicação na alteração subjetiva da relação jurídica processual, tanto como órgão parte, como órgão atuante na defesa da ordem jurídica.

RESPOSTA: Correta.

98. (MPU/2010 / Analista de banco de dados) A respeito das funções do MPU e das garantias de seus membros, julgue os itens que se seguem.

Aos membros do MPU é vedado o exercício da advocacia, proibição que não se estende aos ministérios públicos estaduais.

► ***Anotações/Comentários***

A vedação do exercício da advocacia se estende a todo Ministério Público brasileiro (art. 128, II, "b", da CF/88).

RESPOSTA: Errada.

99. (MPU/2010 / Analista de banco de dados) As funções institucionais do MPU definidas pela Constituição Federal são enumeradas de modo taxativo.

► ***Anotações/Comentários***

As funções institucionais descritas no art. 129 da CF/88 são exemplificativas, pois o Ministério Público poderá exercer outras funções que lhe forem conferidas, desde que compatíveis com sua finalidade, sendo-lhe vedada a representação judicial e a consultoria jurídica de entidades públicas (art. 129, IX, da CF/88).

RESPOSTA: Errada.

100. (MPU/2010 / Analista – Processual) A partir da definição do MPU como instituição permanente com incumbências claras e relacionadas aos fundamentos da República, criou-se estrutura organizacional dotada de características próprias.

Acerca desse tema, julgue os itens seguintes.

A participação de membros do Ministério Público do Trabalho em comissões técnicas ou científicas relacionadas à instituição ocorre mediante a designação do procurador-geral do trabalho, ouvido o conselho superior respectivo.

► ***Anotações/Comentários***

É atribuição do Procurador-Geral do Trabalho designar membro do Ministério Público do Trabalho para integrar comissões técnicas ou científicas, relacionadas às funções da Instituição, ouvido o Conselho Superior (art. 91, XIV, "b", da LOMPU).

RESPOSTA: Correta.

101. (MPU/2010 / Analista – Processual) Os promotores de justiça e os promotores de justiça adjuntos devem oficiar junto às varas da justiça do Distrito Federal e territórios.

► ***Anotações/Comentários***

Os Promotores de Justiça e os Promotores de Justiça Adjuntos serão designados para oficiar junto às Varas da Justiça do Distrito Federal e Territórios (art. 178 e 179 da LOMPU).

RESPOSTA: Correta.

102. (MPU/2010 / Analista – Processual) Para concorrer à lista tríplice do Ministério Público do Distrito Federal, o membro desse ministério tem como elemento de eliminação apenas o seu tempo de exercício nas funções de carreira.

► ***Anotações/Comentários***

De acordo com o que prevê o art. 156, § 1º, da LOMPU, concorrerão à lista tríplice os membros do Ministério Público do Distrito Federal com mais de cinco anos de exercício nas funções da carreira e que não tenham sofrido, nos últimos quatro anos, qualquer condenação definitiva ou não estejam respondendo a processo penal ou administrativo.

RESPOSTA: Errada.

103. (MPU/2010 / Técnico Administrativo) Acerca da autonomia, da estrutura e do funcionamento do MPU, julgue os itens a seguir.

É atribuição do procurador-geral da República propor ao presidente da República os projetos de lei de interesse do MPU.

► ***Anotações/Comentários***

É atribuição do procurador-geral da República propor ao Poder Legislativo os projetos de lei sobre o Ministério Público da União (art. 26, II, da LOMPU).

RESPOSTA: Errada.

104. (MPU/2010 / Técnico Administrativo) A estrutura completa do MPU é constituída por: Ministério Público Federal e Ministério Público do Distrito Federal e Territórios.

► ***Anotações/Comentários***

O Ministério Público da União, que compreende: a) o Ministério Público Federal;

b) o Ministério Público do Trabalho; c) o Ministério Público Militar; e d) o Ministério Público do Distrito Federal e Territórios;

RESPOSTA: Errada.

105. (MPU/2010 / Técnico de Informática) A organização, as atribuições e o estatuto do Ministério Público da União (MPU) estão claramente dispostos em legislação específica.

Acerca dos princípios e das funções da referida instituição e dos seus membros, julgue os itens que se seguem.

A preservação da ordem pública, a independência funcional e a indisponibilidade da persecução penal são princípios institucionais do MPU.

► ***Anotações/Comentários***

São princípios institucionais do Ministério Público da União a unidade, a indivisibilidade e a independência funcional, consoante estabelece o art. 4º da LOMPU.

RESPOSTA: Errada.

106. (MPU/2010 / Técnico de Informática) Com relação às atribuições, à investidura e à destituição dos procuradores-gerais, julgue os próximos itens.

Em caso de reintegração de membro do MPU na carreira, ele deve ser ressarcido de apenas metade dos vencimentos e das vantagens que deixou de receber, não sendo contado o tempo de serviço referente ao afastamento para fins de aposentadoria.

► ***Anotações/Comentários***

Segundo prevê o art. 205 da LOMPU, a reintegração, decorrerá de decisão judicial passada em julgado, reingressando o membro do Ministério Público da União na carreira, com ressarcimento dos vencimentos e vantagens deixados de perceber em razão da demissão, contando-se o tempo de serviço correspondente ao afastamento.

RESPOSTA: Errada.

107. (MPU/2010 / Técnico de Informática) O colégio de procuradores da República é integrado por todos os membros da carreira em atividade no Ministério Público Federal.

► ***Anotações/Comentários***

O Colégio de Procuradores da República, presidido pelo Procurador-Geral da República, é integrado por todos os membros da carreira em atividade no Ministério Público Federal, de acordo com o disposto no art. 52 da LOMPU.

RESPOSTA: Correta.

108. (MPU/2010 / Técnico de Informática) Acerca da autonomia, da estrutura e do funcionamento do MPU, julgue os itens a seguir.

O MPU é instituição permanente, essencial ao exercício de todas as funções do Estado Democrático de Direito.

► ***Anotações/Comentários***

Prevê o art. 1º, da LOMPU: "O Ministério Público da União, organizado por esta lei Complementar, é instituição permanente, essencial à função jurisdicional do Estado, incumbindo-lhe a defesa da ordem jurídica, do regime democrático, dos interesses sociais e dos interesses individuais indisponíveis.".

RESPOSTA: Errada.

109. (MPU/2010 / Técnico de enfermagem) A organização, as atribuições e o estatuto do Ministério Público da União (MPU) estão claramente dispostos em legislação específica. Acerca dos princípios e das funções da referida instituição e dos seus membros, julgue os itens que se seguem.

Para exercer o controle externo da atividade policial, o MPU emprega meios estritamente judiciais e só pode representar à autoridade competente requerendo a instauração de inquérito.

► ***Anotações/Comentários***

O Ministério Público da União exercerá o controle externo da atividade policial por meio de medidas judiciais e extrajudiciais podendo: I - ter livre ingresso em estabelecimentos policiais ou prisionais; II - ter acesso a quaisquer documentos relativos à atividade-fim policial; III - representar à autoridade competente pela adoção de providências para sanar a omissão indevida, ou para prevenir ou corrigir ilegalidade ou abuso de poder; IV - requisitar à autoridade competente para instauração de inquérito policial sobre a omissão ou fato ilícito ocorrido no exercício da atividade policial; e V - promover a ação penal por abuso de poder, conforme se observa do art. 9 da LOMPU.

RESPOSTA: Errada.

110. (MPU/2010 / Técnico de enfermagem) A organização, as atribuições e o estatuto do Ministério Público da União (MPU) estão claramente dispostos em legislação específica. Acerca dos princípios e das funções da referida instituição e dos seus membros, julgue os itens que se seguem.

É prerrogativa processual do procurador-geral da República ser processado e julgado, nos crimes comuns, pelo Supremo Tribunal Federal.

► ***Anotações/Comentários***

É prerrogativa processual do Procurador-Geral da República, ser processado e julgado, nos crimes comuns, pelo Supremo Tribunal Federal e pelo Senado Federal, nos crimes de responsabilidade (art. 18, II, "a" da LOMPU).

RESPOSTA: Correta.

111. (MPU/2010 / Técnico de enfermagem) A organização, as atribuições e o estatuto do Ministério Público da União (MPU) estão claramente dispostos em legislação específica. Acerca dos princípios e das funções da referida instituição e dos seus membros, julgue os itens que se seguem.

A fiscalização das atividades funcionais e de conduta dos membros do MPU é incumbência da Corregedoria do Ministério Público Militar.

► ***Anotações/Comentários***

A Corregedoria do Ministério Público Militar, dirigida pelo Corregedor-Geral, é o órgão fiscalizador das atividades funcionais e da conduta dos membros do Ministério Público, segundo o art. 137 da LOMPU. A Corregedoria do Ministério Público Militar desempenha suas funções junto ao Ministério Público Militar, um dos ramos do MPU.

RESPOSTA: Errada.

112. (MPU/2010 / Técnico de enfermagem) A organização, as atribuições e o estatuto do Ministério Público da União (MPU) estão claramente dispostos em legislação específica. Acerca dos princípios e das funções da referida instituição e dos seus membros, julgue os itens que se seguem.

No exercício de sua autonomia funcional, administrativa e financeira, cabe ao MPU propor ao Poder Legislativo a criação e a extinção de seus cargos, assim como a fixação dos vencimentos dos seus membros e servidores

► ***Anotações/Comentários***

Ao Ministério Público da União é assegurada autonomia funcional, administrativa e financeira, cabendo-lhe, entre outras, propor ao Poder

Legislativo a criação e extinção de seus cargos e serviços auxiliares, bem como a fixação dos vencimentos de seus membros e servidores (art. 22, I, da LOMPU).

RESPOSTA: Correta.

113. (MPU/2010 / Técnico de enfermagem) A organização, as atribuições e o estatuto do Ministério Público da União (MPU) estão claramente dispostos em legislação específica. Acerca dos princípios e das funções da referida instituição e dos seus membros, julgue os itens que se seguem.

Na defesa dos direitos constitucionais do cidadão, o procurador-geral da República representa ao poder competente para a promoção da responsabilidade nos casos comprovados de omissões inconstitucionais.

► ***Anotações/Comentários***

A Procuradoria dos Direitos do Cidadão representará ao poder ou autoridade competente para promover a responsabilidade pela ação ou omissão inconstitucionais, conforme destaca o art. 14 da LOMPU.

RESPOSTA: Errada.

114. (MPU/2010 / Analista de Saúde – Psicologia) Considerando a organização, a estrutura e os princípios que orientam as atribuições do Ministério Público da União (MPU), julgue os itens a seguir.

As funções eleitorais do Ministério Público Federal perante os juízes e juntas eleitorais serão exercidas pelo promotor eleitoral.

► ***Anotações/Comentários***

O art. 78 da LOMPU prevê que: "As funções eleitorais do Ministério Público Federal perante os Juízes e Juntas Eleitorais serão exercidas pelo Promotor Eleitoral.".

RESPOSTA: Correta.

115. (MPU/2010 / Analista de Saúde – Psicologia) Com relação aos procuradores-gerais, julgue os próximos itens.

Cabe ao procurador-geral da República, como chefe do Ministério Público Federal, decidir, em grau de recurso, conflitos de atribuições entre órgãos componentes da estrutura do Ministério Público Federal.

► ***Anotações/Comentários***

É atribuição do Procurador-Geral da República, como Chefe do Ministério Público Federal, entre outras, decidir, em grau de recurso, os conflitos de atribuições entre órgãos do Ministério Público Federal (art. 49, VIII, da LOMPU).

RESPOSTA: Correta.

116. (MPU/2010 / Analista de Saúde – Psicologia) Com relação aos procuradores-gerais, julgue os próximos itens.

O presidente da República, no uso de suas atribuições de chefe de Estado, nomeia o procurador-geral de justiça nos estados, o procurador-geral militar e o procurador-geral do trabalho.

► ***Anotações/Comentários***

É atribuição do Procurador-Geral da República nomear e dar posse ao Vice-Procurador-Geral da República, ao Procurador-Geral do Trabalho, ao Procurador-Geral da Justiça Militar, bem como dar posse ao Procurador-Geral de Justiça do Distrito Federal e Territórios, de acordo com o art. 26, IV, da LOMPU. Por sua vez, no Ministério Público dos Estados e do Distrito Federal e Territórios, o Procurador-Geral será nomeado pelo Chefe do Poder Executivo, para mandato de dois anos, permitida uma recondução (art. 128, § 3º, da CF/88).

RESPOSTA: Errada.

117. (MPU/2010 / Analista de Saúde – Psicologia) Com relação aos procuradores-gerais, julgue os próximos itens.

A destituição do procurador-geral de justiça do Distrito Federal e territórios exige a deliberação da maioria absoluta dos membros da Câmara Legislativa do Distrito Federal.

► ***Anotações/Comentários***

O art. 156, § 2º, da LOMPU estabelece que o Procurador-Geral poderá ser destituído, antes do término do mandato, por deliberação da maioria absoluta do Senado Federal, mediante representação do Presidente da República.

RESPOSTA: Errada.

118. (MPU/2010 / Analista de Saúde – Psicologia) A respeito das funções do MPU e das garantias de seus membros, julgue os itens que se seguem.

Compete ao colégio de procuradores da República elaborar, mediante votação obrigatória, lista tríplice para a composição de todos os tribunais superiores.

► ***Anotações/Comentários***

Compete ao Colégio de Procuradores da República elaborar, mediante voto plurinominal, facultativo e secreto, a lista sêxtupla para a composição do Superior Tribunal de Justiça, sendo elegíveis os membros do Ministério Público Federal, com mais de dez anos na carreira, tendo mais de trinta e cinco e menos de sessenta e cinco anos de idade (art. 53, I, da LOMPU).

RESPOSTA: Errada.

119. (MPU/2010 / Analista de Saúde – Psicologia) A respeito das funções do MPU e das garantias de seus membros, julgue os itens que se seguem.

A promoção de membros do MPU ocorre por antiguidade ou merecimento, independentemente de solicitação, interesse público ou autorização do órgão colegiado.

► ***Anotações/Comentários***

As promoções far-se-ão, alternadamente, por antiguidade e merecimento, devendo ocorrer a pedido do interessado. É de competência do Conselho Superior do Ministério Público Federal indicar o membro do Ministério Público Federal para promoção por antiguidade, observado o disposto no (art. 57, IX, da LOMPU).

RESPOSTA: Errada.

120. (MPU/2010 / Técnico de Informática) Acerca da autonomia, da estrutura e do funcionamento do MPU, julgue os itens a seguir.

A proposta orçamentária é matéria que exige a demarcação de diretrizes. Para tanto, é necessária a compatibilização dos diferentes ramos do MPU, na forma da lei de diretrizes orçamentárias.

► ***Anotações/Comentários***

É atribuição do Procurador-Geral da República apresentar a proposta de orçamento do Ministério Público da União, compatibilizando os anteprojetos dos diferentes ramos da Instituição, na forma da lei de diretrizes orçamentárias, conforme estabelece o art. 26, III, da LOMPU.

RESPOSTA: Correta.

OUTROS CONCURSOS

121. (Câmara Legislativa do Distrito Federal/2018 / Procurador Legislativo) Nos termos da Lei Complementar federal no 75, de 20 de maio de 1993,

a) o Ministério Público da União está compreendido no Ministério Público Federal.

b) compete ao Ministério Público Federal promover a ação civil pública no âmbito da Justiça do Trabalho, para defesa de interesses coletivos, quando desrespeitados os direitos sociais constitucionalmente garantidos.

c) o Ministério Público Eleitoral possui carreira com organização própria e Conselho Superior.

d) compete ao Conselho Superior do Ministério Público Federal eleger, dentre os Subprocuradores-Gerais da República e mediante voto plurinominal, facultativo e secreto, quatro membros do Conselho Superior do Ministério Público Federal.

e) o Conselho Superior do Ministério Público Federal não tem na sua composição membros estranhos à carreira do Ministério Público.

► ***Anotações/Comentários***

A composição dos membros do Conselho Superior do Ministério Público está prevista no art. 54 da LOMPU. O Conselho Superior será presidido pelo Procurador-Geral da República, integrando o Vice-Procurador-Geral da República, além de oito Subprocuradores-Gerais da República eleitos, nos termos do dispositivo acima mencionado, portanto, não tem em sua composição membros estranhos à carreira do MP. O Ministério Público da União compreende: o Ministério Público Federal; o Ministério Público do Trabalho; o Ministério Público Militar; e o Ministério Público do Distrito Federal e Territórios. Será de competência do Ministério Público do Trabalho e não do Ministério Público Federal promover a ação civil pública no âmbito da Justiça do Trabalho, para defesa de interesses coletivos, quando desrespeitados os direitos sociais constitucionalmente garantidos (art. 83, inc. III, da LOMPU). O Ministério Público Eleitoral não possui carreira com organização própria e Conselho Superior, pois tais funções são exercidas pelo Ministério Público Federal (art. 72 da LOMPU) e pelos Promotores Eleitorais (art. 78 da LOMPU). É de competência do Colégio de Procuradores da República eleger, dentre os Subprocuradores-Gerais da República e mediante voto plurinominal, facultativo e secreto, quatro membros do Conselho Superior do Ministério Público Federal (art. 53, inc. III da LOMPU).

RESPOSTA: E).

122. (SAPeJUSGO/2015 / Agente de Segurança Prisional) Se um procurador da República atuante em primeira instância requer o arquivamento do inquérito policial e o juiz federal discorda, ele deverá remeter os autos para

a) o procurador-geral de Justiça.

b) o procurador-geral da República.

c) a câmara de coordenação e revisão.

d) outro juiz federal.

e) outro procurador da República.

► ***Anotações/Comentários***

Compete às Câmaras de Coordenação e Revisão manifestar-se sobre o arquivamento de inquérito policial, inquérito parlamentar ou peças de informação, exceto nos casos de competência originária do Procurador-Geral (art. 62, IV, da LOMPU).

RESPOSTA: C).

123. (TRT - 1ª REGIÃO (RJ)/2018/Analista Judiciário - Área Judiciária) Em relação à organização do Ministério Público do Trabalho, é correto afirmar que

a) incumbe aos procuradores do Trabalho de Segunda Categoria recorrer das decisões dos juízes e Tribunais do Trabalho, nos casos previstos em lei.

b) incumbe aos procuradores de Primeira Categoria exarar parecer nos processos de competências dos Tribunais Regionais.

c) o Procurador-Geral do Trabalho é o chefe do Ministério Público do Trabalho e será nomeado pelo Procurador-Geral da República dentre integrantes da instituição com mais de 35 anos de idade e de 5 anos na carreira.

d) o Procurador-Geral do Trabalho é o chefe do Ministério Público do Trabalho e será nomeado pelo Procurador-Geral da República dentre integrantes da instituição com mais de 35 anos de idade e de 10 anos na carreira.

e) os procuradores de Segunda Categoria poderão substituir os Procuradores de Primeira Categoria em seus impedimentos, licenças e férias, mas não farão jus ao recebimento dos vencimentos correspondentes ao cargo do substituído no período correspondente.

► ***Anotações/Comentários***

O Procurador-Geral do Trabalho é o Chefe do Ministério Público do Trabalho e será nomeado pelo Procurador-Geral da República, dentre integrantes da instituição, com mais de trinta e cinco anos de idade e de cinco anos na carreira, integrante de lista tríplice escolhida mediante voto plurinominal, facultativo e secreto, pelo Colégio de Procuradores para um mandato de dois anos, permitida uma recondução, observado o mesmo processo (art. 88 da LOMPU).

RESPOSTA: C).

124. (TCDF/2013 / Procurador) Julgue os próximos itens, que versam sobre o MP, o TCDF e o TCU.

Para que membro do MP seja investigado em inquérito policial civil ou militar, é necessária autorização do procurador-geral da República, após a qual poderá então delegado ou oficial designado dar prosseguimento à apuração do fato.

▶ *Anotações/Comentários*

O art. 18, par. único da LOMPU dispõe que: "quando, no curso de investigação, houver indício da prática de infração penal por membro do Ministério Público da União, a autoridade policial, civil ou militar, remeterá imediatamente os autos ao Procurador-Geral da República, que designará membro do Ministério Público para prosseguimento da apuração do fato.".

RESPOSTA: Correto.

125. (TJES/2011 / Juiz de Direito) Em relação ao MP eleitoral, assinale a opção correta.

a) Inexistindo membro do MP que oficie perante a zona eleitoral, ou estando este impedido ou, ainda, recusando-se ele, justificadamente, a oficiar, o juiz eleitoral local deverá indicar ao procurador regional eleitoral o substituto a ser designado membro do MP estadual ou do DF.

b) O procurador regional eleitoral age por delegação do procurador-geral eleitoral e é designado entre os procuradores regionais da República no estado e no DF, ou, onde não houver procuradores regionais, entre os procuradores da República vitalícios.

c) O procurador regional eleitoral poderá ser destituído, antes do término do mandato de dois anos, por iniciativa do procurador-geral eleitoral, com anuência da maioria absoluta do TSE.

d) Compete ao procurador regional eleitoral exercer as funções do MP nas causas de competência do TRE respectivo, além de dirigir, no estado, as atividades do setor, subordinado ao procurador-geral eleitoral.

e) As funções eleitorais do MPF perante os juízes e as juntas eleitorais serão exercidas pelo promotor eleitoral, função que cabe a procurador da República que oficie junto ao juízo incumbido do serviço eleitoral de cada zona.

► ***Anotações/Comentários***

Prevê o art. 76 da LOMPU: "O Procurador Regional Eleitoral, juntamente com o seu substituto, será designado pelo Procurador-Geral Eleitoral, dentre os Procuradores Regionais da República no Estado e no Distrito Federal, ou, onde não houver, dentre os Procuradores da República vitalícios, para um mandato de dois anos.". Por sua vez, o art. 77 da LOMPU, prevê que: "Compete ao Procurador Regional Eleitoral exercer as funções do Ministério Público nas causas de competência do Tribunal Regional Eleitoral respectivo, além de dirigir, no Estado, as atividades do setor.". O parágrafo único do art. 79 da LOMPU prevê que: "Na inexistência de Promotor que oficie perante a Zona Eleitoral, ou havendo impedimento ou recusa justificada, o Chefe do Ministério Público local indicará ao Procurador Regional Eleitoral o substituto a ser designado.". O art. 76, § 2º, da LOMPU, estabelece que o Procurador Regional Eleitoral poderá ser destituído, antes do término do mandato, por iniciativa do Procurador-Geral Eleitoral, anuindo a maioria absoluta do Conselho Superior do Ministério Público Federal. O art. 76 da LOMPU, prevê que o Promotor Eleitoral será o membro do Ministério Público local que oficie junto ao Juízo incumbido do serviço eleitoral de cada Zona.

RESPOSTA: D).

5

QUESTÕES SOBRE AS LEIS ORGÂNICAS ESTADUAIS

LEI ORGÂNICA DO AMAPÁ

01. (TCEAP/2010 / Procurador) Promotor de Justiça integrante do Ministério Público do Estado do Amapá, vitalício, figura como réu em ação civil em decorrência de exercício da advocacia concomitantemente com o exercício de suas atribuições. A ação foi proposta pelo Procurador-Geral de Justiça perante o Tribunal de Justiça do Estado, após autorização do Órgão Especial do Colégio de Procuradores de Justiça. Antes que seja proferida sentença na ação, o Promotor requer sua exoneração do cargo. Nos termos da Lei Orgânica do Ministério Público do Estado do Amapá,

a) o exercício da advocacia por membro vitalício do Ministério Público não enseja a propositura de ação civil, pois apenas a prática de crime incompatível com o exercício do cargo a justificaria.

b) a exoneração deverá ser concedida ao Promotor de Justiça interessado, uma vez que ainda não houve decisão transitada em julgado na ação civil.

c) o Promotor de Justiça estará sujeito à pena de demissão, imposta em processo administrativo no qual lhe será assegurada ampla defesa, suspendendo-se o trâmite da ação judicial até decisão final no processo administrativo.

d) o Promotor de Justiça poderá perder o cargo, em virtude de sentença judicial transitada em julgado na ação civil.

e) a ação civil deveria ter sido proposta perante órgão judicial de primeira instância, após autorização do Conselho Superior do Ministério Público, de maneira que fica inviabilizada a imposição de penalidade ao Promotor de Justiça em virtude de eventual sentença na ação.

▶ ***Anotações/ComentáriosS***

O membro vitalício do Ministério Público somente perderá o cargo ou terá cassada a aposentadoria ou disponibilidade por sentença judicial transitada em julgado, proferida em ação civil própria, nos seguintes casos: I - prática de improbidade ou crime incompatível com o exercício do cargo, após decisão judicial transitada em julgado; II - exercício da advocacia, salvo se aposentado; III - abandono do cargo por prazo superior a 30 (trinta) dias corridos, conforme estabelece o art. 116 da Lei Orgânica do MPAP.

RESPOSTA: D).

LEI ORGÂNICA DE GOIÁS

02. (MPGO/2017 / Secretário Auxiliar) De acordo com a Lei Complementar Estadual n° 25, de 06 de julho de 1998, cabe ao Ministério Público:

I - praticar atos próprios de gestão.

II - praticar atos relacionados a função dos servidores, sem decidir sobre a situação funcional e administrativa do pessoal, ativo e inativo, da carreira e dos serviços auxiliares.

III - elaborar suas folhas de pagamento e expedir os competentes demonstrativos.

IV - adquirir bens e contratar serviços, efetuando a respectiva contabilização.

V - propor ao Poder Legislativo a criação e a extinção de seus cargos e de seus serviços auxiliares, bem como a fixação e o reajuste dos vencimentos e vantagens dos seus membros e de seus servidores.

As assertivas corretas são:

a) Apenas a I;

b) I, III, IV e V;

c) I, II, III, IV e V;

d) Apenas a II;

e) Apenas a III e IV.

▶ *Anotações/Comentários*

Segundo dispõe o art. 2º da Lei Orgânica do MPGO, o Ministério Público possui autonomia funcional, administrativa e financeira, podendo: I - praticar atos próprios de gestão; II - praticar atos e decidir sobre a situação funcional e administrativa do pessoal, ativo e inativo, da carreira e dos serviços auxiliares, organizados em quadros próprios; III - elaborar suas folhas de pagamento e expedir os competentes demonstrativos; IV - adquirir bens e contratar serviços, efetuando a respectiva contabilização; V - propor ao Poder Legislativo a criação e a extinção de seus cargos e de seus serviços auxiliares, bem como a fixação e o reajuste dos vencimentos e vantagens dos seus membros e de seus servidores; entre outras medidas.

RESPOSTA: B).

03. (MPGO/2016 / Secretário Auxiliar) NÃO é dever do membro do Ministério Público:

a) informar ao Procurador-Geral de Justiça os modos para ser encontrado, se estiver de férias;

b) encaminhar ao Corregedor-Geral do Ministério Público relatório estatístico periódico;

c) vincular-se às recomendações do Procurador-Geral de Justiça para desempenho das funções;

d) declarar-se suspeito nos casos previstos em lei;

e) identificar-se em suas manifestações no exercício da função.

► *Anotações/Comentários*

Os deveres dos membros do Ministério Público estão previstos no art. 91 da Lei Orgânica do MPGO, não constando o dever de vincular-se às recomendações do Procurador-Geral de Justiça para desempenho das funções. O Procurador-Geral de Justiça compete expedir recomendações, sem caráter normativo, aos órgãos do Ministério Público, para o desempenho de suas funções, nos casos em que se mostrar conveniente a atuação uniforme (art. 15, XV, da Lei Orgânica do MPGO).

RESPOSTA: C).

04. (MPGO/2012/Promotor de Justiça) O Ministério Público, instituição permanente, essencial à função jurisdicional do Estado, compreende órgãos de administração superior, órgãos de administração, órgãos de execução e órgãos auxiliares. Acerca dos órgãos de execução do Ministério Público do Estado de Goiás, é correto afirmar:

a) O Conselho Superior do Ministério Público será composto pelo Procurador-Geral de Justiça, que o presidirá, pelo Corregedor-Geral do Ministério Público, e por 5 (cinco) Procuradores de Justiça eleitos, três pelos Promotores de Justiça em exercício e dois pelo Colégio de Procuradores de Justiça, para mandato de 1 (um) ano, vedada a reeleição, observado o procedimento desta Lei.

b) A Procuradoria Geral de Justiça, órgão de direção superior do Ministério Público, será chefiada pelo Procurador-Geral de Justiça, nomeado pelo Governador do Estado dentre os integrantes vitalícios e em atividade na carreira, indicados em lista tríplice, elaborada na forma desta Lei, para mandato de 3 (três) anos, permitida uma recondução.

c) A eleição para formação da lista tríplice para Procurador Geral de Justiça e para escolha dos membros do Conselho Superior do Ministério Público será realizada mediante voto plurinominal e secreto dos integrantes em atividade na carreira, sendo defeso o voto postal e o voto por procuração.

d) Compete ao Colégio de Procuradores de Justiça aprovar proposta de fixação das atribuições das Procuradorias e Promotorias de Justiça, bem como a exclusão, inclusão ou modificação das atribuições das Procuradorias e Promotorias de Justiça, deliberações essas que serão tomadas por maioria simples de voto, presentes mais da metade de seus integrantes, cabendo também ao seu Presidente, em caso de empate, o voto de qualidade.

▶ *Anotações/Comentários*

Prevê o art. 19, § 1º da Lei Orgânica do MPGO que: "O Conselho Superior do Ministério Público será composto pelo Procurador-Geral de Justiça, que o presidirá, pelo Corregedor-Geral do Ministério Público, e por 5 (cinco) Procuradores de Justiça eleitos, três pelos Promotores de Justiça em exercício e dois pelo Colégio de Procuradores de Justiça, para mandato de 1 (um) ano, vedada a reeleição, observado o procedimento desta Lei.". A Procuradoria Geral de Justiça, órgão de direção superior do Ministério Público, funcionará em sede própria e será chefiada pelo Procurador-Geral de Justiça, nomeado pelo Governador do Estado dentre os integrantes vitalícios e em atividade na carreira, indicados em lista tríplice, elaborada na forma desta Lei, para mandato de 2 (dois) anos (não três anos), permitida uma recondução, observado o mesmo procedimento, de acordo com o art. 5º da Lei Orgânica do MPGO.

RESPOSTA: A).

05. (MPGO/2017 / Secretário Auxiliar) São órgãos da Administração Superior do Ministério Público do Estado de Goiás, EXCETO:

a) Procuradoria Geral de Justiça

b) Escola Superior do Ministério Público

c) Colégio de Procuradores de Justiça

d) Conselho Superior do Ministério Público

e) Corregedoria Geral do Ministério

► ***Anotações/Comentários***

São órgãos da Administração Superior do Ministério Público :I - a Procuradoria Geral de Justiça; II - o Colégio de Procuradores de Justiça; III - o Conselho Superior do Ministério Público; IV - a Corregedoria Geral do Ministério Público (art. 4º, § 1º, da Lei Orgânica do MPGO). A Escola Superior do Ministério Público é órgão auxiliar do Ministério Público (art. 4º, § 4º, III, da Lei Orgânica do MPGO).

RESPOSTA: B).

06. (MPGO/2017 / Secretário Auxiliar) No que se refere à organização do Ministério Público, consoante termos da Lei Complementar do Estado de Goiás n. 25, de 06 de julho de 1998, é CORRETO afirmar:

a) O Ministério Público compreende: órgãos de administração superior; órgãos de administração; órgãos de execução; órgãos auxiliares; órgãos de consultoria jurídica ao governo estadual;

b) São órgãos da Administração Superior do Ministério Público: a Procuradoria-Geral de Estado; o Colégio de Procuradores de Justiça; o Conselho Superior do Ministério Público; a Corregedoria Geral do Ministério Público;

c) São órgãos de Administração do Ministério Público: as Procuradorias de Justiça; as Promotorias de Justiça; as Curadorias de Justiça;

d) São órgãos de execução do Ministério Público: o Procurador-Geral de Justiça; o Colégio de Procuradores de Justiça; o Conselho Superior do Ministério Público; os Procuradores de Justiça; os Promotores de Justiça.

e) São órgãos auxiliares do Ministério Público: os Centros de Apoio Operacional; a Comissão de Concurso; a Escola Superior do Ministério Público; as Curadorias de Justiça; os Órgãos de Apoio Técnico, Administrativo e de Assessoramento; os Estagiários.

► ***Anotações/Comentários***

Segundo o art. 4º, § 3º, da Lei Orgânica do MPGO, são órgãos de execução do Ministério Público: I - o Procurador-Geral de Justiça; II - O Colégio de Procuradores de Justiça; III - o Conselho Superior do Ministério Público; IV - os Procuradores de Justiça; e V - os Promotores de Justiça.

O Ministério Público compreende: I - órgãos de administração superior; II - órgãos de administração; III - órgãos de execução; e os IV - órgãos auxiliares. São órgãos da Administração Superior do Ministério Público :I - a Procuradoria Geral de Justiça; II - o Colégio de Procuradores de Justiça; III - o Conselho Superior do Ministério Público; IV - a Corregedoria Geral do Ministério Público (art. 4º, § 1º, da Lei Orgânica do MPGO). São órgãos de Administração do Ministério Público: I - as Procuradorias de Justiça; e as II - as Promotorias de Justiça (art. 4º, § 2º, da Lei Orgânica do MPGO). São órgãos auxiliares do Ministério Público: I - os Centros de Apoio Operacional; II - a Comissão de Concurso; III - a Escola Superior do Ministério Público; IV- os Órgãos de Apoio Técnico, Administrativo e de Assessoramento; e os V - os Estagiários (art. 4º, § 4º, da Lei Orgânica do MPGO).

RESPOSTA: D).

07. (MPGO/2017 / Secretário Auxiliar) Assinale a alternativa em que se apresenta o órgão ou a autoridade do MP-GO que detém a competência expressa de promover a aproximação, participação e o fortalecimento da sociedade civil no acompanhamento e na fiscalização das políticas públicas.

a) O subprocurador-geral de justiça para assuntos institucionais

b) As promotorias de justiça

c) O Conselho Superior

d) O procurador-geral de justiça

e) Os centros de apoio operacional

► ***Anotações/Comentários***

Cabe ao Subprocurador-Geral de Justiça para Assuntos Institucionais promover a aproximação, participação e o fortalecimento da sociedade civil no acompanhamento e fiscalização das políticas públicas (art. 71, § 1º, IV da Lei Orgânica do MPGO).

RESPOSTA: A).

08. (MPGO/2017 / Secretário Auxiliar) De acordo com a Lei Complementar Estadual nº 25, de 06 de julho de 1998, compete ao Procurador-Geral de Justiça:

a) aprovar o Plano Estratégico Institucional e os Planos Gerais de Atuação, nos termos regimentais.

b) aprovar a proposta orçamentária anual do Ministério Público, bem como os projetos de criação, modificação e extinção de cargos e serviços auxiliares.

c) convocar reunião extraordinária, mediante requerimento de 1/3 (um terço) dos seus integrantes, na forma do regimento interno.

d) eleger, dar posse e exercício ao Corregedor-Geral do Ministério Público.

e) encaminhar ao Poder Legislativo os projetos de lei de iniciativa do Ministério Público.

► ***Anotações/Comentários***

Compete ao Procurador-Geral de Justiça, entre outras atribuições, encaminhar ao Poder Legislativo os projetos de lei de iniciativa do Ministério Público (art. 15, IV, da Lei Orgânica do MPGO).

RESPOSTA: E).

09. (MPGO/2017 / Secretário Auxiliar) Sobre as promotorias de justiça, regulamentas na Lei Complementar Estadual n° 25, de 06 de julho de 1998, é INCORRETO afirmar:

a) As Promotorias de Justiça são órgãos de administração do Ministério Público com pelo menos 1 (um) cargo de Promotor de Justiça e serviços auxiliares necessários ao desempenho das funções que lhes forem cometidas na forma desta Lei.

b) As Promotorias de Justiça serão integradas por Promotores de Justiça encarregados de exercer as funções institucionais do Ministério Público e tomar as medidas judiciais e extrajudiciais necessárias à consecução do Plano Estratégico Institucional e seus desdobramentos.

c) As Promotorias de Justiça poderão ser especializadas, criminais, cíveis, cumulativas ou gerais.

d) Cada Promotoria de Justiça deverá manter os livros, pastas e arquivos obrigatórios, sem necessidade de manter o registro e controle dos procedimentos e expedientes findos.

e) Compete às promotorias de Justiça a elaboração dos Planos Operacionais de Atuação alinhados ao Plano Estratégico Institucional e ao Plano Geral de Atuação.

► ***Anotações/Comentários***

Segundo o art. 43 da Lei Orgânica do MPGO, cada Promotoria de Justiça deverá manter os livros, pastas e arquivos obrigatórios, bem como registro e controle permanente dos procedimentos e expedientes, findos ou em andamento. Prevê o art. 40 da Lei Orgânica do MPGO que: "As Promotorias de Justiça são órgãos de administração do Ministério Público com pelo menos 1 (um) cargo de Promotor de Justiça e serviços auxiliares necessários ao desempenho das funções que lhes forem cometidas na forma desta Lei.". Estabelece o art. 43, § 1º, da Lei Orgânica do MPGO que: "As Promotorias de Justiça serão integradas por Promotores de Justiça encarregados de exercer as funções institucionais do Ministério Público e tomar as medidas judiciais e extrajudiciais necessárias à consecução do Plano Estratégico Institucional e seus desdobramentos.". O ar. 41, parágrafo único da Lei Orgânica do MPGO, prevê que: "As Promotorias de Justiça poderão ser especializadas, criminais, cíveis, cumulativas ou gerais.". Por sua vez, o art. 40, § 2º, da Lei Orgânica do MPGO, estabelece que: "Compete às promotorias de Justiça a elaboração dos Planos Operacionais de Atuação alinhados ao Plano Estratégico Institucional e ao Plano Geral de Atuação.".

RESPOSTA: D).

10. (MPGO/2017 / Secretário Auxiliar) Sobre as Promotorias de Justiça, segundo a Lei Complementar Estadual n° 25, de 06 de julho de 1998, assinale a alternativa correta:

a) As Promotorias de Justiça são órgãos de administração do Ministério Público com no mínimo de 2 (dois) cargos de Promotor de Justiça e serviços auxiliares necessários ao desempenho das funções que lhes forem cometidas na forma desta Lei.

b) As Promotorias de Justiça serão organizadas por ato do Chefe do Poder Executivo Estadual, mediante proposta aprovada por maioria absoluta dos membros da Assembléia Legislativa.

c) Consideram-se promotorias especializadas, aquelas cujos cargos que as integram têm suas funções definidas pelo Procurador Geral de Justiça e pelo Conselho Superior do Ministério Público.

d) Os serviços auxiliares das Promotorias de Justiça destinar-se-ão a dar suporte administrativo necessário ao seu funcionamento e ao desempenho das funções dos Promotores de Justiça e serão instituídos e organizados por ato do Procurador-Geral de Justiça, ficando assegurado a cada Promotoria de Justiça da Capital um cargo de assessor.

e) Nas Comarcas com mais de 5 (cinco) Promotorias de Justiça será escolhido Promotor de Justiça para exercer as funções de Coordenador.

► ***Anotações/Comentários***

O art. 45, da Lei Orgânica do MPGO, estabelece que: "Os serviços auxiliares das Promotorias de Justiça destinar-se-ão a dar suporte administrativo necessário ao seu funcionamento e ao desempenho das funções dos Promotores de Justiça e serão instituídos e organizados por ato do Procurador-Geral de Justiça, ficando assegurado a cada Promotoria de Justiça da Capital um cargo de assessor conforme anexo desta lei.". O art. 41 da Lei Orgânica do MPGO prevê que as Promotorias de Justiça serão organizadas por ato do Procurador-Geral de Justiça (não do Chefe do Executivo), mediante proposta aprovada pelo Colégio de Procuradores de Justiça (não da Assembleia Legislativa). O art. 44, § 3º, da Lei Orgânica do MPGO prevê que: "Consideram-se Promotorias especializadas, aquelas cujos cargos que as integram têm suas funções definidas pela espécie de infração penal, pela natureza da relação jurídica de direito civil ou pela competência de determinado órgão jurisdicional, fixada exclusivamente em razão da matéria". Segundo estabelece o art. 40 da Lei Orgânica do MPGO, as Promotorias de Justiça são órgãos de administração do Ministério Público com pelo menos 1 (um) (não dois) cargo de Promotor de Justiça e serviços auxiliares necessários ao desempenho das funções que lhes forem cometidas na forma desta Lei. O art. 42 da Lei Orgânica do MPG, prevê que na hipótese das Comarcas com mais de duas Promotorias de Justiça será escolhido Promotor de Justiça para exercer as funções de Coordenador

RESPOSTA: D).

11. **(MPGO/2017 / Secretário Auxiliar)** De acordo com a Lei Complementar no 25, de 06 de julho de 1998, são órgãos de execução e auxiliares do Ministério Público, respectivamente:

a) a Escola Superior do Ministério Público e o Conselho Superior do Ministério Público

b) o Colégio de Procuradores de Justiça e os Centros de Apoio Operacional;

c) os Centros de Apoio Operacional e o Conselho Superior do Ministério Público;

d) os Procuradores de Justiça e os Promotores de Justiça;

e) a Escola Superior do Ministério Público e os Estagiários.

► ***Anotações/Comentários***

Segundo o art. 4º, § 3º, da Lei Orgânica do MPGO, são órgãos de execução do Ministério Público: I - o Procurador-Geral de Justiça; II - O Colégio de Procuradores de Justiça; III - o Conselho Superior do Ministério Público; IV - os Procuradores de Justiça; e V - os Promotores de Justiça. São órgãos auxiliares do Ministério Público: I - os Centros de Apoio Operacional; II - a Comissão de Concurso; III - a Escola Superior do Ministério Público; IV- os Órgãos de Apoio Técnico, Administrativo e de Assessoramento; e os V - os Estagiários (art. 4º, § 4º, da Lei Orgânica do MPGO).

RESPOSTA: B).

12. (MPGO/2017 / Oficial de Promotoria (Fundamental)) Em relação à estrutura do Ministério Público, nos termos da Lei Complementar Estadual nº 25 de 06 de junho de 1998, é incorreto dizer que faz(em) parte dos órgãos auxiliares da instituição:

a) A Comissão de Concurso.

b) O Conselho Superior do Ministério Público.

c) A Escola Superior do Ministério Público e os estagiários.

d) Os Órgãos de Apoio Técnico, Administrativo e de Assessoramento.

e) Os Centros de Apoio Operacional.

► ***Anotações/Comentários***

O Conselho Superior do Ministério Público é órgão de execução do Ministério Público. São órgãos auxiliares do Ministério Público: I - os Centros de Apoio Operacional; II - a Comissão de Concurso; III - a Escola Superior do Ministério Público; IV- os Órgãos de Apoio Técnico, Administrativo e de Assessoramento; e os V - os Estagiários (art. 4º, § 4º, da Lei Orgânica do MPGO).

RESPOSTA: B).

13. (MPGO/2017 / Oficial de Promotoria) Assinale a alternativa incorreta sobre os Centros de Apoio Operacional do Ministério Público do Estado de Goiás:

a) A direção do Centro de Apoio Operacional será exercida por coordenador, escolhido dentre os Procuradores ou Promotores de Justiça, ainda que não vitaliciados;

b) Os Centros de Apoio Operacional, órgãos auxiliares da atividade funcional do Ministério Público, integram a Assessoria Especial do Procurador-Geral de Justiça;

c) Os Centros de Apoio Operacional serão instituídos e organizados por ato do Procurador-Geral de Justiça;

d) Compete aos Centros de Apoio Operacional: estimular a integração e o intercâmbio entre órgãos de execução que atuem na mesma área e que tenham atribuições comuns; remeter informações técnico-jurídicas, sem caráter vinculativo, aos órgãos ligados à sua atividade; estabelecer intercâmbio permanente com entidades ou órgãos públicos ou privados que atuem em áreas afins; entre outras funções;

e) Compete aos Centros de Apoio Operacional: prestar auxílio aos órgãos de execução do Ministério Público na instrução de inquéritos civis ou na preparação e proposição de medidas processuais; zelar pelo cumprimento das obrigações do Ministério Público, decorrentes de convênios firmados; entre outras funções.

► *Anotações/Comentários*

A direção de Centro de Apoio Operacional será exercida por Coordenador, escolhido dentre os Procuradores ou Promotores de Justiça de qualquer entrância, desde que titulares e vitalícios (excluídos os não vitalícios), conforme estabelece o art. 61, da Lei Orgânica do MPGO. Os Centros de Apoio Operacional, órgãos auxiliares da atividade funcional do Ministério Público, integram a Assessoria Especial do Procurador-Geral de Justiça (art. 59 da Lei Orgânica do MPGO) Os Centros de Apoio Operacional serão instituídos e organizados por ato do Procurador-Geral de Justiça (59, parágrafo único, da Lei Orgânica do MPGO). O art. 60, da Lei Orgânica do MPGO, prevê que é da competência do Centros de Apoio Operacional: I - estimular a integração e o intercâmbio entre órgãos de execução que atuem na mesma área e que tenham atribuições comuns; II - remeter informações técnico-jurídicas, sem caráter vinculativo, aos órgãos ligados à sua atividade; III - estabelecer intercâmbio permanente com entidades ou órgãos públicos ou privados que atuem em áreas afins; IV - remeter anualmente ao Procurador-Geral de Justiça relatório das atividades do Ministério Público relativas às suas áreas de atribuições; V - prestar auxílio aos órgãos de execução do Ministério Público na instrução de inquéritos civis ou na preparação e proposição de medidas processuais; VI - zelar pelo cumprimento das obrigações do Ministério Público, decorrentes de convênios firmados; VII - receber representações e expedientes, encaminhando-os para os respectivos órgãos de execução; VIII - apresentar ao Procurador-Geral de Justiça propostas e sugestões para: a) elaboração da política institucional e de programas específicos; b) edição de atos e instruções, sem caráter normativo, tendentes à melhoria do serviço do Ministério Público; c) realização de convênios, cursos, palestras e outros eventos; IX - encaminhar ao Procurador-Geral de Justiça e ao Corregedor-Geral do Ministério Público estatística mensal e relatório anual de suas atividades; X - exercer outras funções compatíveis com suas finalidades, definidas em ato do Procurador-Geral de Justiça, vedado o exercício de qualquer atividade de órgão de execução, bem como a expedição de atos normativos a estes dirigidos.

RESPOSTA: A).

---

14. (MPGO/2017 / Oficial de Promotoria (Fundamental)) Assinalo a alternativa incorreta acerca da Corregedoria Geral do Ministério Público do Estado de Goiás:

a) A Corregedoria Geral do Ministério Público é o órgão da administração superior encarregado de orientar e fiscalizar as atividades funcionais e a conduta dos membros do Ministério Público, bem como de fiscalizar e avaliar os resultados das metas institucionais e atividades dos demais órgãos da administração e dos órgãos auxiliares da atividade funcional.

b) Compete ao Corregedor Geral do Ministério Público realizar, periodicamente, a avaliação de desempenho dos órgãos de execução; aplicar aos servidores do MPGO qualquer tipo de sanção;

c) O Corregedor-Geral do Ministério Público será eleito, em votação secreta, pelo Colégio de Procuradores de Justiça, entre seus integrantes, para mandato de dois anos, em regime de dedicação exclusiva, na primeira quinzena do mês que anteceder o término do mandato, permitida a reeleição, observado o mesmo procedimento,

d) São atribuições do Corregedor-Geral do Ministério Público: apresentar ao Procurador-Geral de Justiça, na primeira quinzena de fevereiro, relatório com dados estatísticos sobre as atividades das Procuradorias e Promotorias de Justiça, relativos ao ano anterior; entre outras;

e) Compete ao Corregedor-Geral do Ministério Público promover o levantamento das necessidades de caráter pessoal e material dos órgãos e serviços auxiliares de apoio aos Órgãos da Administração, de Execução e Auxiliares do Ministério Público, propondo sugestões, em relatório circunstanciado, aos Órgãos competentes.

► ***Anotações/Comentários***

As atribuições do Corregedor-Geral do Ministério Público estão descritas no art. 28 da Lei Orgânica do MPGO, entre elas a função de realizar, periodicamente, a avaliação de desempenho dos órgãos de execução (inciso XIII).

RESPOSTA: B).

15. (MPGO/2017 / Secretário Auxiliar) No que se refere à autonomia do Ministério Público, consoante termos da Lei Complementar do Estado de Goiás n. 25, de 06 de julho de 1998, é INCORRETO afirmar:

a) cabe-lhe praticar atos próprios de gestão;

b) praticar atos e decidir sobre a situação funcional e administrativa do pessoal, salvo em relação aos inativos, da carreira e dos serviços auxiliares, organizados em quadros próprios;

c) propor ao Poder Legislativo a criação e a extinção de seus cargos e de seus serviços auxiliares, bem como a fixação e o reajuste dos vencimentos e vantagens dos seus membros e de seus servidores;

d) elaborar seus regimentos internos;

e) os órgãos do Ministério Público têm asseguradas instalações privativas nos edifícios onde exerçam suas funções, especialmente nos tribunais e nos fóruns, cabendo-lhes a respectiva administração.

► ***Anotações/Comentários***

Segundo o art. 2º, I, da Lei Orgânica do MPGO, que pode o Ministério Público, em razão da sua autonomia funcional, administrativa e financeira, entre outras, praticar atos próprios de gestão.

RESPOSTA: B).

16. (MPGO/2016 / Promotor de Justiça) A respeito da legislação do Ministério Público do Estado de Goiás, assinale a alternativa correta:

a) O Ministério Público elaborará sua proposta orçamentária dentro dos limites estabelecidos na lei de diretrizes orçamentárias, encaminhando-a, por intermédio do Procurador-Geral de Justiça, diretamente ao Governador do Estado, que a submeterá ao Poder Legislativo.

b) Os recursos próprios, não originários do Tesouro Estadual, serão recolhidos diretamente e vinculados aos fins da instituição, podendo, em caráter excepcional, e devidamente autorizado pelo Conselho

Superior do Ministério Público, ser utilizados, inclusive, para quitação de vencimentos dos membros e servidores da Instituição.

c) As decisões do Ministério Público fundadas em sua autonomia funcional, administrativa e financeira, obedecidas as formalidades legais, têm eficácia plena e executoriedade relativa, dependente de ratificação judicial, ressalvada a competência constitucional do Poder Legislativo.

d) A eleição para formação da lista tríplice, no Ministério Público do Estado de Goiás, será realizada na última sexta-feira útil do mês que anteceder o término do mandato e far-se-á mediante voto plurinominal e secreto de todos os integrantes em atividade na carreira, sendo permitido, como exceção, o voto postal e o voto por procuração.

▶ *Anotações/Comentários*

Segundo previsão do art. 3º, *caput,* da Lei Orgânica do MPGO: "O Ministério Público elaborará sua proposta orçamentária dentro dos limites estabelecidos na lei de diretrizes orçamentárias, encaminhando-a, por intermédio do Procurador-Geral de Justiça, diretamente ao Governador do Estado, que a submeterá ao Poder Legislativo.". Prevê o art. 3º, § 3º, Lei Orgânica do MPGO que: "Os recursos próprios, não originários do Tesouro Estadual, serão recolhidos diretamente e vinculados aos fins da instituição, vedada outra destinação.". Prevê o art. 3º, § 1º, Lei Orgânica do MPGO que: "As decisões do Ministério Público fundadas em sua autonomia funcional, administrativa e financeira, obedecidas as formalidades legais, têm eficácia plena e executoriedade imediata, ressalvada a competência constitucional dos Poderes Judiciário e Legislativo.". Prevê o art. 5º, § 1º, Lei Orgânica do MPGO que: "A eleição para formação da lista tríplice será realizada no último dia útil do mês que anteceder o término do mandato e far-se-á mediante voto plurinominal e secreto de todos os integrantes em atividade na carreira.".

RESPOSTA: A).

17. (MPGO/2016 / Promotor de Justiça) Entre alternativas abaixo, aponte aquela que não contempla hipótese de inelegibilidade para o cargo de Procurador-Geral de Justiça do Estado de Goiás:

a) Promotores de Justiça que, embora vitalícios, são substitutos.

b) Membros do Ministério Público que se encontrem afastados do exercício das funções, pelo exercício de cargo de presidente de entidade de classe de âmbito estadual ou nacional, bem como de cargo de direção na respectiva entidade com função que exija dedicação exclusiva.

c) Membros do Ministério Público que forem condenados por crimes dolosos ou ato de improbidade administrativa, com decisão transitada em julgado, enquanto durarem seus efeitos.

d) Membros do Ministério Público que estejam cumprindo sanção aplicada em processo administrativo disciplinar.

▶ *Anotações/Comentários*

O art. 7º, da Lei Orgânica do MPGO, prevê que são inelegíveis para o cargo de Procurador-Geral de Justiça os membros do Ministério Público que: I - se encontrem afastados do exercício das funções, na forma prevista nos artigos 124 e 125 desta lei, nos 6 (seis) meses anteriores à data da eleição; II - forem condenados por crimes dolosos ou ato de improbidade administrativa, com decisão transitada em julgado, enquanto durarem seus efeitos; III - estejam cumprindo sanção aplicada em processo administrativo disciplinar; IV - estiverem inscritos ou integrarem as listas a que se referem os artigos 94, caput, e 104, parágrafo único, inciso II, da Constituição Federal, e artigo 43 da Constituição Estadual; V - à data da eleição não apresentarem declaração de regularidade dos serviços afetos a seu cargo. Os Promotores de Justiça que, embora vitalícios, são substitutos, não está tal condição prevista no artigo referido.

RESPOSTA: A).

---

18. ((MPGO/2014 / Promotor de Justiça) Acerca das garantias e prerrogativas dos membros do Ministério Público, aponte a alternativa incorreta:

a) O membro do Ministério, arrolado como testemunha em qualquer inquérito ou processo, tem o direito ao ajuste prévio, com a autoridade processante, do dia, da hora e do local de comparecimento para ser ouvido. Como essa prerrogativa existe para preservar o exercício da função pública, a jurisprudência firmou o entendimento de sua aplicação ao membro que figure como réu ou investigado;

b) Caso o crime venha a ser cometido em outro Estado, as investigações e o processo-crime serão conduzidos pelo Procurador-Geral de Justiça e pelo Tribunal de Justiça do Estado onde o investigado é membro do Ministério Público;

c) É prerrogativa do membro do Ministério Público não ser indiciado em inquérito policial;

d) Nas infrações penais cometidas por membros do Ministério Público, as investigações serão diretamente presididas pelo Procurador-Geral de Justiça, não havendo qualquer impedimento legal de que este último designe, para aquele mesmo fim, outro membro da instituição.

► ***Anotações/Comentários:***

Prevê o art. 86, I, da Lei Orgânica do MPGO, que constitui prerrogativa dos membros do Ministério Público, entre outras, ser ouvido, como testemunha ou ofendido, em qualquer processo ou inquérito, em dia, hora e local previamente ajustados com o Juiz ou a autoridade competente.

RESPOSTA: A).

19. (MPGO/2013 / Técnico Ambiental - Biologia) Assinale a alternativa em que se apresentam, de acordo com as disposições da sua lei orgânica vigente, os órgãos ou autoridades competentes para, respectivamente, levar ao procurador-geral de justiça propostas e sugestões para a realização de convênios, cursos, palestras e outros eventos, bem como para diagnosticar a necessidade de capacitação e aprimoramento funcional.

a) Subprocurador-geral de justiça para assuntos institucionais; subprocurador-geral de justiça para assuntos administrativos.

b) Escola Superior do Ministério Público; centros de apoio operacional.

c) Subprocurador-geral de justiça para assuntos administrativos; Corregedoria-Geral.

d) Centros de apoio operacional; Escola Superior do Ministério Público.

e) Corregedoria-Geral; centros de apoio operacional.

► ***Anotações/Comentários***

É de competência dos Centros de Apoio Operacional, de acordo com o art. 60, VIII, "c", da Lei Orgânica do MPGO realização de convênios, cursos, palestras e outros eventos. Incumbe a Escola Superior do Ministério Público, entre outras atribuições previstas no regulamento, segundo previsão do art. 65, XII, da Lei Orgânica do MPGO, diagnosticar a necessidade de capacitação e aprimoramento funcional dos membros e servidores.

RESPOSTA: D).

20. (MPGO/2010 / Engenheiro Ambiental) Considere que Pedro, membro do Ministério Público de Goiás há mais de 10 anos, seja condenado por homicídio culposo e esteja respondendo por improbidade administrativa. Com base nessa situação hipotética, Pedro

a) não poderia se candidatar ao cargo de presidente da associação da referida instituição.

b) poderá ser demitido por falta de decoro.

c) poderá ser candidato ao cargo de procurador-geral de justiça.

d) responderá, automaticamente, por processo administrativo.

e) não poderá fazer parte do Conselho Superior da instituição.

► ***Anotações/Comentários***

Será inelegível para o cargo de Procurador-Geral de Justiça os membros do Ministério Público que forem condenados por crimes dolosos ou ato de improbidade administrativa, com decisão transitada em julgado, enquanto durarem seus efeitos (art. 7º, II, da Lei Orgânica do MPGO), portanto poderá ser candidato ao cargo de procurador-geral de justiça. De igual sorte, também poderá fazer parte do Conselho Superior (art. 19, § 4º, da Lei Orgânica do MPGO). Somente o membro não vitalício do Ministério Público estará sujeito à pena de demissão (art. 200, da Lei Orgânica do MPGO).

RESPOSTA: C).

LEI ORGÂNICA DE MINAS GERAIS

21. (MPMG/2007 / Técnico do MP – Direito) Assinale a alternativa que contempla todo o rol de órgãos de execução do Ministério Público:

a) o Conselho Superior do Ministério Público, os Procuradores de Justiça e os Promotores de Justiça.

b) o Procurador-Geral de Justiça, o Conselho Superior do Ministério Público, os Procuradores de Justiça e os Promotores de Justiça.

c) o Procurador-Geral de Justiça, o Conselho Superior do Ministério Público, os Procuradores de Justiça e os Promotores de Justiça, os Centros de Apoio Operacional e a Comissão de Concurso.

d) o Procurador-Geral de Justiça, o Conselho Superior do Ministério Público, os Procuradores de Justiça e os Promotores de Justiça, os Centros de Apoio Operacional, a Comissão de Concurso e o Centro de Estudos e Aperfeiçoamento Funcional.

► ***Anotações/Comentários***

São órgãos de execução do Ministério Público: a) o Procurador-Geral de Justiça; b) o Conselho Superior do Ministério Público; c) os Procuradores de Justiça; d) os Promotores de Justiça; e e) a Junta Recursal do Programa Estadual de Proteção e Defesa do Consumidor - Jurdecon, conforme estabelece o art. 4º, III, da Lei Orgânica do MPMG.

RESPOSTA: B).

22. (MPMG/2007 / Técnico do MP – Direito) São inelegíveis para o cargo de Procurador-Geral de Justiça os membros do Ministério Público, nas circunstâncias abaixo, EXCETO:

a) estejam respondendo a processo disciplinar administrativo ou cumprindo sanção correspondente.

b) à data da eleição não apresentarem declaração de regularidade dos serviços afetos a seu cargo.

c) estiverem afastados do exercício do cargo para desempenho de função junto a associação de classe.

d) forem condenados por crimes culposos, com decisão transitada em julgado.

► ***Anotações/Comentários***

São inelegíveis para o cargo de Procurador-Geral de Justiça (art. 7º, da Lei Orgânica do MPMG) os membros do Ministério Público que: I- tenham-se afastado do exercício das funções, na forma prevista no art. 142 da Lei Orgânica do MPMG, nos 6 (seis) meses anteriores à data da eleição; II- forem condenados por crimes dolosos (não culposos), com decisão transitada em julgado; III- à data da eleição não apresentarem declaração de regularidade dos serviços afetos a seu cargo; IV- estejam respondendo a processo disciplinar administrativo ou cumprindo sanção correspondente; V- mantenham conduta pública ou particular incompatível com a dignidade do cargo; VI- estiverem afastados do exercício do cargo para desempenho de função junto a associação de classe; VII- estiverem inscritos ou integrarem as listas a que se referem os arts. 94, "caput", e 104, parágrafo único, II, da Constituição Federal, e art. 78, § 3º, da Constituição Estadual.

RESPOSTA: D).

LEI ORGÂNICA DO MATO GROSSO DO SUL

23. (MPEMS/2013 / Técnico de Informática) Compete ao Colégio de Procuradores de Justiça, entre outras atribuições,

a) opinar, a requerimento de qualquer de seus integrantes, sobre matéria de interesse institucional.

b) eleger e destituir, conforme o caso, o Procurador Geral de Justiça e o Corregedor Geral do Ministério Público.

c) decidir originariamente acerca de hipóteses de opção, reintegração, reversão, disponibilidade e aproveitamento de membros do Ministério Público.

d) conceder férias, licenças e afastamentos ao Procurador Geral de Justiça e ao Corregedor Geral do Ministério Público e seu substituto.

e) fazer publicar, anualmente, até o dia 15 de janeiro, os valores do subsídio dos membros do Ministério Público e da remuneração dos cargos de seus servidores.

► ***Anotações/Comentários***

É atribuição do Colégio de Procuradores de Justiça conceder férias, licenças e afastamentos ao Procurador-Geral de Justiça e ao Corregedor-Geral do Ministério Público e seu substituto, conforme estabelece o art. 9º, XII, da Lei Orgânica do MPMS. Eleger e destituir o Corregedor-Geral do Ministério Público, o Corregedor-Geral Substituto e o Ouvidor do Ministério Público, na forma prevista nesta Lei é atribuição do Colégio de Procuradores de Justiça, porém o Procurador-geral de Justiça poderá ser destituído do mandato por deliberação da maioria absoluta dos membros da Assembleia Legislativa, na forma de seu regimento interno, mediante iniciativa do Colégio de Procuradores de Justiça. Também é atribuição do Colégio de Procuradores - opinar, por solicitação do Procurador-Geral de Justiça ou de um quarto de seus integrantes, sobre matéria relativa à autonomia do Ministério Público, bem como sobre outras de interesse institucional (art. 9º, I, da Lei Orgânica do MPMS. Ao Conselho Superior do Ministério Público compete, entre outras, decidir nos casos de opção, reintegração, reversão e aproveitamento de membros do Ministério Público (art. 15, XVI, da Lei Orgânica do MPMS). Trata-se de atribuição do Procurador-Geral de Justiça fazer publicar, anualmente, até o dia 15 de janeiro, os valores do subsídio dos membros do Ministério Público e da remuneração dos cargos de seus servidores (7º, XXVIII, da Lei Orgânica do MPMS).

RESPOSTA: D).

24. (MPMS/2013 / Analista – Direito) A respeito das atribuições administrativas do Procurador-Geral de Justiça, assinale a afirmativa correta.

a) Determina ao Corregedor-Geral a instauração de processo disciplinar contra membro ou servidor do Ministério Público.

b) Avoca processos conduzidos por Promotor ou Procurador de Justiça suspeito ou impedido.

c) Escolhe e nomeia o Corregedor-Geral entre os membros do Ministério Público com mais de dez anos na carreira.

d) Solicita à Ordem dos Advogados do Brasil a indicação de representante para compor a Ouvidoria- Geral.

e) Integra, como membro nato, e preside o Colégio de Procuradores de Justiça, o Conselho Superior do Ministério Público e a Comissão de Concurso.

► ***Anotações/Comentários***

As atribuições do Procurador-Geral de Justiça estão previstas no art. 7º da Lei Orgânica do MPMS, dentre elas, a de *integrar, como membro nato, e presidir o Colégio de Procuradores de Justiça, o Conselho Superior do Ministério Público e a Comissão de Concurso* (inc. II).

RESPOSTA: E).

25. (MPMS/2013/Administrador) Além das funções previstas nas Constituições Federal e Estadual, na Lei Orgânica Nacional do Ministério Público e em outras leis, incumbe, ainda, ao Ministério Público do Estado de Mato Grosso do Sul

a) propor ação de inconstitucionalidade de leis ou atos normativos federais, estaduais ou municipais.

b) promover exclusivamente a ação penal, na forma da lei.

c) promover, concorrentemente com outros legitimados, o inquérito civil para a proteção de direitos difusos.

d) promover ação civil pública para a defesa de direitos individuais disponíveis.

e) interpor recursos ao Supremo Tribunal Federal e ao Superior Tribunal de Justiça.

► ***Anotações/Comentários***

Além das funções previstas nas Constituições Federal e Estadual, na Lei Orgânica Nacional do Ministério Público e em outras leis, incumbe, ainda, ao Ministério Público, entre outras, interpor recursos ao Supremo Tribunal Federal e ao Superior Tribunal de Justiça (art. 26, IX, da Lei Orgânica do MPMS).

RESPOSTA: E).

26. (MPMS/2011 / Promotor de Justiça) Analise as assertivas abaixo. É de competência do Colégio de Procuradores de Justiça:

I - julgar recurso, contra decisão que determinou a remoção, disponibilidade e aposentadoria de membro do Ministério Público, por motivo de interesse público;

II - determinar a remoção, disponibilidade e aposentadoria do membro do Ministério Público, por motivo de interesse público, assegurada a ampla defesa;

III - homologar ou rejeitar os resultados dos concursos de ingresso na carreira;

IV - rever, pelo voto da maioria absoluta de seus integrantes, nos termos do Regimento Interno, mediante requerimento de legítimo interessado, decisão de arquivamento de inquérito policial ou peças de informação determinada pelo Procurador-Geral de Justiça, nos casos de sua atribuição originária;

V - deliberar, em caso de omissão injustificada do Procurador-Geral de Justiça, pela abertura de ingresso quando o número de vagas atingir a um quinto dos cargos iniciais da carreira.

a) todos os itens estão corretos;

b) somente os itens II e IV estão incorretos;

c) somente os itens I e II estão incorretos;

d) somente os itens I e IV estão corretos;

e) todos os itens estão incorretos.

▶ *Anotações/Comentários*

Compete ao Colégio de Procuradores de Justiça, entre outras funções, julgar recurso, nos termos do regimento interno, contra decisão de remoção, disponibilidade e aposentadoria de membro do Ministério Público, por motivo de interesse público (art. 9º, VII, "d", da Lei Orgânica do MPMS),bem como rever, pelo voto da maioria absoluta de seus integrantes, nos termos do Regimento Interno, mediante requerimento de legítimo interessado, decisão de arquivamento de inquérito policial ou peças de informação determinada pelo Procurador-Geral de Justiça, nos casos de sua atribuição originária (art. 9º, X, da Lei Orgânica do MPMS). O Conselho Superior do

Ministério Público possui competência para determinar, por voto da maioria de seus integrantes, a remoção, a disponibilidade ou a aposentadoria de membros do Ministério Público, por interesse público, assegurada ampla defesa (art. 15, XXII, da Lei Orgânica do MPMS), e também para deliberar, em caso de omissão injustificada do Procurador-Geral de Justiça, pela abertura de concurso de ingresso quando o número de vagas atingir a um quinto dos cargos iniciais da carreira (art. 15, II, da Lei Orgânica do MPMS). O Procurador-Geral de Justiça quem possui atribuição para rever, pelo voto da maioria absoluta de seus integrantes, nos termos do Regimento Interno, mediante requerimento de legítimo interessado, decisão de arquivamento de inquérito policial ou peças de informação determinada pelo Procurador-Geral de Justiça, nos casos de sua atribuição originária (art. 9º, X, da Lei Orgânica do MPMS).

RESPOSTA: D).

LEI ORGÂNICA DE PERNAMBUCO

27. (MPPE/2014 / Promotor de Justiça) Nos casos em que atuar, o Promotor de Justiça poderá

a) avaliar documentos médico-legais, quer sejam: notificações, atestados, relatórios e pareceres.

b) solicitar parecer-médico legal, documento em que o médico perito não deverá expor suas convicções científicas e doutrinárias.

c) analisar se o laudo médico-legal foi corretamente ditado ao escrivão de polícia.

d) apreciar se o relatório médico-legal apresenta a descrição correta, visto que a mesma deve conter revisão de literatura metódica, minuciosa e objetiva.

e) verificar no preâmbulo do relatório médico-legal se existe a análise sumária daquilo que os peritos puderam concluir após exame minucioso.

► *Anotações/Comentários*

Segundo o art. 4º, X, da Lei Orgânica do MPPE, incumbe ao MP, além de outras funções exercer, pelo Procurador Geral de Justiça e pelos Promotores de Justiça Criminais, de Execução Penal e de Defesa da Cidadania, o controle externo da atividade policial, por meio de medidas administrativas e judiciais, podendo, inclusive: a) ter livre ingresso em delegacias de polícia, institutos médico legais ou estabelecimentos prisionais; b) ter acesso a quaisquer documentos relativos a atividade de polícia judiciária; c) receber, comunicação da prisão de qualquer pessoa por parte da autoridade policial estadual, no prazo legal com indicação do lugar onde se encontra o preso e cópias dos documentos comprobatórios da prisão; d) acompanhar inquéritos policial e outras investigações junto a organismos policiais civis ou militares, quando assim considerar conveniente a apuração de infrações penais; e) receber cópias dos relatórios anuais elaborados pela polícia judiciária, civil ou militar, quanto à prevenção e repressão à criminalidade; f) ter acesso a cópia de relatório ou boletim de ocorrência lavrados pela Polícia Civil ou pela Polícia Militar; g) requisitar diligências à autoridade competente civil ou militar para instruir procedimentos administrativos de sua competência, na forma desta lei.

RESPOSTA: A).

28. (MPPE/2012 / Analista Ministerial - Ciências Contábeis) Compete ao Sub-Procurador-Geral de Justiça em Assuntos Institucionais, dentre outras atribuições:

a) praticar atos relativos à administração geral e execução orçamentária do Ministério Público.

b) coordenar os serviços das assessorias administrativas.

c) dirigir as atividades funcionais e os serviços técnicos e administrativos.

d) promover a participação e o fortalecimento da sociedade civil no acompanhamento e fiscalização das políticas públicas, administração geral e execução.

e) coordenar os serviços das assessorias técnicas em matéria cível e criminal.

► *Anotações/Comentários*

O art. 11, § 1º, III, da Lei Orgânica do MPPE, prevê que ai Subprocurador-Geral de Justiça em Assuntos Institucionais compete, entre outras funções, promover a participação e o fortalecimento da sociedade civil no acompanhamento e fiscalização das políticas públicas.

RESPOSTA: D).

29. (MPPE/2012 / Técnico Ministerial - Área Administrativa) NÃO é atribuição do Colégio de Procuradores de Justiça:

a) eleger o Corregedor-Geral do Ministério Público.

b) eleger os membros do Ministério Público que, juntamente com o Procurador-Geral de Justiça, membro nato, integrarão a Comissão de Concurso de ingresso na carreira.

c) decidir sobre pedido de revisão de procedimento administrativo disciplinar.

d) elaborar as listas de promoção por antiguidade e merecimento dos membros do Ministério Público.

e) decidir conflito de competência entre os órgãos da Administração Superior do Ministério Público.

► *Anotações/Comentários*

A atribuição do Colégio de Procuradores está prevista no art. 12, da Lei Orgânica do MPPE. É de competência do Conselho Superior do Ministério Público, entre outras, eleger os membros do Ministério Público que, juntamente com o Procurador Geral de Justiça, membro nato, integrarão a Comissão de Concurso de ingresso na carreira (art. 14, III, da Lei Orgânica do MPPE).

RESPOSTA: B).

30. (MPPE/2012 / Técnico Ministerial - Área Administrativa) Sobre as promoções e remoções na carreira do Ministério Público do Estado de Pernambuco, é correto afirmar:

a) Para a permuta e a remoção a pedido exige-se pelo menos dois anos de efetivo exercício no cargo, excetuada, quanto à remoção, a hipótese de nenhum dos interessados preencher esse requisito.

b) Será obrigatória a promoção do Promotor de Justiça que figure por duas vezes consecutivas ou quatro alternadas em listas de merecimento, somente sendo possível a exclusão do mesmo, por voto fundamentado e aberto de dois terços dos integrantes do Conselho.

c) A remoção por permuta depende de pedido conjunto dos pretendentes, só pode ser renovada depois de dois anos e não confere direito à ajuda de custo.

d) É proibida a permuta quando um dos interessados tenha mais de sessenta e cinco anos de idade, ou seja o mais antigo na entrância, ou categoria, ou seja remanescente em lista de promoção por merecimento.

e) A alteração da entrância da Comarca modifica a situação do membro do Ministério Público na carreira.

▶ ***Anotações/Comentários***

O art. 46, § 1º, da Lei Orgânica do MPPE, prevê que: "Para a permuta e a remoção a pedido exige-se pelo menos um ano de efetivo exercício no cargo, excetuada, quanto à remoção, a hipótese de nenhum dos interessados preencher esse requisito."

RESPOSTA: A).

31. (MPPE/2002 / Promotor de Justiça) Em conformidade com a respectiva Lei Orgânica Estadual, o Corregedor Geral do Ministério Público, no Estado de Pernambuco, é eleito

a) por todos os integrantes da carreira, exceto os não vitalícios.
b) pelo Conselho Superior do Ministério Público.
c) pelo Colégio de Procuradores de Justiça
d) pelo órgão Especial do Colégio de Procuradores.
e) por todos integrantes da carreira, inclusive os não vitalícios.

▶ ***Anotações/Comentários***

As atribuições do Colégio de Procuradores de Justiça serão exercidas por Órgão Especial composto por 14 (quatorze) integrantes, na forma de ato expedido pelo Colégio de Procuradores, sendo o Procurador-Geral de Justiça e o Corregedor-Geral do Ministério Público membros natos, conforme estabelece o art. 12-A da Lei Orgânica do MPPE, entre suas funções, está a de eleger o Corregedor-Geral do Ministério Público (art. 12, V, da Lei Orgânica do MPPE).

RESPOSTA: D).

LEI ORGÂNICA DO PIAUI

32. (MPPI/2012 / Nível Médio) O Colégio de Procuradores de Justiça, órgão integrado pelo procurador-geral de justiça, pelo corregedor do MP, como membros natos, e por mais quatro procuradores de justiça, tem a incumbência de fiscalizar e superintender a atuação do MP.

▶ ***Anotações/Comentários***

O Colégio de Procuradores de Justiça será presidido pelo Procurador Geral de Justiça, e é composto por todos os Procuradores de Justiça, cujas competências estão prevista no art. 16 da Lei Orgânica do MPPI.

RESPOSTA: Errado.

LEI ORGÂNICA DE SÃO PAULO

33. (MPSP/2018 / Analista Jurídico) Segundo a Lei Complementar Estadual n° 734/1993, as Promotorias de Justiça poderão ser

a) Criminais, Cíveis, da Infância e Juventude e de Execução Criminal.

b) Especializadas, Criminais, Cíveis, Cumulativas ou Gerais.

c) Gerais, Especializadas, Criminais, Cíveis e Administrativas.

d) Gerais, Criminais, Cíveis, de Atuação Especial e de Execução Criminal.

e) Criminal, Cível, de Execução Criminal, da Infância e Juventude e de Atuação Especial.

► ***Anotações/Comentários***

O art. 47, I, da Lei Orgânica do MPSP, prevê que as Promotorias de Justiça serão organizadas por Ato do Procurador-Geral de Justiça e poderão ser: **I** - as Promotorias de Justiça poderão ser Especializadas, Criminais, Cíveis, Cumulativas ou Gerais.

RESPOSTA: B).

34. (MPSP/2016/ Oficial de Promotoria - Nível Médio) Qualquer pessoa poderá apresentar petições, reclamações ou queixas ao Ministério Público, as quais serão encaminhadas ao órgão ministerial com atribuição para apreciá-las ou a outros órgãos públicos, devendo ser respondidas no prazo improrrogável de 30 (trinta) dias. O Ato Normativo no 664-PGJ-CGMP-CSMP, de 08 de outubro de 2010, determina que, nesses casos, após despacho do Promotor de Justiça, o Oficial de Promotoria deverá

a) comunicar ao interessado o teor da decisão, por meio eletrônico ou por telefone, certificando-se no procedimento.

b) providenciar, por meio de ofício, a remessa dos autos ao Conselho Superior do Ministério Público, arquivando cópia integral para eventual consulta.

c) protocolar a decisão do Promotor de Justiça e restituir o procedimento integralmente ao interessado para análise e deliberação.

d) comunicar ao interessado o teor da decisão, exclusivamente por meio eletrônico, sendo vedado o uso de telefone.

e) providenciar, por meio de ofício, a remessa dos autos ao Conselho Especial, arquivando cópia integral para eventual consulta.

► ***Anotações/Comentários***

O Procurador-Geral de Justiça com fundamento no art. 19, inc. X, alínea "a", e art. 42, inc. XI, da Lei Complementar Estadual n. 734/93, editou o Ato Normativo no 664-PGJ-CGMP-CSMP, de 08 de outubro de 2010, que Regulamenta as funções dos Oficiais de Promotoria nos inquéritos civis e procedimentos preparatórios de inquéritos civis e dá outras providências. Segundo referido ato normativo, conforme art. 14, IV, o Oficial de Promotoria "deverá dispositivo, nas hipóteses do art. 17 do Ato (N) nº 484/06-CPJ, após despacho do Promotor de Justiça, o Oficial de Promotoria deverá comunicar ao interessado o teor da decisão, por meio eletrônico ou por telefone, certificando-se no procedimento."

RESPOSTA: A).

LEI ORGÂNCIA DO RIO GRANDE DO SUL

35. (MPRS/2016 / Promotor de Justiça) Tendo como supedâneo a legislação do Ministério Público do Rio Grande do Sul, no que diz respeito aos órgãos da Administração Superior, assinale a alternativa **INCORRETA**.

a) O Corregedor-Geral será eleito pelo Colégio de Procuradores, dentre os Procuradores de Justiça, para o mandato de 02 (dois) anos, permitida uma recondução.

b) Compete ao Colégio de Procuradores eleger, dentre os seus membros, em votação secreta, os integrantes do Órgão Especial e dar-lhes posse.

c) Compete ao Subprocurador-Geral para Assuntos Jurídicos substituir o Procurador-Geral de Justiça em suas faltas.

d) É vedada a acumulação da função de confiança com a função de integrante do Conselho Superior do Ministério Público.

e) O membro que estiver exercendo mandato no Conselho Nacional de Justiça poderá exercer a função de Corregedor-Geral.

► ***Anotações/Comentários***

O art. 13, § 3º, da Lei Orgânica do MPRS, prevê que: "Não poderá exercer a função de Corregedor-Geral do Ministério Público o membro que estiver exercendo mandato no Conselho Nacional do Ministério Público e no Conselho Nacional de Justiça.". O Corregedor-Geral do Ministério Público será eleito pelo Colégio de Procuradores, dentre os Procuradores de Justiça, para mandato de 2 (dois) anos, permitida uma recondução, observado o mesmo procedimento (art. 13, da Lei Orgânica do MPRS) Ao Colégio de Procuradores de Justiça, presidido pelo Procurador-Geral de Justiça e composto por todos os Procuradores de Justiça em exercício do cargo, compete, entre outras, - eleger, dentre seus membros, em votação secreta, os integrantes do Órgão Especial e dar-lhes posse (art. 8º, VII, da Lei Orgânica do MPRS). Ao Subprocurador-Geral de Justiça para Assuntos Jurídicos compete, entre outras funções, substituir o Procurador-Geral em suas faltas (art. 17, § 1º, I, da Lei Orgânica do MPRS). É vedada a acumulação do exercício de função de confiança com a função de integrante do Conselho Superior do Ministério Público (art. 11, § 8º, II, da Lei Orgânica do MPRS).

RESPOSTA: E).

36. (MPRS/2012 / Técnico de Nível Superior - Tecnologia da Informação) Abaixo, no bloco superior, estão listados cinco órgãos do Ministério Público; no inferior, as respectivas definições e atribuições desses órgãos. Associe o órgão do Ministério Público com suas respectivas definições e atribuições.

1. Corregedoria-Geral do Ministério Público
2. Centro de Apoio Operacional
3. Órgão Especial do Colégio de Procuradores de Justiça
4. Colégio de Procuradores de Justiça
5. Conselho Superior do Ministério Público

( ) Órgão da Administração Superior do Ministério Público com atribuição de fiscalizar e superintender a atuação do Ministério Público, bem como a de velar pelos seus princípios institucionais, compondo-se do Procurador-Geral de Justiça, seu Presidente, do Corregedor-Geral do Ministério Público, estes membros natos, e de nove Procuradores de Justiça que não estejam afastados da carreira.

( ) Órgão da Administração Superior do Ministério Público a quem compete eleger o Corregedor-Geral do Ministério Público.

( ) Órgão composto pelos doze (12) Procuradores de Justiça mais antigos no cargo e por doze (12) Procuradores de Justiça eleitos pelos demais, além do Procurador-Geral de Justiça e do Corregedor-Geral do Ministério Público, estes dois (02) últimos membros natos.

( ) Órgão auxiliar da atividade funcional do Ministério Público, a que compete, entre outras atribuições, estimular a integração e o intercâmbio entre órgãos de execução que atuem na mesma área de atividade e que tenham atribuições comuns.

( ) Órgão da Administração Superior do Ministério Público com atribuição de orientar e fiscalizar as atividades funcionais e da conduta dos membros, bem como a de fazer recomendações, sem caráter vinculativo, a órgão de execução.

A sequência correta de preenchimento dos parênteses, de cima para baixo, é

a) 4 – 2 – 3 – 5 – 1.

b) 3 – 5 – 4 – 2 – 1.

c) 4 – 3 – 5 – 1 – 2.

d) 5 – 4 – 3 – 2 – 1.

e) 1 – 5 – 3 – 2 – 4.

▶ *Anotações/Comentários*

Prevê o art. 11 da Lei Orgânica do MPRS que: "O Conselho Superior do Ministério Público, com atribuição de fiscalizar e superintender a atuação do Ministério Público, bem como a de velar pelos seus princípios institucionais, compõe-se do Procurador-Geral de Justiça, seu Presidente, do Corregedor-Geral do Ministério Público, estes membros natos, e de nove Procuradores de Justiça que não estejam afastados da carreira.". Compete ao Colégio de Procuradores eleger o Corregedor-Geral do Ministério Público (art. 8º, V, da Lei Orgânica do MPRS). O Órgão Especial do Colégio de Procuradores será composto pelos doze Procuradores de Justiça mais antigos no cargo e por doze Procuradores de Justiça eleitos pelos demais, para um mandato de dois anos, além do Procurador-Geral de Justiça, seu Presidente, que terá voto qualificado, e do Corregedor-Geral do Ministério Público, estes membros natos, conforme preceitua o art. 10, Lei Orgânica do MPRS. Os Centros de Apoio Operacional são órgãos auxiliares da atividade funcional do Ministério Público, instituídos por ato do Procurador-Geral de Justiça, competindo-lhes, entre outras, estimular a integração e o intercâmbio entre órgãos de execução que atuem na mesma área de atividade e que tenham atribuições comuns (art. 36, I, da Lei Orgânica do MPRS. A Corregedoria-Geral do Ministério Público é órgão orientador e fiscalizador das atividades funcionais e da conduta dos membros do Ministério Público, incumbindo-lhe, dentre outras atribuições, fazer recomendações, sem caráter vinculativo, a órgão de execução (art. 14, IV, da Lei Orgânica do MPRS).

RESPOSTA: D).

37. (MPRS/2015 / Assessor de Docência) São Órgãos de Execução do Ministério Público dos Estados, **EXCETO**

a) os Promotores de Justiça.

b) o Corregedor-Geral do Ministério Público

c) o Conselho Superior do Ministério Público.

d) os Procuradores de Justiça.

e) o Procurador-Geral de Justiça.

► ***Anotações/Comentários***

São Órgãos de Execução do Ministério Público, de acordo com o art. 3º, § 3º, da Lei Orgânica do MPRS: I - o Procurador-Geral de Justiça; II - o Conselho Superior do Ministério Público; III - os Procuradores de Justiça; e IV - os Promotores de Justiça.

RESPOSTA: B).

38. (MPRS/2015 / Assessor de Docência) Constituem prerrogativas do cargo de membro do Ministério Público, **EXCETO**

a) ser processado e julgado pelo Juiz da Comarca onde exerce as suas funções.

b) receber intimação pessoal em qualquer processo e grau de jurisdição, através da entrega dos autos com vista.

c) ser ouvido, como testemunha, em qualquer processo judicial, em dia, hora e local previamente ajustados com o Juiz.

d) ter acesso ao indiciado preso, a qualquer momento, mesmo quando decretada a sua incomunicabilidade.

e) ingressar e transitar livremente nas salas de sessões de Tribunais, mesmo além do limite que separam a parte reservada aos Magistrados.

► ***Anotações/Comentários***

Entre as prerrogativas está ser processado e julgado originariamente pelo Tribunal de Justiça do Estado, nos crimes comuns e de responsabilidade, ressalvadas exceções de ordem constitucional, conforme previsão do art. 35, XVI, da Lei Orgânica do MPRS. As prerrogativas dos membros do Ministério Público estão previstas no art. 35 da Lei Orgânica do MPRS.

RESPOSTA: A).

39. (MPRS/2015 / Assessor de Docência) Assinale a alternativa que apresenta uma afirmação correta em relação ao Ministério Público do Estado do Rio Grande do Sul.

a) As Promotorias de Justiça são órgãos da Administração Superior do Ministério Público.

b) As atribuições das Promotorias de Justiça e dos cargos de Promotores de Justiça que as integram serão fixadas mediante proposta do Procurador-Geral de Justiça aprovada pelo Conselho Superior do Ministério Público.

c) As Promotorias de Justiça poderão ser judiciais ou extrajudiciais, especializadas, gerais ou cumulativas, locais, regionais ou itinerantes.

d) A divisão interna, a exclusão, a inclusão ou outra modificação nas atribuições das Promotorias de Justiça ou dos cargos de Promotores de Justiça que as integram serão efetuadas mediante proposta do Procurador-Geral de Justiça, aprovada, por maioria de dois terços, pelo Conselho Superior do Ministério Público.

e) O Órgão Especial do Colégio de Procuradores poderá, com a concordância do Promotor de Justiça titular, por ato fundamentado e por maioria absoluta, designar outro Promotor de Justiça para funcionar em determinado feito, de atribuição daquele.

► ***Anotações/Comentários***

As Promotorias de Justiça, segundo previsão do art. 23, § 1º, da Lei Orgânica do MPRS, poderão ser judiciais ou extrajudiciais, especializadas, gerais ou cumulativas, locais, regionais ou itinerantes. As Promotorias de Justiça são órgãos de Administração do Ministério Público, conforme o art. 3º, § 2º, II, da Lei Orgânica do MPRS. A constituição e as atribuições das Procuradorias de Justiça e dos cargos de Procuradores de Justiça serão fixadas mediante proposta do Procurador-Geral de Justiça, aprovada pelo Órgão Especial do Colégio de Procuradores, com voto da maioria absoluta de seus integrantes, que deverá conter a denominação das Procuradorias de acordo com a respectiva área de atuação, o número de cargos de Procuradores de Justiça que as integrarão e normas de organização interna e de funcionamento (art. 21, § 1º, da Lei Orgânica do MPRS). A exclusão, inclusão ou outra modificação na constituição ou nas atribuições das Procuradorias de Justiça ou dos cargos de Procuradores de Justiça serão fixadas mediante proposta do Procurador-Geral de Justiça, aprovada pelo Órgão Especial do Colégio de Procuradores, com voto da maioria absoluta de seus integrantes (art. 21, §

2º, da Lei Orgânica do MPRS). O Procurador-Geral de Justiça poderá, com a concordância do Promotor de Justiça titular, por ato fundamentado, designar outro Promotor de Justiça para funcionar em feito determinado, de atribuição daquele (art. 23, § 5º, da Lei Orgânica do MPRS).

RESPOSTA: C).

40. (MPRS/2013 / Agente Administrativo) Considere as seguintes afirmações.

I. Na ausência de Promotor de Justiça de carreira, é permitida a nomeação de promotor *ad hoc*.

II. Os Promotores de Justiça atuarão nas comarcas do Estado, sendo vedado exercer suas funções em mais de uma comarca.

III. A Procuradoria de Fundações é dirigida por um Procurador de Justiça escolhido livremente pelo Procurador-Geral, competindo-lhe a elaboração de pareceres pertinentes a qualquer assunto sobre fundações.

Quais estão corretas?

a) Apenas I.

b) Apenas II.

c) Apenas III.

d) Apenas I e II.

e) Apenas II e III.

► ***Anotações/Comentários***

À Procuradoria de Fundações, dirigida por um Procurador de Justiça escolhido livremente pelo Procurador-Geral, segundo previsão do art. 19 da Lei Orgânica do MPRS, possuindo competência, para entre outras funções, a elaboração de pareceres pertinentes a qualquer assunto sobre fundações. É vedado o exercício das funções do Ministério Público a pessoas a ele estranhas, sob pena de nulidade do ato praticado, conforme previsão do art. 25, parágrafo único da LONMP. É possível que os Promotores de Justiça atuem, sob designação, no exercício de mais de uma Comarca.

RESPOSTA: C).

41. (MPRS/2012 / Técnico de Informática) O Conselho Superior do Ministério Público do Estado do Rio Grande do Sul, com atribuição de fiscalizar e superintender a atuação do Ministério Público, bem como a de velar pelos seus princípios institucionais, é composto pelo Procurador-Geral de Justiça, pelo Corregedor-Geral do Ministério Público e

a) por nove Procuradores de Justiça.

b) por cinco Procuradores de Justiça e por quatro Promotores de Justiça.

c) por oito Procuradores de Justiça e por um Promotor de Justiça.

d) por nove membros eleitos, entre Promotores e Procuradores, pelo Colégio de Procuradores de Justiça.

e) por nove membros do Ministério Público eleitos pela Classe.

► ***Anotações/Comentários***

O Conselho Superior do Ministério Público, com atribuição de fiscalizar e superintender a atuação do Ministério Público, bem como a de velar pelos seus princípios institucionais, compõe-se do Procurador-Geral de Justiça, seu Presidente, do Corregedor-Geral do Ministério Público, estes membros natos, e de nove Procuradores de Justiça que não estejam afastados da carreira (art. 11, da Lei Orgânica do MPRS).

RESPOSTA: A).

42. (MPRS/2012 / Técnico de Informática) Assinale com **V** (verdadeiro) ou com **F** (falso) as afirmações abaixo, relativas ao Ministério Público.

( ) O Procurador-Geral de Justiça é o chefe do Ministério Público, cabendo-lhe representá-lo judicial e extrajudicialmente.

( ) O Conselho Superior do Ministério Público terá como membros natos o Corregedor-Geral de Justiça e os Procuradores de Justiça.

( ) Os estagiários do Ministério Público, auxiliares das Promotorias de Justiça, serão designados pelo Procurador-Geral de Justiça.

( ) A destituição do Procurador-Geral da República, por iniciativa do Presidente da República, deverá ser precedida de autorização da maioria simples do Senado Federal.

A sequência correta de preenchimento dos parênteses, de cima para baixo, é

a) V – V – F – F.

b) V – F – V – F.

c) F – V – V – F.

d) F – V – F – V.

e) F – F – V – F.

► ***Anotações/Comentários***

O Procurador-Geral de Justiça é o chefe do Ministério Público, representando-o judicial e extrajudicialmente (art. 25, I, da Lei Orgânica do MPRS).

O Conselho Superior do Ministério Público, com atribuição de fiscalizar e superintender a atuação do Ministério Público, bem como a de velar pelos seus princípios institucionais, compõe-se do Procurador-Geral de Justiça, seu Presidente, do Corregedor-Geral do Ministério Público, estes membros natos, e de nove Procuradores de Justiça que não estejam afastados da carreira (art. 11, da Lei Orgânica do MPRS). Os estagiários do Ministério Público, auxiliares das Promotorias de Justiça (art. 3º, § 4º, IX, da Lei Orgânica do MPRS) serão designados pelo Procurador-Geral de Justiça (art. 25, XI, "g", da Lei Orgânica do MPRS). A destituição do Procurador-Geral de Justiça, por iniciativa do Colégio de Procuradores, deverá ser precedida de autorização de um terço dos membros da Assembleia Legislativa, de acordo com o que prevê o art. art. 9º, § 2º, da LONMP.

RESPOSTA: B).

43. (MPRS/2010 / Agente Administrativo) São elegíveis ao Cargo de Procurador-Geral de Justiça do Rio Grande do Sul, dentre outros, os membros do Ministério Público que

a) se encontrem afastados da carreira.

b) estiverem aposentados.

c) tiverem sido condenados a pena disciplinar, desde que já reabilitados.

d) tiverem sido condenados por crimes dolosos, com decisão transitada em julgado.

e) apresentarem sua candidatura à Comissão Eleitoral até 90 (noventa) dias antes da eleição.

► *Anotações/Comentários*

São inelegíveis os membros do Ministério Público, de acordo com o que prevê o art. 4º, § 9º, da Lei Orgânica do MPRS, que: I - aposentados ou quem, por qualquer modo, se encontre afastado da carreira; II - tiverem sido condenados por crimes dolosos, com decisão transitada em julgado; III - tiverem sido condenados a pena disciplinar e desde que não reabilitados; e IV - estiverem inscritos ou integrarem as listas a que se referem os artigos 94, "caput", e 104, parágrafo único, inciso II, da Constituição Federal.

RESPOSTA: C).

44. (MPRS/2008 / Administrador) Determinar as medidas necessárias à verificação da incapacidade física, mental ou moral dos membros e servidores do Ministério Público, bem como a instauração de sindicância ou processo administrativo para apurar as faltas funcionais dos servidores do Ministério Público, incluem-se na competência do

a) Corregedor-Geral do Ministério Público.

b) Procurador-Geral de Justiça.

c) Subprocurador-Geral de Justiça para Assuntos Institucionais.

d) Conselho Superior do Ministério Público.

e) Colégio de Procuradores de Justiça.

► ***Anotações/Comentários***

Compete ao Procurador-Geral de Justiça, conforme previsão do art. 25 da Lei Orgânica do MPRS, entre outras funções, determinar as medidas necessárias à verificação da incapacidade física, mental ou moral dos membros e servidores do Ministério Público e a instauração de sindicância ou processo administrativo para apurar as faltas funcionais dos servidores do Ministério Público.

RESPOSTA: B).

LEI ORGÂNICA DA PARAÍBA

45. (MPPB/ 2015 / Auditor) Mario, 40 anos de idade, é membro do Ministério Público há 11 anos exercendo a função de Promotor de Justiça. Ele almeja exercer o cargo de Procurador-Geral de Justiça ainda este ano. Neste caso, de acordo com a Lei Orgânica do Ministério Público da Paraíba, Mario

a) não poderá se candidatar a eleição para a lista tríplice porque não possui quinze anos de efetivo exercício, tempo mínimo necessário exigido pela referida Lei Orgânica.

b) poderá se candidatar a eleição para a lista tríplice, eleição esta que far-se-á mediante voto plurinominal e secreto de todos os integrantes da carreira, vedado o voto postal ou por procuração.

c) não poderá se candidatar a eleição para a lista tríplice porque não possui quarenta e cinco anos, idade mínima exigida pela referida Lei Orgânica.

d) poderá se candidatar a eleição para a lista tríplice, eleição esta que far-se-á mediante voto plurinominal e aberto de todos os integrantes da carreira, vedado o voto postal ou por procuração.

e) poderá se candidatar a eleição para a lista tríplice, eleição esta que far-se-á mediante voto plurinominal e aberto de todos os integrantes da carreira, permitido o voto postal ou por procuração.

► ***Anotações/Comentários***

O Procurador-Geral de Justiça será nomeado pelo Governador do Estado, dentre membros do Ministério Público em exercício há, pelo menos, cinco anos, maiores de trinta anos de idade e constantes de lista tríplice, escolhida pelos integrantes da carreira, para um mandato de dois anos, permitida uma recondução pelo mesmo processo. Segundo prevê o art. 6º, **§ 2º**, da Lei Orgânica do MPPB: "A eleição da lista tríplice far-se-á mediante voto plurinominal e secreto de todos os integrantes da carreira, vedado o voto postal ou por procuração.".

RESPOSTA: B).

46. (MPPB/ 2010 / Promotor de Justiça) Sobre as proposições abaixo, assinale a alternativa correta:

I - Considerando a sua autonomia financeira, a proposta orçamentária do Ministério Público será por ele elaborada, respeitando-se os limites impostos pela LDO (Lei de Diretrizes Orçamentárias), sendo, em seguida, encaminhada ao Governo do Estado para efeito de sua homologação imediata.

II - Os recursos referentes às dotações orçamentárias do Ministério Público serão repassados pelo Poder Executivo, até o dia 20 (vinte) de cada mês, de acordo com as indicações da Proposta Orçamentária e desde já estabelecendo as vinculações a que corresponderão.

III - Além de dispor dos recursos repassados pelo Estado para sua administração, poderá o Ministério Público gerar recursos próprios, de cuja totalidade, em compensação, disporá 20% ao Tesouro Estadual.

a) Somente I e III estão corretas.

b) Somente I e II estão corretas.

c) Somente II e III estão corretas.

d) Todas as proposições estão corretas.

e) Todas as proposições estão erradas.

► ***Anotações/Comentários***

Prevê o art. 3º, *caput*, da Lei Orgânica do MPPB: "O Ministério Público elaborará a sua proposta orçamentária dentro dos limites estabelecidos na Lei de Diretrizes Orçamentárias, encaminhando-a diretamente ao Governador do Estado, que a submeterá ao Poder Legislativo.". O art. 3º, **§ 4º**, da Lei Orgânica do MPPB estabelece que: "Os recursos correspondentes às suas dotações orçamentárias próprias e globais, compreendidos os créditos suplementares e especiais, ser-lhe-ão entregues até o dia 20 de cada mês, em duodécimos, sem vinculação a qualquer tipo de despesa.". O art. 3º, **§ 5º**, da Lei Orgânica do MPPB prevê que: "Os recursos próprios, não originários do Tesouro Estadual, serão utilizados em programas vinculados aos fins da Instituição, vedada outra destinação.".

RESPOSTA: E).

47. (MPPB/ 2010 / Promotor de Justiça) Analise as assertivas abaixo, assinalando a alternativa correta:

I - Enquanto órgão de execução, cabe ao Colégio de Procuradores regulamentar a eleição para o cargo de Procurador-Geral de Justiça.

II - Havendo vacância do cargo de Procurador-Geral de Justiça, durante o mandato, caberá ao Procurador de Justiça mais antigo na categoria, assumir, de imediato, a administração do Ministério Público, pelo período que restar, e providenciando-se, nos últimos 30 (trinta) dias, nova eleição.

III - O Procurador-Geral de Justiça que responder à ação penal por crime inafiançável ficará suspenso de suas funções, pelo período de 120 (cento e vinte) dias, contados a partir do recebimento da denúncia.

a) Apenas I e III são corretas.

b) Apenas II e III corretas.

c) Apenas I e II são incorretas.

d) I, II e III são incorretas.

e) I, II e III são corretas.

▶ ***Anotações/Comentários***

O Procurador-Geral de Justiça ficará afastado de suas funções em caso de cometimento de infração penal inafiançável, desde o recebimento pelo Tribunal de Justiça da denúncia ou queixa-crime, pelo prazo de até 120 dias, cessando, assim, afastamento, sem prejuízo do regular prosseguimento do processo (art. 13, I, da Lei Orgânica do MPPB). O art. 9º, da Lei Orgânica do MPPB, prevê que: "Ocorrendo vacância, durante ou após o mandato, assumirá, imediatamente, o Procurador de Justiça mais antigo, o qual convocará eleições na forma estabelecida no art. 6º desta Lei, no prazo de cinco dias, para elaboração da lista tríplice e escolha do Procurador-Geral de

Justiça.". O art. 6º, § 4º, da Lei Orgânica do MPPB, Resolução do Colégio de Procuradores de Justiça, órgão de Administração Superior do Ministério Público, instituirá comissão eleitoral e disporá sobre a regulamentação da eleição que deverá ocorrer trinta dias antes do término do mandato do Procurador-Geral de Justiça.

RESPOSTA: C

48. (MPPB/ 2010 / Promotor de Justiça) São atribuições do Colégio de Procuradores, exceto:

a) Aprovar a proposta orçamentária anual do Ministério Público.

b) Deliberar sobre pedidos de reingresso de membros do Ministério Público.

c) Eleger o Corregedor-Geral do Ministério Público.

d) Julgar recurso, com efeito suspensivo, contra decisão proferida em reclamação sobre o quadro geral de antiguidade.

e) Elaborar o regulamento e as normas do concurso de ingresso na carreira.

► *Anotações/Comentários*

As atribuições do Colégio de Procuradores estão previstas no art. 16 da Lei Orgânica do MPPB.

RESPOSTA:

49. (MPPB/ 2010 / Promotor de Justiça) Sobre as penas disciplinares, cabíveis aos membros do Ministério Público, julgue as assertivas abaixo e indique a alternativa correta:

I - Ao membro do Ministério Público não vitalício é aplicada a pena de demissão, enquanto que a pena de disponibilidade é própria do membro efetivo.

II - A pena de suspensão não ultrapassará 120 (cento e vinte) dias.

III - A disponibilidade punitiva tem por consequência a perda da metade dos vencimentos do membro do Ministério Público.

a) Somente I e II estão corretas.

b) Somente II e III estão erradas.

c) Somente I e III estão erradas.

d) Todas as assertivas estão erradas.

e) Todas as assertivas estão corretas.

► ***Anotações/Comentários***

A pena de demissão será aplicada somente ao membro do Ministério Público não vitalício (art. 194 da Lei Orgânica do MPPB), enquanto a pena de disponibilidade é própria do membro efetivo (art. 195 da Lei Orgânica do MPPB). A pena de suspensão não ultrapassará 120 (cento e vinte) dias, conforme art. art. 192, II, da Lei Orgânica do MPPB. O item III foi elaborado antes da alteração da Lei Complementar. Atualmente, de acordo com o art. 195, parágrafo único da Lei Orgânica do MPPB, as penas de disponibilidade ou de aposentadoria compulsória importam em perda dos direitos inerentes ao exercício do cargo, assegurando-se a percepção do subsídio ou dos proventos, em ambos os casos, proporcionais ao tempo de contribuição. (Redação dada pela LC nº 128/2015, publicada no DOE de 31.03.2015).

RESPOSTA: E).

50. (MPPB/ 2010 / Promotor de Justiça) Julgue as assertivas abaixo e indique a alternativa correta:

I - Cabe aos Procuradores de Justiça encaminhar relatório, à Corregedoria Geral do Ministério Público, sobre as inspeções permanentes dos serviços dos Promotores de Justiça, nos autos em que oficiem.

II - É de responsabilidade do Procurador Geral de Justiça apresentar proposta, para aprovação do Colégio de Procuradores de Justiça, sobre a fixação das atribuições das Promotorias de Justiça e dos cargos de Promotores de Justiça que as integram.

III - Cabe ao Coordenador de Promotorias de Justiça a atribuição de nomear os auxiliares administrativos indicados pelo Procurador Geral de Justiça a atuarem na sua área de coordenação.

a) Apenas II e III são verdadeiras.

b) Apenas I e II são verdadeiras.

c) Apenas I e III são verdadeiras.

d) Todas as assertivas são verdadeiras.

e) Nenhuma assertiva é verdadeira.

► ***Anotações/Comentários***

O art. 34, I, da Lei Orgânica do MPPB, prevê que nas Promotorias de Justiça com mais de um cargo de Promotor de Justiça, haverá um coordenador e seu substituto, designado, a cada ano, pelo Procurador-Geral de Justiça, ouvido o Conselho Superior do Ministério Público, com a atribuição, entre outras, dar posse aos auxiliares administrativos nomeados pelo Procurador-Geral de Justiça. O art. 179, da Lei Orgânica do MPPB, prevê que: "A inspeção permanente será procedida pelos Procuradores de Justiça ao examinar os autos em que devam oficiar.". **O art. 33, § 2º, da** Lei Orgânica do MPPB, estabelece que: "As atribuições das Promotorias de Justiça e dos cargos de Promotor de Justiça que as integram serão fixadas por Resolução do Colégio de Procuradores de Justiça, mediante proposta do Procurador-Geral de Justiça.".

RESPOSTA: B

LEI ORGÂNICA DO PARÁ

51. (MPPA/2012 / Analista Jurídico) A prescrição da punibilidade da infração disciplinar ocorre;

a) em cinco anos, se a infração não for sujeita às penas de perda do cargo ou de cassação da aposentadoria; em dois anos, se a infração for sujeita às penas de perda do cargo ou de cassação da aposentadoria.

b) em dois anos, se a infração não for sujeita às penas de perda do cargo ou de cassação da aposentadoria; em cinco anos, se a infração for sujeita às penas de perda do cargo ou de cassação da aposentadoria.

c) em dois anos, se a infração for sujeita às penas de perda do cargo ou de cassação da aposentadoria; em cinco anos, se a infração for sujeita às penas de perda do cargo ou de cassação da aposentadoria.

d) em dois anos, se a infração for sujeita às penas de perda do cargo ou de cassação da aposentadoria; em cinco anos, se a infração não for sujeita às penas de perda do cargo ou de cassação da aposentadoria.

► ***Anotações/Comentários***

Segundo o art. 181 da Lei Orgânica do MPPA, A prescrição da punibilidade da infração disciplinar ocorre: I - em dois anos, se a infração não for sujeita às penas de perda do cargo ou de cassação da aposentadoria; e II - em cinco anos, se a infração for sujeita às penas de perda do cargo ou de cassação da aposentadoria.

RESPOSTA: B).

52. (MPPA/2012 / Analista Jurídico O Procurador-Geral de Justiça é nomeado pelo ________ dentre os integrantes do Colégio de Procuradores de Justiça com mais de ________ anos de idade, mediante lista tríplice elaborada na forma de Lei Complementar para mandato de ________, permitida uma recondução, observado o mesmo procedimento. - As expressões que completam corretamente as lacunas acima são, respectivamente,

a) Chefe do poder executivo, trinta e cinco, um ano.

b) Chefe do poder executivo, vinte e um, dois anos.

c) Chefe do poder executivo, trinta e cinco, dois anos.

d) Chefe do poder executivo, sessenta, um ano.

▶ ***Anotações/Comentários***

A questão foi elaborada anteriormente a alteração da Lei Complementar em 2014. Dispõe o atual art. 10 da Lei Orgânica do MPPA: "O Procurador-Geral de Justiça é nomeado pelo Chefe do Poder Executivo, dentre os integrantes da carreira do Ministério Público maiores de trinta e cinco anos e com, no mínimo, dez anos de exercício, mediante lista tríplice elaborada na forma desta Lei Complementar, para mandato de dois anos, permitida uma recondução, observado, neste caso, o mesmo procedimento.

RESPOSTA: C).

53. ((MPPA/2012 / Analista Jurídico) O(A) ________, órgão da Administração Superior e de Execução do Ministério Público, é constituído pelo Procurador-Geral de Justiça e pelo Corregedor-Geral do Ministério Público, como membros ________, e por mais um sexto dos Procuradores de Justiça, como membros ________. - As expressões que completam corretamente as lacunas acima são, respectivamente;

a) Conselho Superior, efetivos, natos.

b) Corregedoria-Geral do Ministério Público, efetivos, natos

c) Corregedoria-Geral do Ministério Público, natos, efetivos.

d) Conselho Superior, natos, efetivos.

▶ ***Anotações/Comentários***

O art. 24 da Lei Orgânica do MPPA, prevê que: "O Conselho Superior, órgão da Administração Superior e de Execução do Ministério Público, é constituído pelo Procurador-Geral de Justiça e pelo Corregedor-Geral do Ministério Público, como membros natos, e por mais um sexto dos Procuradores de Justiça, como membros efetivos, eleitos na forma desta Lei Complementar.".

RESPOSTA: D).

LEI ORGÂNICA DO PARANÁ

54. (MPPR/2012 / Promotor de Justiça) Sobre responsabilidade funcional de membros do Ministério Público do Paraná, assinale a alternativa incorreta:

a) O ajuizamento, pelo Procurador-Geral de Justiça, de ação civil para perda do cargo de membro do Ministério Público, deverá ser precedido de autorização do Colégio de Procuradores;

b) Compete ao Procurador-Geral de Justiça a decisão de afastamento preventivo de membro do Ministério Público, do exercício de suas funções, no curso de processo administrativo disciplinar, sendo o Colégio de Procuradores o órgão revisor desta decisão;

c) A sanção de remoção compulsória pressupõe inobservância às vedações legais, tais como o exercício do comércio ou de atividade político partidária, e deve ser aplicada em sede de processo administrativo-disciplinar;

d) Mediante decisão do Conselho Superior do Ministério Público, e se recomendável ao interesse público, a sanção administrativa de disponibilidade com subsídios proporcionais pode ser aplicada, ao final de processo administrativo-discipinar, ao membro do Ministério Público que esteja respondendo a ação penal pelo mesmo fato;

e) A responsabilização administrativo-funcional do membro do Ministério Público, em sede de processo administrativo-disciplinar, por ato praticado no exercício de suas funções, não afasta a possibilidade de sua paralela responsabilização, por prática de atos de improbidade administrativa.

► *Anotações/Comentários*

O art. 114 da Lei Orgânica do MPPR estabelece que: "Antes de apreciar os pedidos, ou inexistindo candidatos a remoção, o Conselho Superior do Ministério Público, mediante representação do Procurador-Geral de Justiça, poderá, pelo voto de dois terços de seus membros, prover a vaga, através de remoção compulsória.". O art. 150, **§ 2º,** da Lei Orgânica do MPPR: "A ação civil para decretação da perda do cargo será proposta pelo Procurador-Geral de Justiça perante o Tribunal de Justiça, após autorização do Colégio de Procuradores de Justiça, na forma desta Lei.". O art. 178 da Lei Orgânica do MPPR, incumbe ao Procurador-Geral de Justiça a decisão, fundamentada, do afastamento preventivo do indiciado sem prejuízo de seu subsídio e demais vantagens pecuniárias, quando sua permanência for inconveniente ao serviço ou prejudicial à apuração dos fatos, hipótese em que é possível recurso ao Colégio de Procuradores (art. 186, I, da Lei Orgânica do MPPR). É possível que seja aplicada, segundo o art. 164, VI, da Lei Orgânica do MPPR, a sanção de disponibilidade com subsídio proporcional, no curso de ação penal ou ação civil de perda do cargo, sempre que o recomendar o interesse público, mediante decisão do Conselho Superior, em processo administrativo, pelo voto de 2/3 (dois terços) de seus membros, assegurada ampla defesa. A sanção administrativa suportada pelo membro do Ministério Público não exclui outras responsabilidades, incluindo atos de improbidade administrativa, em razão do princípio da independência das instâncias (art. 12 da Lei de Improbidade Administrativa).

RESPOSTA: C).

---

55. (MPPR/2012 / Promotor de Justiça) Sobre organização administrativa do Ministério Público, assinale a alternativa **correta:**

a) O Colégio de Procuradores é órgão competente para decidir processo administrativo-disciplinar instaurado contra Procuradores de Justiça e para, em grau de recurso, dedicir sobre vitaliciamento, ou não, de membro do Ministério Público;

b) Compete ao Conselho Superior do Ministério Público rever decisão de arquivamento de inquérito policial ou de procedimento investigatório criminal, nos casos de competência originária do Procurador-Geral de Justiça;

c) O Conselho Superior do Ministério Público é composto pelo Procurador-Geral de Justiça e pelo Corregedor-Geral do Ministério Público, como membros natos, e por 7 (sete) outros Procuradores de Justiça, eleitos pelo Colégio de Procuradores;

d) É inelegível ao cargo de Procurador-Geral de Justiça o membro do Ministério Público que esteja respondendo a processo administrativo-disciplinar por falta funcional punível, no mínimo, com suspensão;

e) A proposição de destituição do Procurador-Geral de Justiça, por parte do Colégio de Procuradores à Assembleia Legislativa, depende de prévia autorização do Conselho Superior do Ministério Público.

► *Anotações/Comentários*

O Colégio de Procuradores é órgão competente para decidir processo administrativo-disciplinar instaurado contra Procuradores de Justiça (art. 23, XIII, da Lei Orgânica do MPPR) e para, em grau de recurso, dedicir sobre vitaliciamento, ou não, de membro do Ministério Público (art. 23, XII, "a", da Lei Orgânica do MPPR). É competência do Colégio de Procuradores rever, mediante requerimento de legítimo interessado e nos termos do Regimento Interno, decisão de arquivamento de inquérito civil, policial ou peças de informação determinada pelo Procurador- Geral de Justiça, nos casos de sua atribuição originária, homologando a promoção de arquivamento ou designando, desde logo, outro agente do Ministério Público para ajuizamento da ação (art. 23, XI, da Lei Orgânica do MPPR). O Conselho Superior do Ministério Público, integrado pelo Procurador-Geral de Justiça, pelo Corregedor-Geral do Ministério Público e por mais sete Procuradores de Justiça não afastados da carreira, eleitos anualmente, mediante voto plurinominal, pelo voto direto de todos os membros da Instituição em eleição realizada preferencialmente por meio eletrônico, via internet, por canal de acesso restrito e seguro, pelo sítio eletrônico oficial da Instituição. (art. 28, da Lei Orgânica do MPPR). É inelegível ao cargo de Procurador-Geral de Justiça o membro do Ministério Público que: **I** - se encontre em estágio probatório; **II** - tenha sofrido sanção disciplinar, salvo advertência e multa, nos últimos cinco anos, contados da data do trânsito em julgado da decisão administrativa; **III** - responda a processo administrativo suscetível de lhe acarretar sanção disciplinar, salvo advertência e multa; **IV** - tenha sido condenado ou responda a processo por crime doloso, salvo se já reabilitado; **V** - estiver exercendo mandato ou função no Conselho Nacional do Ministério Público ou no Conselho Nacional de Justiça; **VI** - exerça ou tenha exercido mandato de Corregedor-Geral e de Ouvidor do Ministério Público, no período de até dois anos antes da data da eleição ou que, dentro do mesmo prazo, tenha se afastado do exercício de suas funções para exercer função não privativa de membro de Ministério Público; e **VII** - exerça ou tenha exercido mandato de presidente de associação de classe no período de até dois anos da data da eleição. A proposta de destituição será do Colégio de Procuradores (art. 18I, **§ 4º**, da Lei Orgânica do MPPR).

RESPOSTA: A).

56. (MPPR/2011 / Promotor de Justiça) Sobre a estrutura administrativa e organizacional do Ministério Público, assinale a alternativa incorreta:

a) o Conselho Superior do Ministério Público é órgão colegiado revisor de determinadas decisões do Colégio de Procuradores de Justiça;

b) o Corregedor-Geral do Ministério Público integra, como membro nato, o Colégio de Procuradores de Justiça e o Conselho Superior do Ministério Público, e é eleito pelo Colégio de Procuradores de Justiça;

c) o Conselho Superior do Ministério Público integra a administração superior do Ministério Público e também é órgão de execução da Instituição;

d) compete exclusivamente ao Colégio de Procuradores de Justiça propor, à Assembleia Legislativa do Estado, a destituição do Procurador-Geral de Justiça;

e) o Procurador-Geral de Justiça possui competência para dirimir os conflitos de atribuições entre membros do Ministério Público, designando quem deva oficiar no feito.

► ***Anotações/Comentários***

O Conselho Superior do Ministério Público, integrado pelo Procurador-Geral de Justiça, pelo Corregedor-Geral do Ministério Público e por mais sete Procuradores de Justiça não afastados da carreira, eleitos anualmente, é órgão colegiado de caráter normativo, deliberativo e sancionador, incumbido de fiscalizar e superintender a atuação do Ministério Público, bem como de velar pelos seus princípios institucionais e possui suas atribuições descritas no art. 32 da Lei Orgânica do MPPR, portanto, não possui características órgão colegiado revisor de determinadas decisões do Colégio de Procuradores de Justiça. O Corregedor-Geral do Ministério Público integra, como membro nato, o Colégio de Procuradores de Justiça e o Conselho Superior do Ministério Público (art. 36, X, da Lei Orgânica do MPPR), e é eleito pelo Colégio de Procuradores de Justiça (art. 23, VI, da Lei Orgânica do MPPR). O Conselho Superior do Ministério Público integra a administração superior do Ministério Público (art. 6º, I, "d", da Lei Orgânica do MPPR) e também é órgão de execução da Instituição (art. 7º, III, da Lei Orgânica do MPPR). Compete exclusivamente ao Colégio de Procuradores de Justiça propor, à assembleia Legislativa do Estado, a destituição do Procurador-Geral de Justiça (art. 18, §§ 5º e 6º, da Lei Orgânica do MPPR). O Procurador-Geral de Justiça possui competência para dirimir os conflitos de atribuições entre membros do Ministério Público, designando quem deva oficiar no feito (art. 19, XIX, da Lei Orgânica do MPPR).

RESPOSTA: A).

57. (MPPR/2008 / Promotor de Justiça) Assinale a alternativa INCORRETA:

a) compete ao Procurador-Geral de Justiça encaminhar ao Poder Legislativo os projetos de lei de iniciativa do Ministério Público;

b) compete ao Procurador-Geral de Justiça prover os cargos iniciais da carreira e dos serviços auxiliares, bem como nos casos de remoção, promoção, convocação e demais formas de provimento derivado;

c) compete ao Procurador-Geral de Justiça dirimir conflitos de atribuições entre membros do Ministério Público, designando quem deva oficiar no feito;

d) compete ao Procurador-Geral de Justiça expedir recomendações, com caráter vinculativo, aos órgãos de execução do Ministério Público, para o desempenho de suas funções;

e) compete ao Procurador-Geral de Justiça decidir processo disciplinar contra Promotores de Justiça, aplicando as sanções cabíveis.

► ***Anotações/Comentários***

As competências do Procurador-Geral de Justiça estão previstas no art. 19 da Lei Orgânica do MPRS, entre elas expedir recomendações, sem caráter normativo, aos órgãos do Ministério Público, para o desempenho de suas funções.

RESPOSTA: D).

58. (MPPR/2017 / Promotor de Justiça) Analise as assertivas abaixo e responda:

I. Compete ao Colégio de Procuradores julgar recurso contra decisão de vitaliciamento, ou não, de membro do Ministério Público.

II. Compete ao Conselho Superior do Ministério Público julgar recurso contra decisão de vitaliciamento, ou não, de membro do Ministério Público.

III. Compete ao Corregedor-Geral decidir processo administrativo instaurado contra Procurador de Justiça.

IV. O Procurador-Geral de Justiça e os Subprocuradores-Gerais de Justiça são órgãos de execução do Ministério Público.

V. A Coordenadoria de Recursos e os Procuradores de Justiça são órgãos auxiliares do Ministério Público.

a) Somente as assertivas I e III estão corretas.

b) Somente as assertivas II e IV estão corretas.

c) Somente as assertivas III e IV estão corretas.

d) Somente as assertivas II e V estão corretas.

e) Somente as assertivas I e IV estão corretas.

► ***Anotações/Comentários***

É de atribuição do Colégio de Procuradores, entre outras, julgar recurso contra de vitaliciamento, ou não, de membro do Ministério Público (art. 12, inc. VIII, a), da LONMP). São órgãos auxiliares do Ministério Público, os previstos no art. 8º da Lei Orgânica do MPPR: **I** - a Secretaria da Procuradoria-Geral de Justiça; **II** - a Coordenadoria de Recursos; **III** - os Centros de Apoio Operacional; **IV** - o Centro de Estudos e Aperfeiçoamento Funcional; **V** - a Comissão de Concurso; **VI** - os Órgãos de Apoio Administrativo; e **VII** - os Estagiários. São órgãos de execução do Ministério Público, de acordo com o art. 7° da Lei Orgânica do MPPR: **I** - o Procurador-Geral de Justiça; **II** - os Sub-Procuradores-Gerais de Justiça; **III** - o Conselho Superior do Ministério Público; **IV** - os Procuradores de Justiça; e **V** - os Promotores de Justiça. Compete ao O Colégio de Procuradores decidir processo administrativo instaurado contra Procurador de Justiça (art. 23, XIII, da Lei Orgânica do MPPR).

RESPOSTA: E).

LEI ORGÂNICA DE SANTA CATARINA

59. (MPSC/2016/ Promotor de Justiça) Compete ao Conselho Superior do Ministério Público de Santa Catarina rever decisão de arquivamento de inquérito policial ou peças de informação determinada pelo Procurador-Geral de Justiça, nos casos de sua atribuição originária, e o arquivamento de inquérito civil ou de peças de informação.

► ***Anotações/Comentários***

O art. 102, *caput*, da Lei Orgânica do MPSC dispõe que: "Compete ao Colégio de Procuradores de Justiça rever, pelo voto da maioria absoluta dos seus integrantes, decisão de arquivamento de inquérito policial ou peças de informação determinada pelo Procurador-Geral de Justiça, nos casos de sua atribuição originária".

RESPOSTA: Errada.

60. (MPSC/2016/ Promotor de Justiça) No concurso de promoção por merecimento, o Conselho Superior do Ministério Público de Santa Catarina não examinará o nome dos demais escritos se houver três ou mais candidatos que tenham completado dois anos de exercício na respectiva entrância e estejam relacionados na primeira quinta parte da lista de antiguidade.

► ***Anotações/Comentários***

Segundo o art. 144, I, da Lei Orgânica do MPSC, o "exame dos nomes dos candidatos que tenham completado 2 (dois) anos de exercício na respectiva entrância e estejam relacionados na primeira quinta parte da lista de antiguidade, observado o número de cargos providos, e, em havendo 3 (três) ou mais candidatos que preencham ambos os requisitos, não serão examinados os nomes dos demais inscritos;".

RESPOSTA: Correta.

61. (MPSC/2014 / Promotor de Justiça) Da decisão de vitaliciamento ou não do membro do Ministério Público por ocasião da conclusão de seu estágio probatório, cabe recurso ao Colégio de Procuradores de Justiça. Se a conclusão do relatório do Corregedor-Geral for contra o vitaliciamento, o membro do Ministério Público permanecendo no exercício de suas funções até que sobrevenha decisão definitiva, no âmbito administrativo, o Conselho Superior do Ministério Público terá o prazo de sessenta dias para decidir sobre o vitaliciamento, devendo o Colégio de Procuradores de Justiça decidir eventual recurso a respeito, dentro do prazo de trinta dias.

► ***Anotações/Comentários***

Da decisão contrária ao vitaliciamento caberá recurso do interessado ao Colégio de Procuradores de Justiça, no prazo de 10 (dez) dias contados de sua intimação, que será processada na forma de seu Regimento Interno e da decisão favorável ao vitaliciamento e contrária ao relatório do Corregedor-Geral do Ministério Público, caberá recurso deste ao Colégio de Procuradores de Justiça (art. 122, §§ 4º e 6º), da Lei Orgânica do MPSC). O Conselho Superior do Ministério Público terá o prazo máximo de 60 (sessenta) dias para decidir sobre o não vitaliciamento e o Colégio de Procuradores de Justiça 30 (trinta) dias para decidir eventual recurso (art. 123 da Lei Orgânica do MPSC).

RESPOSTA: Errado.

62. (MPSC/2014 / Promotor de Justiça O Promotor de Justiça, além de outras funções cometidas nas Constituições Federal e Estadual, na Lei Orgânica e demais leis, está legitimado, dentro de suas esferas de atribuições, a impetrar mandado de segurança contra ato judicial, quer atue como parte ou como custus legis, e requerer correição parcial, inclusive peticionando diretamente perante os Tribunais de segunda instância.

► *Anotações/Comentários*

Cabe aos Promotores de Justiça exercerem as atribuições de Ministério Público junto aos órgãos jurisdicionais de primeira instância, competindo-lhes, ainda, entre outras funções, impetrar habeas corpus e mandado de segurança e requerer correição parcial ou interpor reclamação, inclusive perante o Tribunal de Justiça ou Turmas de Recursos (art. 107, IV, da Lei Orgânica do MPSC).

RESPOSTA: Correta.

ANOTAÇÕES

ANOTAÇÕES

ANOTAÇÕES

EDITORA
JusPODIVM
www.editorajuspodivm.com.br